STUDIA
HUMANITATIS
문명텍스트

STUDIA HUMANITATIS
문명텍스트
35

영웅을 기다리는 유목민의 노래

장가르 3

칼미크-오이라드 민중 지음
니콜라이 체데노비치 비트케예프 외 엮음 | 유원수 주해

서울대학교출판문화원

STUDIA HUMANITATIS
문명텍스트
35

장가르 3

영웅을 기다리는 유목민의 노래

초판 1쇄 인쇄 2018년 2월 22일
초판 1쇄 발행 2018년 2월 28일

지은이 칼미크-오이라드 민중
엮은이 니콜라이 체데노비치 비트케예프
에드윈 바드마예비치 오발로프
주해자 유원수
펴낸이 성낙인
펴낸곳 서울대학교출판문화원

출판등록 제15-3호

주소 08826 서울 관악구 관악로 1
대표전화 02-880-5252 | 팩스 02-888-4148
홍보마케팅팀(주문 상담) 02-889-4424, 02-880-7995
이메일 snubook@snu.ac.kr
홈페이지 www.snupress.com

ISBN 978-89-521-1894-3 94890
978-89-521-1574-4 (세트)

이 저서는 2007년 정부(교육과학기술부)의 재원으로
한국연구재단의 지원을 받아 수행된 연구임(NRF-2007-361-AL0016).

❁ 머리말

『장가르 1』과 『장가르 2』에서도 소개한 것처럼 『장가르』는 지금부터 500여 년 전쯤 칼미크-오이라드 사람들에게서 비롯되어, 몽골계 민족들뿐 아니라 중앙아시아의 이웃 민족들에게까지 사랑을 받아 온 영웅서사문학이다. 유목과 수렵을 하며 '숲의 사람들'이라고 불리던 오이라드 사람들은 1207년 칭기즈칸에게 항복한 이래 그의 후손들에게 종속된다. 1635년 오늘의 중국 신장 북부, 내몽고 서부, 몽골 서부에 걸쳐 준가르 제국을 건설하여, 칭기즈칸의 후예인 할하 몽골에 맞서다가 청과 할하 몽골 연합군에게 학살된다. 1755년 준가르를 완전히 정복한 청은 오이라드 사람들을 산지사방으로 흩어지게 한다. 한편 전쟁을 피하기 위해 러시아로 이주하기 시작한 오이라드 사람들 가운데 선발대가 1618년 처음 볼가강 유역에 도착하여 150여 년을 살았으나, 러시아 황제를 위한 온갖 전투에 방패막이로 나섰음에도 종교적 신념으로 인해 늘 탄압을 받았다. 청과의 오랜 협상 끝에 귀환을 허락받은 이들은 1771년 20만 명이 함께 귀환 길에 오르지만 연도의 이민족들로부터 습격을 받아 가며 겨우 3분의 1만이 준가르 본향에 도착한다.

한편 볼가강 유역에 남은 사람들은 칼미크로 불리는데, 이들은 1943년 나치 독일에 부역했다는 누명과 함께 시베리아와 중앙아시아 여러 지역으로 강제이주를 당한다. 14년 뒤 명예회복과 함께 귀환했을 때 전체 인구의 22퍼센트가 줄어 있었다. 『장가르』는 기구한 운명에 몸부림쳐야 했던 칼미크-오이라드 민중이 구원자의 출현을 꿈꾸며 부르는 한 맺힌 절규다.

『장가르』는 이러한 한과 슬픔이 배경이 되어 탄생한 작품이지만, 내용은 모험과 해학으로 가득하다. 『장가르』의 본고장인 신장의 오이라드 몽골 사람들과 러시아의 칼미크 사람들의 고장에서는 거의 세습되는 전문 장가르치가 있었고, 장가르치는 다양한 자리와 다수의 청중 앞에서, 대개 반주 없이, 필요하면 몸동작도 해가면서, 수백 행에서 수천 행에 이르는 『장가르』의 몇 마당을 암송했다고 한다. 『장가르』가 이와 같이 넓은 지역에서 오랜 세월 '장가르치'라고 불리는 연창인(演唱人)의 입에서 입으로 전해 내려오다 보니 내용과 길이에서 다양한 차이가 있는 이야기들로 발전했으나 대체로 25마당에서 26마당으로 수렴되며, 그 줄거리들의 공통된 핵심 내용은 아래와 같다.

- 주인공 장가르는 두 살 때 적들에게 부모와 영지를 잃고 고아가 된다. 그에게 남은 것은 두 살배기 망아지 아란잘 제르데뿐이다. 아란잘 제르데는 장가르와 말을 트는 사이로 장가르에게 충고도 하고 말다툼도 서슴지 않는다.
- 세 살 때부터 장가르는 사방과 아래 세계의 강적을 무찔러 굴복시키기 시작한다. 그가 무찌른 적들은 범상한 인간들이 아니라, 엄청나게 강력한 초자연적인 존재들인 망가스(괴수)의 임금들이다.

• 장가르는 다섯 살 때 장사 식셰르게에게 붙들려 죽을 고비를 맞지만 그의 아들인 붉은 홍고르의 도움으로 살아난다. 이후 홍고르는 장가르의 둘도 없는 친구이자 변함없는 충신으로 용사 6,012명의 좌익을 이끌며, 장가르를 위해 온갖 험난한 모험에 용감하게 나선다.

• 여섯 살 때는 지나간 99년을 알고 다가올 99년을 내다보는 알탄 체지의 활을 맞고 죽게 되었으나, 홍고르의 어머니가 합장기도를 해준 덕에 살아나고, 알탄 체지를 수하에 거두게 된다. 이후 알탄 체지는 6,012명 용사의 우익을 이끌며 장가르에게 충성한다.

• 주인공 장가르와 그의 용사들에게는 사람의 말을 할 줄 알고, 주인에게 충고도 하는 지혜롭고 충성스러운 준마들이 있다. 그 말들은 1년 내내 쉬지 않고 달릴 수 있고, 넉 달 거리를 네 이레 거리로 줄여 달릴 수도 있다.

• 장가르와 그의 용사들은 둔갑을 할 수도 있고, 일당백 정도가 아니라 일당 수십만의 무용을 갖추고 있지만, 적들은 항상 더 강하다. 장가르와 그의 용사들은 분하면 눈물을 뿌리며 울기도 하고, 출정 임무를 지명 받은 경우 처량하게 울며 반발하기도 한다. 우리가 흔히 갖고 있는 영웅상, 즉 근엄하고 진실한 애국애족의 지도자와는 사뭇 다른 모습이다.

• 장가르가 이룩한 나라 (아르) 봄바는 누구나 스물다섯 살로 멈추고, 추운 겨울이 없으며, 우순풍조한 아름다운 나라다. 그는 하늘에 닿지 않도록 세 손가락 정도 사이를 띄어 지은 으리으리한 대궐에서 사대주(四大洲) 마흔두 나라 임금들의 딸을 마다하고 놈

퇴게스 임금의 아름다운 공주 샤브달을 맞이하여 혼인한 뒤, 그의 용사들과 밤낮으로 잔치를 즐기며, 500만에 달하는 백성과 함께 행복을 누린다.

- 잔치가 한창 무르익을 때 누군가는 출정하지 않을 수 없는 어떤 위협적인 전갈이 외부에서 오거나, 아니면 장가르가 적의 임금, 여자, 말 떼 등을 빼앗아 오라는 과제를 내기도 하고, 출정에 대한 의논이 있고, 열에 아홉은 홀몸으로 출정하여, 온갖 어려움 속에서도 누군가의 도움을 받아 엄청난 과업을 완수하고 돌아와 다시 잔치를 벌이며 즐긴다.

뒤에서 다시 언급하겠지만 『장가르 1』(2011)에서는 전체 26마당 가운데 1908-1910년 엘랜 오블라가 노래하고, 놈토 오치르가 채록하여, 코트비치가 간행한 10마당을 칼미크 사회과학아카데미의 비트케예프 교수와 오왈로프 교수가 중심이 되어 간행한 비트케예프들(1990a)에 수록된 형태대로 우리말 주해를 시도하였다. 『장가르 2』에서는 19세기 중반부터 꾸준히 채록되고 발굴된 나머지 16마당 가운데 5마당을 비트케예프들(1990b: 7-192)을 텍스트로 삼아 우리말로 주해하였다. 『장가르 3』은 남은 11마당을 역시 비트케예프들(1990b: 193-474)을 텍스트로 삼아 주해한 것이다.

『장가르 3』을 마지막으로 『장가르』의 한국어 번역이 마무리되었다. 몽골계 민족들의 3대 문학작품으로 꼽히는 『장가르』, 『몽골비사』, 『게세르』에 대한 개별 및 종합 연구가 이 책을 계기로 더욱 활발해지기 바라며, 아울러 독자 여러분께서 『장가르』를 비롯한 몽골 문학에 관심을 가져 주시기를 빈다. 우리말 주해를 통해 『장가르』가 몽골 사람들이나 중앙아시아 일부 사람들만의 것이 아닌, 한국인들도 함께 감상하고 즐길 수 있는 인류 공동의 문화유산으로 자리 잡게 될 것을 기대한다.

2017년 11월

주해자 유원수

『장가르 3』에 대한 이해

『장가르 1』과 『장가르 2』의 독자들은 이미 알고 있듯이 『장가르』는 『몽골비사』, 『게세르』와 함께 몽골 고대 문학의 가장 우뚝한 세 봉우리로 꼽히는 영웅서사시이며, 티베트(몽골) 사람들의 『게사르(게세르)』, 키르기스 사람들의 『마나스』와 함께 중앙아시아 지역의 3대 영웅서사문학의 하나로도 일컬어진다. 『장가르』는 러시아의 19만 칼미크 사람들, 중국과 몽골의 48만 오이라드 사람들 사이에서 구비 전승되어 온, 그리고 그들과 역사·문화·지리적으로 가까운 몽골계 민족들, 중앙아시아의 튀르크계 일부 민족들 사이에서 사랑받아 온 흥미진진한 이야기다. 그래서 『장가르』가 형성·발전되고 꾸준히 사랑받은 칼미크-오이라드 몽골 사람들의 공동체가 있는 러시아, 중국, 몽골의 학자들은 지난 100여 년 동안 『장가르』 판본의 수집과 정리, 번역과 내용 연구에 정성을 기울여 왔고 그에 상응하는 성과도 거두었다.

우리 학계에서도 그간 구비문학, 영웅서사문학, 민족문학으로서의 『장가르』에 대한 연구를 통해 『장가르』의 존재와 중요성을 소개하고, 형식과 내용을 분석하였으며, 우리 문학과 비교하기도 했다. 그러

『장가르 3』에 주해된 마당

순서	마당	분량(행)	장가르치	채록(연도)	최초 발간
1	명성이 자자한 성주 장가르가 흉맹한 검은 키내스를 타도한 마당	2,213	바가 초호르 토르고드 지역의 성명 미상 장가르치	골스툰스키 (1862-1864)	1864
2	용사 붉은 홍고르가 아왈랑가 임금과 싸운 마당	1,638	통역 오브신 바담	포포프(1901)가 받아 적고 비트케예프들이 운문화함	1940
3	장가르가 몸소 처음으로 국권을 잡는 마당	1,920	바상가 모쾨뷘	하글샤 모쾨뷔 (1939-1940)	1940
4	샤라 비름스 임금의 도니라는 이름의 투구, 그리고 공격할 때 번개 치는 검을 홍고르가 빼앗아 오는 마당	638	바상가 모쾨뷘	세묘나 회채 (1939-1940)	1940
5	북쪽에 있는 샤라 케르멘 임금의 산호 갈기에 진주 꼬리를 가진, 아름다운 갈색 몸통에 얼굴에는 흰 털이 난 말 떼를 홍고르가 몰아온 마당	522	바상가 모쾨뷘	바상고프 바드마 사하예비치 (1939-1940)	1940
6	다섯 나라에 이름이 난 태키 비름스 임금의 자막타 호수 기슭에서 자연으로 자란 칠백만 마리 알록달록한 점박이 준마를 사날이 흥분시켜 몰아 데리고 오는 마당	1,225	바상가 모쾨뷘	세묘나 회채 (1939-1940)	1940
7	아요 만진 보랄을 가진 애흐망나 임금의 불꽃 같은 올란을 가진 나란의 게렐이라는 용사가 장가르네의 특별한 다섯 가지 것을 요구하러 온 마당	1,084	바상가 모쾨뷘	세묘나 회채 (1939-1940)	1940
8	홍고르가 아홉 야차녀의 고장에 가서 피를 빨린 마당	305	바상가 모쾨뷘	세묘나 회채 (1939-1940)	1940
9	아란잘 빠른 제르데를 도둑이 훔쳐 간 데 대한 마당	559	샤왈린 다와	샬브라 개래 (1940)	1941

순서	마당	분량(행)	장가르치	채록(연도)	최초 발간
10	아름다운 노랑 얼룩무늬 말을 가진 케렘의 아들 몽홀랴와 싸운 마당	315	샤왈린 다와	샬브라 개래 (1940)	1941
11	영예로운 성주 장가르네 편이 애호 독신 망나 임금과 전투를 벌이는 마당	758	발드라 나상카	키치코프와 상가드지예바(1966)	1978
계		11,177			

나 『장가르』의 우리말 번역은 『장가르 1』과 『장가르 2』, 그리고 이번의 『장가르 3』이 시작이다. 이 시작이 우리 독자들에게 전통 시대 칼미크-오이라드 몽골 사람들, 나아가 중앙아시아 유목민의 삶의 모습, 그 삶이 지배하는 마음과 생각과 꿈, 그리고 그러한 것들을 담아내는 문학적 기법을 감상하고 이해하며 공감하는 기회가 될 뿐 아니라 오늘날의 칼미크-오이라드 몽골 사람들과 중앙아시아 사람들에 대해서도 관심을 갖는 계기가 될 것으로 기대한다. 몽골, 중앙아시아 관련 분야를 공부하는 학생과 연구자는 물론이고 언어, 민속, 문학, 신앙을 포함하여 인류 문화의 다양한 분야를 전문적으로 연구하는 이들에게도 이 번역은 매우 유용한 자료가 될 수 있을 것이다.

『장가르』는 한 마당 한 마당이 독립된 내용이면서도 전체적으로는 일관성 있는 줄거리를 가진, 26마당으로 수렴되는 노래다. 각 마당의 길이는 짧게는 수백 행에서 길게는 2천여 행까지 다양하며, 모두 3만여 행 분량으로, 각 행 첫머리가 같은 모음 혹은 자음으로 시작하는 것이 짧게는 2행에서 길게는 4행이나 그 이상으로 반복되는 몽골 전형의 시가다.

『장가르 1』(2011)에서는 전체 26마당 가운데 1908-1910년 엘랜 오블라가 노래하고 놈토 오치르가 채록하여, 코트비치가 간행한 『장가르』 10마당을 칼미크 사회과학아카데미의 비트케예프 교수와 오왈로프 교수가 중심이 되어 간행한 비트케예프들(1990a)에 수록된 형태대로 우리말 주해를 시도하였다. 『장가르 2』에서는 19세기 중반부터 꾸준히 채록되고 발굴된 나머지 11마당 가운데 5마당을 비트케예프들(1990b: 7-192)을 텍스트로 삼아 우리말로 주해하였다. 『장가르 3』은 그 나머지 11마당으로, 역시 비트케예프들(1990b: 193-474)을 텍스트로 삼아 주해하였다.

『장가르 3』의 각 마당 소개

1. 명성이 자자한 성주(聖主) 장가르가 흉맹한 검은 키내스를 타도한 마당

1) 텍스트의 유래

주해 대상 텍스트는 비트케예프들(1990b: 193-244)에 수록된 것으로 비트케예프들(1990b: 5), 두게르수렝(2000: 702, 704) 등에 의하면 1862년부터 1864년까지 상트페테르부르크 대학의 골스툰스키(К.Ф. Гольстунский) 교수가 칼미크의 바가 초호르 토르고드 지역의 성명 미상의 장가르치에게서 채록하여 1864년에 출간한 마당들 가운데 하나로 보인다. 이 텍스트는 비트케예프들이 편찬을 주도한 1985년의 『장가르: 칼미크 영웅 서사시: 28 노래의 텍스트(Җаңһр: Хальмг баатрлг эпос: 28 дууна текст)』라는 책에 「일곱 대 전부터 지금까지 움직이지 않은 흉맹한 검은 망가스가 아르슬랑의 위용 붉은 홍고르를 산 채로 사로잡은 마당(Долан үйәсн нааран көдләд уга Догшн Хар Кинәс Арслңгин Арг Улан Хоңһриг әмдәр бәрснә бөлг)」이라는 제목으로 수록되었던 것으로 짐작된다.

두게르수렝(2000: 149-217)의 할하몽골어 텍스트인 『장가르(Жангар)』에 「일곱 대 전부터 지금까지 움직이지 않은 흉맹한 검은 망가스가 아르슬랑의 위용 붉은 홍고르를 산 채로 사로잡은 마당(Долоон үеэс нааш хөдлөөгүй Догшин Хар Хинэс Арслангийн Араг Улаан Хонгорыг амьдаар Хэл барьсан бүлэг)」이 나오는데 그 167쪽부터 우리의 텍스트와 내용이 일치한다. 즉, 두게르수렝(2000)의 텍스트에서는 약 20쪽 분량의 이야기가 진행된 뒤에 우리의 이 마당과 일치하는 이야기가 시작되고, 따라서 1864년이나 1985년의 텍스트에서도 약 20쪽 분량이 앞에 더 있었을 것으로 보이는데, 그 생략된 부분은 우리의 『장가르 2』의 다섯 번째 마당에 해당하는 「흉맹한 잠발 임금의 미친 일곱 보동을 대단한 붉은 홍고르와 퀸데 가르타 사와르가 잡은 마당」의 앞부분과 640행 정도가 일치할 것으로 짐작된다. 잠차(2005) 등 오이라드 신장판 『장가르』들에는 유사한 줄거리의 마당이 수록되지 않았다.

2) 이야기 줄거리

장가르와 52동아리를 이룬 그의 용사들이 죽음 없이 영생을 누리는, 고아가 없는, 겨울 없이 여름만 있는 아름다운 나라의 아름다운 대궐에서 술자리를 벌이며 노래와 춤과 연주를 즐긴다. 독한 술에 취한 가운데서도 100년의 대책과 6년의 파수를 의논하며, 세속의 국권을 바위같이 세우고 부처님의 종교를 해와 같이 떠오르게 한다.

이와 같이 즐기고 있을 때 해 저무는 북쪽에서도 흉맹한 검은 키내스라고 하는 강력한 망가스의 임금이 부하들과 연회를 즐기고 있었다. 키내스가 이 세상에 자기와 겨룰 사람이 있는지 묻자 아르슬랑의 (아들) 장사 차간이 장가르의 나라와 부하들, 특히 홍고르에 대해 상술한다. 키내스가 그를 사로잡아올 수 있는지 묻자 차간이 큰소리 치면서 출정한다.

키내스 편의 이러한 일을 모두 알고 장가르의 곁에서 알탄 체지가 보고하자 홍고르가 출정을 자원한다. 장가르가 용사 6,012명과 함께 출정하는 것이 어떻겠느냐고 했지만 홍고르는 단기필마로 출정하겠다고 고집을 세워 뜻을 이룬다. 애마 아란잘 빠른 쾨케를 타고 윈데르 차간 산의 정상에 먼저 도착하여 49일 밤낮을 기다려 아란잘 빠른 올란을 타고 온 망가스의 사자와 마주쳐 결투를 벌인다. 내리 49일 밤낮을 싸웠으나 승부를 가리지 못하다 결국 홍고르가 차간에게 패해 결박당한다. 차간이 홍고르를 말꼬리에 매달고 일부러 험한 곳을 골라서 끌고 가는 바람에 홍고르는 피를 철철 흘리며 혼절한 채로 잡혀 간다.

마침 이를 본 양 치는 소년이 알탄 체지의 공주에게로 달려가 상황을 보고한다. 공주의 말에 따라 장가르의 대궐로 간 소년이 자신이 목격한 바를 아뢰자, 장가르가 6,012명의 용사와 함께 출정한다. 시간을 단축하기 위해 키내스의 대궐까지 달리기 시합을 한다. 대궐 근처에서 마주친 중년 부인의 제보를 의지해 홍고르를 추적하여 수십만 적군을 격파했으나, 아군 역시 절반이 전사하고 장가르의 측근 용장들이 치명적 부상을 당하는 심대한 타격을 입는다.

임금 키내스와 맞서 물리쳤으나 장가르의 가장 중요한 무기인 아가르 백단향나무 창도 산산조각이 나고 만다. 창을 수리하러 넉 달 걸리는 곳에 있는 대장장이를 찾아 떠난다. 신통력으로 네 이레 만에 도착하여 어린 소년으로 변신하고 들어가 창을 수리한 뒤 전장에 복귀하여 중상을 입은 부하를 영약으로 치료하여 순식간에 회복시킨다. 중도에 만난 무녀에게서 점괘를 받아 홍고르를 찾아 나선 장가르는 바다에 이르러 큰 물고기 뱃속에 있던 홍고르를 토해 받아 영약으로 소생시킨다. 홍고르와 함께 키내스 임금의 대궐에 당도해 적을 제압하고 키내스를 사로잡는다. 장사 차간과 홍고르가 다시 맞붙게 되고 홍고르는 차간의 인대를 끊어 버린다. 장가르가 약비를 사흘간 내리게 해 전사하거나 부상당한 부하들을 모두 살려내고 완쾌시킨다. 키내스와 차간의 네 활개에 말뚝을 박아 고정시키자 모든 망가스들이 장가르에게 와서 충성을 맹세한다. 키내스의 대궐을 부수고, 모든 속민을 이주시키고, 열두 달 걸리는 거리를 열이틀 만에 주파해 귀환하여, 그림같은 대궐에서 다시 52동아리를 이루고 잔치를 즐긴다.

2. 용사 붉은 홍고르가 아왈랑가 임금과 싸운 마당

1) 텍스트의 유래

주해 대상 텍스트는 비트케예프들(1990b: 245-284)에 수록된 것이다. 비트케예프들(1990b: 5)에 의하면 원고는 원래 1901년 통역 오브신 바담(Овшин Бадм)의 이야기를 포포프(И. И. Попов)라는 학자가 받아 적은 것으로, 포포프와 서기 자크루틴(В. Закруттин)의 러시아어 번역이 1940년에 출판되었다고 한다. 한편 두게르수렝(2000: 702, 704)에 의하면 (놈토 오치르가) 엘랜 오블라에게서 1910년에 받아 적은 것으로 비트케예프들이 운문화했다고 한다. 잠차(2005) 등 오이라드 신장판 『장가르』에는 유사한 줄거리의 마당이 수록되지 않았다.

2) 이야기 줄거리

아름다운 곳에, 죽음이 없는 영원의 시간에, 겨울이 없는 여름의 시절에 장가르네가 늘 즐거움을 누리고 있다. 산호와 진주, 황금과 은이 조류를 따라 흘러오고, 부하와 신민을 거느리고 웅장하고 아름다운 대궐에 살면서 술을 마시며 잔치를 즐긴다. 장가르의 곁에는 아름다운 부인 샤브달 하탄이 있고, 그 밑에 충성스러운 용사들이 앉는다. 퀸데 가르타 사와르, 다라-다라 셀뎅, 붉은 홍고르, 쿵캔 알탄 체지, 차간 만지가 소개된다. 홍고르가 이 세상에 자신과 같은 사내가 있기는 하냐고 큰소리를 치자 알탄 체지가 불길한 예언을 한다.

사자가 당도하여 술과 음식, 담배 대접을 잘 받고 장가르와 부인 샤브달 하탄, 애마 아란잘 제르데를 악마 임금에게 바칠 것을 요구하고, 홍고르가 붙잡으려고 하자 걸리적거리는 사람을 쓰러뜨리고 나가 버린다. 홍고르가 평가절하하자 알탄 체지가 다시 불길한 예언을 하고, 장가르가 다라-다라 셀뎅을 시켜 추격한다.

49일 밤낮을 추격하여 악마 임금의 사자를 잡으려고 했으나 오히려 붙들려 말과 함께 끌려간다. 알탄 체지가 다시 불길한 예언을 하자 퀸데 가르타 사와르를 시켜 추격했으나 마찬가지로 붙들려 말과 함께 끌려간다. 알탄 체지의 불길한 예언에 따라 다시 홍고르를 시켜 그를 추격케 한다. 49일 밤낮을 달리고 내리 1년 열두 달을 달려, 69년 걸릴 거리를 하루 밤낮에 주파하여 따라잡는다. 각자 애마의 독려까지 받아 가며 격렬한 싸움을 벌인 끝에 홍고르가 적을 죽이고 적의 말을 구워 먹고 긴 잠에 빠져든다.

홍고르가 자고 있는 동안 적이 몰려와 3겹으로, 다시 6겹으로, 9겹으로 에워싼다. 말이 탈출을 권했으나 명예를 중시하는 홍고르답게 거절하고 단신으로 맞서 싸운다. 동원할 수 있는 모든 무기가 닳아 없어지고, 몸은 지치고, 시력도 끊어지고, 의식이 흐려질 때 말을 본국으로 보낸다. 마침내 홍고르가 쓰러지고, 적이 사로잡은 홍고르를 죽이려고 하나 뜻대로 되지 않는다.

한편 말은 홍고르가 시킨 대로 거짓말을 했으나 이를 간파한 장가르가 대규모 병력을 이끌고 찾아 나선다. 아왈랑가 임금의 대궐 가까이서 한 젊은 아낙에게서 제보를 받고 계속 찾아나서, 홍고르를 찾아내 죽은 홍고르를 깨워 일으킨다. 홍고르의 상처를 영약으로 치료하고 12년에 걸쳐 적을 완전히 소탕한 뒤 마침내 귀환하여 예전처럼 즐긴다.

3. 장가르가 몸소 처음으로 국권을 잡는 마당

1) 텍스트의 유래

주해 대상 텍스트는 비트케예프들(1990b: 5), 비트케예프(2001), 알렉세예바(2001), 두게르수렝(2000: 702, 704) 등을 참고하건대 1939-1940년 칼미크의 하로호사 올로스(Харухса улус) 하로호사 아이막(Харухса əəмг)의 토르고드 출신인 장가르치 바상가 모쾨뷘(Басанҗга Мукөвүн, 1878-1944)에게서 하글샤 모쾨뷔(Хаглша Мукөвү)가 받아 적은 것으로, 다른 5마당과 함께 1940년, 1967년, 1978년에 출간되었고 비트케예프들(1990b: 285-330)에 수록되었다. 잠차(2005) 등 오이라드 신장판 『장가르』에는 유사한 줄거리의 마당이 수록되지 않았다.

2) 이야기 줄거리

장가르의 아버지가 3년을 싸워 나라를 잃자 열두 살 난 장가르는 세 살 난 홍고르와 함께 도피의 길에 올랐으나 적들에게 발견되고 만다. 장가르가 항복하려고 했으나 홍고르가 완강하게 반대하고 산 위에 올라 그를 임금으로 추대하여 세 번 절하고 축복을 받는다. 이어 정벌에 나서 연전연승을 거두면서 잃었던 아버지의 나라도 되찾고, 온 세상이 부러워하는 아름답고 웅장한 대궐을 짓고, 연락(宴樂)을 즐긴다. 6천 개의 절을 짓고 단조르와 간조르를 염송하여 천상의 부처님들께 들리게 하는데, 사람이 이 소리를 듣기만 하더라도 지금의 몸으로 죽지 않고 1만 8천 년을 살고, 바로 다음 생부터는 서른세 하늘 위에서 내리 천겁을, 에르덴 오와 부처님의 극락에서 태어나 염라대왕의 손에 들어갈 일이 없다. 수많은 강과 바다는 보석을 실어 날라 고아나 굶주리던 개조차 부자가 된다.

임금 장가르의 말 떼 7천 마리는 모두 완벽한 준마들인데 그중 임금의 애마는 빼어난 빠른 제르데로 부인이나 아들보다 더 소중하게 여긴다. 임금은 여름의 아름다운 숲 가운데 그림같이 아름다운 대궐에 사는데, 뼈는 야만닥의 화신이고 살은 마하 갈의 화신이라고 하며, 이마에는 미륵불의 공력이 완정되고, 숫구멍에는 총카파의 신통력이 완정되고, 창을 다루는 열 개의 흰 손가락은 마디 하나하나에 사자와 코끼리의 힘이 완정되었다.

대궐에는 지혜롭고 용맹스러운 충신들이 54동아리를 이루어 임금과 함께 술자리를 즐기고 있고 술자리에서는 악기를 연주하고, 춤을 추고, 피리를 불어 흥을 더한다. 그런 즐거운 자리에 장가르를 흠모하여 찾아온 신묘한 능력을 가진 영웅들의 발길이 이어진다. 그러나 용마를 가진 사와르는 적의 수하에 들어가면 대적할 방법이 없음을 미리 안 알탄 체지의 건의로 엎치락뒤치락하는 장기간의 격렬한 전투 끝에 사로잡아 장가르의 편으로 만드는 데 성공한다. 이러한 영웅들을 휘하에 들인 것을 기념하여 49일 밤낮으로 54동아리를 이루고 술자리를 벌이며 즐긴다.

4. 샤라 비름스 임금의 도니라는 이름의 투구, 그리고 공격할 때 번개 치는 검을 홍고르가 빼앗아 오는 마당

1) 텍스트의 유래

비트케예프들(1990b: 5), 비트케예프(2001), 알렉세예바(2001), 두게르수렝(2000: 702, 704) 등을 참고하건대 주해 대상 텍스트는 1939-1940년 칼미크의 하로호사 올로스 하로호사 아이막의 토르고드 출신인 장가르치 바상가 모쾨뷘에게서 세묘나 회채(Семёна Хөөчә)가 받아 적은 것으로, 다른 5마당과 함께 1940년, 1967년, 1978년에 출간되었고 비트케예프들(1990b: 331-348)에 수록되었다. 잠차(2005) 등 오이라드 신장판 『장가르』에는 유사한 줄거리의 마당이 수록되지 않았다.

2) 이야기 줄거리

대궐에서 술자리가 길어지자 홍고르가 취해 이 세상에 자신보다 나은 사람은 없다며 떠들고 술주정을 한다. 그러자 알탄 체지가 우리들에게 거드름이나 피우지 말고 해가 뜨는 남쪽에 있는, 후세의 적이 될 악독한 샤라 비름스 임금의 도니라는 이름의 투구, 공격할 때 번개가 치는 검을 가져오면, 비로소 적을 누른 훌륭한 사내가 될 것이라고 한다. 이튿날 아침이 되자, 도니라는 이름의 투구, 공격할 때 번개가 치는 검을 홍고르가 가져오는 것이 마땅한 분위기가 된다. 알탄체지는 홍고르에게 가서 '장가르네 사람들과 다투고, 반목해서 나왔다, 의탁해 마땅한 임금이 아니었기 때문에 떠났다' 하고 의탁해 있다가, 투구와 검을 가져오라고 조언한다. 홍고르는 이레 밤낮을 술자리를 벌이고 출발한다.

장가르와 동료들의 축원을 받으며 애마와 함께 출정하여 화살보다 느리지 않은 속도로 1년 열두 달을 달리고도 49일 밤낮을 더 달려 샤라 비름스 임금이 있는 곳에 당도하여 애마 쾨케 갈잔을 볼품 없는 주사위를 만들어 던져두고 대궐로 찾아가 장가르와 반목하여 의탁하러 왔다고 거짓말을 하여 받아들여진다. 홍고르는 이들을 굴복시키고 있던 나라들을 진압해 주고 하루에 세 사람을 사냥해 먹어 치우는 외눈박이 괴물들을 귀순시키는 등 공을 세운다. 임금의 신임을 얻은 홍고르는 임금이 총애하는 용사 삼발의 누이에게 장가들어 아들을 낳는다. 아들을 낳고 2, 3년이 지나 홍고르가 큰 병을 사칭하고 앓아눕자 천 명의 의원이 진맥했으나 방도를 찾지 못하고, 천 명의 점쟁이를 불러 문복을 했으나 원인을 찾지 못한다. 홍고르는 외르겐 샤르탁 바다에 있는 열세 마리의 오리 중 한 마리를 잡아다 탕을 해먹는 것이 유일한 치료법이라고 임금을 움직여 의심하는 처남 삼발을 떠나보내고 아내를 어르고 달래 검과 투구의 위치를 알아낸다.

대궐로 잠입하여 임금과 하탄의 침상 머리맡에 있는 검과 투구를 파내 주사위로 만들어 두었던 애마를 타고 도망친다. 이틀을 달려가다 처남 삼발과 마주쳐 두 발의 화살을 맞고 혼절하여 가까스로 귀환

한다. 활이 빠지지 않자 신성하고 정숙한 여인이 밟고 귀걸이로 때리면 활이 빠질 것이라는 알탄 체지의 말에 따라 장가르의 하탄 샤브달과 홍고르의 하탄이 시도했으나 안 되어 사와르의 하탄이 불려오자 화살이 빠진다. 영약과 부적으로 치료하고 이레 밤낮을 술자리를 벌이는 동안 샤라 비름스네가 쳐들어와서 전투가 벌어지는데, 적진의 무용이 뛰어난 한 소년이 홍고르의 아들인 것을 알아본 알탄 체지의 말을 듣고 홍고르가 아들을 불러낸다.

전쟁에서 이겨 샤라 비름스 임금의 고장을 빼앗고, 망가스, 강인한 자, 힘센 자 모두를 전시에 파병할 것과 매년 조공과 최상품을 바칠 것을 다짐하고, 5대에 걸쳐 없어지지 않는 불도장을 뺨에 누르고, 양측의 전사자와 부상자, 민간인 피해자까지 모두 살려내고 술자리를 벌인다. 장가르네 사람들의 용기와 힘이 메아리쳐 위대한 여러 임금들에게까지 전해지고, 장가르의 이름은 활기찬 큰 목소리로 열두 이야기가 되어 찬송된다.

5. 북쪽에 있는 샤라 케르멘 임금의 산호 갈기에 진주 꼬리를 가진, 아름다운 갈색 몸통에 얼굴에는 흰 털이 난 말 떼를 홍고르가 몰아온 마당

1) 텍스트의 유래

주해 대상 텍스트는 비트케예프들(1990b: 5), 비트케예프(2001), 알렉세예바(2001), 두게르수렝(2000: 702, 704) 등을 참고하건대 1939-1940년 칼미크의 하로호사 올로스 하로호사 아이막의 토르고드 출신인 장가르치 바상가 모쾨뷘에게서 바상고프 바드마 사하예비치(Ъасангов Ъадма Сахаевич)가 받아 적은 것으로 다른 5마당과 함께 1940년, 1967년, 1978년에 출간되었고 비트케예프들(1990b: 349-362)에 수록되었다. 잠차(2005) 등 오이라드 신장판 『장가르』에는 유사한 줄거리의 마당이 수록되지 않았다.

2) 이야기 줄거리

봄바의 흰 궁장에서 주군 성주 장가르를 모시고 벌어진 술자리에서 홍고르가 전투에서 세운 자신의 공적을 내세우면서 동료들을 능멸하며 주정을 한다. 그러자 알탄 체지가 북쪽에 있는 숙적 샤라 케르멘이라는 임금의 산호 갈기에 진주 꼬리를 가진, 똥으로 은을 싸고, 오줌으로 피를 누는 아름다운 갈색 말을 몰아오면 훌륭한 사내로 인정하겠다고 한다. 장가르의 아란잘 빠른 제르데를 내달라고 요청하여 홍고르가 말치기 보르 망나와 함께 말 떼를 훔치러 떠난다.

49일 밤낮을 달려 어두운 검은 골짜기를 만나 다시 49일 밤낮을 달린 끝에 골짜기를 빠져나와 또 다른 검은 골짜기를 만나고, 다시 49일 밤낮을 달려 그 골짜기를 통과하자 또 다른 검은 골짜기를 만나 역시 49일 밤낮을 달려 통과한다. 그러자 아무도 없는 광막한 황무지에 30채의 궁장이 있고, 그중 한 게르에서 여인으로 변신한 요괴가 나와 유혹한다. 이에 넘어갈 뻔했으나 부적과 주문 등으로 물리치고 샤라 케르멘 임금의 대궐에 접근한다. 60겹 파수병들 사이로 잠입해 마구간에 들어가 말 떼를 몰고 나온다. 60겹 군대가 추격해 오자 보르 망나를 아란잘 빠른 제르데에 태워 말 떼를 몰고 가도록 하고 홍고르 자신은 남아서 맞서다 쓰러져 결박당한 채로 계속 싸운다.

49일 만에 장가르가 부하들과 함께 당도하여 49일 동안 전투를 벌인 끝에 샤라 케르멘 임금을 항복시키고, 그 영토를 속방으로 편입시키고, 홍고르를 비롯한 전사자와 사상자, 민간인 피해자들까지를 영약과 부적, 기적의 비로 치료하여 살려내고 망가스, 강인한 자, 힘센 자 모두를 전시에 파병하도록 하고 매년 조공을 바칠 것을 다짐받고 49일 밤낮을 쉬지 않고 달린 끝에 귀환한다. 말 떼를 빼앗아 온 기쁨의 잔치를 49일 밤낮으로 벌이며 쉰다.

6. 다섯 나라에 이름이 난 태키 비름스 임금의 자막타 호수 기슭에서 자연으로 자란 칠백만 마리 알록달록한 점박이 준마를 사날이 흥분시켜 몰아 데리고 오는 마당

1) 텍스트의 유래

주해 대상 텍스트는 비트케예프들(1990b: 5), 비트케예프(2001), 알렉세예바(2001), 두게르수렝(2000: 702, 704) 등을 참고하건대 1939-1940년 칼미크의 하로호사 올로스 하로호사 아이막의 토르고드 출신인 장가르치 바상가 모쾨뷘에게서 세묘나 회채가 받아 적은 것으로, 다른 5마당과 함께 1940년, 1967년, 1978년에 출간되었고 비트케예프들(1990b: 363-392)에 수록되었다. 잠차(2005) 등 오이라드 신장판 『장가르』에는 유사한 줄거리의 마당이 수록되지 않았다.

2) 이야기 줄거리

장가르의 대궐에서 술자리가 벌어지고 술을 이기지 못해 잠이 든 알탄 체지가 꿈을 꾸게 된다. 이튿날 아침 장가르에게 태키 비름스 임금의 사자 독신 샤라 메르겐이라는 용사가 홍고르를 산 채로 잡아가기 위해 온다고 꿈의 내용을 아뢴다. 홍고르가 가엾어서 가슴 아픈 장가르는 알탄 체지에게 다음날까지 꿈을 다시 꾸도록 하고, 쥐덴 귐베에게는 주걱뼈를 태워 점을 치게 하고, 사날로 하여금 황교의 점성술 책에서 점괘를 찾도록 한다.

해가 나오는 남쪽에 있는 다섯 나라에 이름이 난 태키 비름스 임금의 사자, 일곱 군주를 뒤집어엎은 독신 담바의 점박이 얼룩무늬 준마를 가진 독신 샤라 메르겐이 접근해 온다고 귐베가 점괘를 아뢴다. 사날도 점성술 책에 같은 내용의 점괘가 나오며 장가르가 보는 데서 홍고르를 생포해 갈 사람이라고 나온다고 보고한다. 알탄 체지 역시 같은 내용을 보고하고, 자막타 호숫가에서 자연으로 자란 칠백만 점박이 얼룩무늬 준마들을 한 사람이 먼저 가서, 흥분시켜 몰고 나오면 홍고르를 잡아갈 수 없을 것이라고 건의한다.

장가르와 동무들의 환송을 받으며 출정한 홍고르는 한 해 내내 달리고, 다시 49일 밤낮을 달린 끝에 독신 샤라 메르겐이라는 적의 용사와 마주쳐 수작을 나눈다. 추격하려다 중도에서 포기하고 1년 내내 달리고도 계속 달려 일흔 개의 큰길이 난 초장에서 노인을 만나 금강경으로 축복을 받고 한 냥짜리 황금을 노인의 금강경에 시주하고 길에 대해 상세한 정보를 얻는다. 자신이 요즘 부처님께 참배하지 않은 것을 상기하고 백 곳의 흰 절을 찾아 격렬하게 8천 번을 돌고 소리 없이 7천 번을 돌고, 큰 절에서는 큰 황금을 놓고 절하고 작은 절에서는 작은 황금을 놓고 절한 뒤 승려들에게 축복을 받고는, 말 떼를 몰래 몰고 나오는 것이 아니라 주인에게 당당하게 말하고 몰고 나오기로 한다.

오백 곳의 대궐 하인 마을의 앞으로 돌아 대궐로 가서 막아서는 문지기를 밀어 던지고 들어간다. 마침 술자리를 벌이고 있었는데 대궐의 규모도 자기네의 두 배나 되고, 임금이나 신하들도 자기네만 못하지 않다는 것을 확인한다. 술자리에서 시비가 붙었으나 술과 고기를 먹고 자신과 주군을 소개한 뒤 말 떼를 몰아가려는 목적으로 왔다고 말한다. 임금의 신호로 문을 닫자 임금의 눈에 재를 한 움큼씩 넣고 맨손으로 측근들을 제압하고 문틈으로 나와 말 떼를 흥분시켜 몰고 나선다. 추격하는 적에 맞서 49일 밤낮을 싸울 때 하와트의 아들 윙게가 분전하여 구원을 받고 이레가 지나자 장가르의 원군이 도달한다. 격전 끝에 양쪽 군대에 3명씩만 살아남는다. 다시 격전 끝에 적을 제압하고 발버둥치며 애원하는 독신 샤라 메르겐의 어깨 힘줄을 뽑고, 전시에 파병할 것과 매년 조공을 바칠 것을 다짐받고, 양측의 모든 인원을 되살려 내고 칠백만 마리 말 떼를 몰고 돌아와 54동아리를 이루고 잔치를 벌인다.

7. 아요 만진 보랄을 가진 애호 망나 임금의 불꽃 같은 올란을 가진 나란의 게렐이라는 용사가 장가르네의 특별한 다섯 가지 것을 요구하러 온 마당

1) 텍스트의 유래

비트케예프들(1990b: 5), 비트케예프(2001), 알렉세예바(2001), 두게르수렝(2000: 702, 704) 등을 참고하건대 1939-1940년 칼미크의 하로호사 올로스 하로호사 아이막의 토르고드 출신인 장가르치 바상가 모쾨뷘에게서 세묘나 회채가 받아 적은 것으로서 다른 5마당과 함께 1940년, 1967년, 1978년에 출간되었고 비트케예프들(1990b: 393-418)에 수록되었다.

2) 이야기 줄거리

해가 나오는 북쪽에 아요 만진 보랄을 가진 애흐 망나 임금의 불꽃 같은 올란을 가진 나란의 게렐이라는 용사가 술자리를 벌이는 흰 궁장에서 해가 뜨는 남쪽에 있는 장가르라는 임금에게 가서 홍고르, 아란잘 봄바의 빠른 제르데, 공주 샤브달 하탄, 소리꾼 애트 숑코르 소년, 빛나는 붉은 황금 둑을 요구하고, 불응하면 살려두지 않겠다 협박하겠노라 하여 허락을 받고 출정한다.

쏜살의 속도로 한 해 내내 달리고 다시 또 한 해를 달려 장가르네 나라에 당도하니, 대궐에서는 장가르가 알탄 체지 노인, 쥐뎬 귐베 꼬챙이 칼잡이 노인, 용력 넘치는 홍고르, 미치광이 붉은 사와르 등 신하들을 거느리고 잔치를 즐기고 있다. 술과 고기를 대접받고 자신을 소개한 뒤 자기네 임금이 붉은 홍고르, 공주 샤브달 하탄, 아란잘 봄바의 제르데, 빛나는 붉은 황금 둑을 요구한다고 하고 불응하면 살려두지 않겠노라고 말한다. 적의 사자는 애트 숑코르 소년을 아란잘 제르데에 태워 빛나는 황금 둑을 지워 보내겠다는 말을 듣고 떠난다.

홍고르가 아란잘 제르데를 내주면 가서 애흐 망나 임금을 동여매 오겠다고 나선다. 홍고르가 사흘 낮, 사흘 밤을 졸라도 주지 않자 자신의 쾨케 갈잔을 타고 출정한다. 두 앞다리를 하루 걸리는 곳에, 두 뒷다리를 하루 밤낮에 도달하는 곳에 놓으면서 1년 열두 달을 달려서 가다가 쉬는 동안에 뒤에서 아란잘 제르데를 타고 붉은 황금 둑을 지고 오는 애트 숑코르 소년을 만나 달래고 협박해서 둑과 제르데 말을 받는다. 소년과 자신의 말을 피신시키고 아란잘 제르데를 타고 바람보다 빠른 속도로 49일 밤낮을 달려가 용마를 두 살짜리 망아지를 만들고, 자신은 옴에 걸린 부스럼투성이 사내아이로 변신하여 적에게 접근해 나란의 게렐 용사를 생포하고 임금을 사로잡아 천신만고 끝에 생환한다. 적의 항복을 받고 전쟁이 일어났을 때에 망가스와 강건한 자 모두를 파병할 것과 매년 조공을 바칠 것을 다짐받고 5대에 걸쳐 없어지지 않을 도장을 다섯 손가락 전면과 오른쪽 뺨에 누르고 돌려보낸다. 봄바의 대궐에서는 잔치가 벌어지고, 아르 봄바의 나라는 줄곧 그렇게 아름답고 평안하고 즐거움으로 가득 차, 두려움 없이 쉬고 즐긴다.

8. 홍고르가 아홉 야차녀(夜叉女)의 고장에 가서 피를 빨린 마당

1) 텍스트의 유래

비트케예프들(1990b: 5), 비트케예프(2001), 알렉세예바(2001), 두게르수렝(2000: 702, 704) 등을 참고하건대, 1939-1940년 칼미크의 하로호사 올로스 하로호사 아이막의 토르고드 출신인 장가르치 바상가 모쾨뷘에게서 세묘나 회채가 받아 적은 것으로서 다른 5마당과 함께 1940년, 1967년, 1978년에 출간되었다고 한다. 이 주해의 텍스트로 삼고 있는 비트케예프들(1990b: 419-428)에 다시 실렸으며, 잠차(2005) 등 오이라드 신장판『장가르』에는 유사한 줄거리의 마당이 수록되지 않았다.

비트케예프(1988: 87-96)의 러시아어 번역은 「О том как (богатырь) Хонгор очутился в стране девяти ведьм, которые (стальными клювами своими) сосали его (кровь)((용사) 홍고르가 아홉 악마의 나라로 가서, 그들이 (자신들의 강철 부리로) 그의 피를 빤 데 대하여)」라는 제목으로, 두게르수렝(2001: 557-564)의 할하몽골어 번역은 「Хонгорын есөн бэр шулмасын оронд очиж цусаа шимүүлсэн бөлөг(홍고르가 아홉 야차녀의 고장에 가서 피를 빨린 마당)」이라는 제목으로 나왔다.

『장가르』의 다른 마당들에 비해 훨씬 짧은 305행에 불과하고, 다른 마당들에 으레 나오는 대목들, 예를 들어 봄바에 대한 칭송, 장가르의 대궐에 대한 찬양이 나오지 않는 것, 아무런 외부의 도전이 없었음에도 홍고르가 길을 나서는 것, 줄거리가 단순한 것도 특징이라면 특징이다. 이 마당에서는 장가르의 활약이 그려지지 않으며, 여러 마당에서 52동아리를 이루던 용사들이 54동아리를 이루고 술자리를 벌이는 것으로 되어 있다. 야차녀의 수가 아홉인 점, 야차녀의 독배 아홉 잔을 얻어 마시는 점, 우두머리 야차녀가 500 악마의 마력을 갖고 있다고 하는 점 등 숫자에 대한 연구가 필요할 것으로 보인다.

2) 이야기 줄거리

고집 세고 주사가 심하며, 자기 자랑을 일삼던 홍고르가 아무에게도 말하지 않고 자신의 애마를 타고 혼자 집을 나서 1년을 달려간 곳에서 아홉 야차녀가 준 술을 먹고 혼절한다. 야차녀들은 혼절한 홍고르에게 강철 주둥이를 대고 무언가를 빨아 먹는다. 홍고르를 걱정한 봄바 나라에서는 천리안 알탄 체지와 큰 은둔자 라마에게 물어 홍고르의 행방을 알아내고 그의 의형제인 사와르가 단기필마로 찾아나서 부적과 기도의 도움으로 아홉 야차녀를 때려죽이고 홍고르를 구출해 낸다. 자만심을 훈계하는 사와르의 말에 화가 난 홍고르가 차라리 더 하면 더한 또 다른 야차녀의 고장으로 가서 빨리겠다고 고집을 피운다. 사와르가 사과하여 홍고르의 마음을 간신히 달래 데려와서 술자리를 벌이며 즐긴다.

9. 아란잘 빠른 제르데를 도둑이 훔쳐 간 데 대한 마당

1) 텍스트의 유래

비트케예프들(1990b: 5), 비트케예프(2001), 알렉세예바(2001), 두게르수렝(2000: 702, 704) 등을 참고하건대 1940년 겨울 아스트라한(Әәдрхн)의 이크 초호르(Ик-Цоохр) 집단 출신 장가르치 샤왈린 다와(Шавалин Дава, 1884-1959)가 노래하고 붉은 군대 협동농장(Улан Церг колхоз)의 노동자 샬브라 개래(Шалвра Һәрә)가 채록한 것으로, 1941년 다른 7마당과 함께 『칼미크 민속(Хальмг фольклор)』에 실렸으며, 주해 대상 텍스트인 비트케예프들(1990b: 429-444)에 다시 실렸다.

『장가르』의 다른 마당들(평균 1,000행 내외)에 비해 짧고, 다른 마당들에 으레 나오는 대목들이 나오지 않는 것도 특징이라면 특징이다. 이야기의 연결에 부자연스러운 점도 없지 않아 장가르치가 노래를 제대로 다 부르지 않았거나, 채록자가 제대로 채록하지 못했을 가능성도 배제할 수 없다. 잠차(2005) 등 오이라드 신장판 『장가르』에는 유사한 줄거리의 마당이 수록되지 않았다.

2) 이야기 줄거리

보고치의 아들 보르 망나라는 보동이 잠든 사이에 도둑이 아란잘 빠른 제르데 말을 훔쳐 가 버린다. 면목이 없게 된 보르 망나는 칼 위로 몸을 날려 자결한다. 한 달에 세 번 아란잘 제르데를 데려와 장가르에게 보이는 일이 지체되자 샤브달 하탄이 이를 상기시키고 장가르가 열두 보동들과 말이 있을 곳에 와보니 보고치의 아들 보르 망나 보동이 죽어 있었다. 영약을 뿌려 소생시키고 자초지종을 보고 받았으나 종적을 알 길이 없고, 알탄 체지도 모르고, 점복술사가 주걱뼈를 태우고 보아도 점괘가 나오지 않는다. 그러다 아란잘 제르데가 발자취를 남겨 놓은 것을 보고 장가르가 샤라 시르민 임금의 보동, 아름다운 노랑 얼룩무늬 말을 가진 케렘의 아들 몽홀랴가 도둑인 것을 알아내고는 홍고르가 찾으러 간다.

1년 열두 달을 달려 건너서 갈 건널목도 돌아서 갈 우회로도 없는 바다를 마주쳐 어머니에게 부탁해 만든 후릿고삐를 잡고 백 길 기슭에서 뛰어내려 바다를 건넌다. 건너갈 수도 돌아갈 수도 없는 숲을 만나 절망하였으나 애마의 독려를 받고 길을 내어가며 통과한다. 적국의 변방에 도달하여 자신은 못난 부스럼투성이 소년으로 변신하고, 애마는 아무도 사용할 수 없는 옴에 걸린 못생긴 두 살짜리 망아지를 만들어 타고 속민들의 고장을 돌며 아란잘 제르데에 관한 정보를 수집한다. 말을 훔쳐 간 케렘의 아들 몽홀랴가 홍고르를 알아보고 임금에게 말해 죽이려고 했으나 죽지 않는다. 홍고르가 지금은 이렇게 보잘것없는 몸이지만 후생에라도 홍고르 같은 사람이 되어 태어나고 싶다고 유언을 하자 샤라 시르민 임금이 홍고르가 아니라고 여겨 해독제로 살려내고, 아들을 삼아 사랑하고, 아르슬랑이라는 보동의 딸에게 장가들인다. 처가 잠든 사이에 말을 찾아 자지도 눕지도 않고 돌아다니지만 찾지 못한다.

아들이 태어나 행복하게 살던 중 남편이 홍고르임을 알아차리고, 홍고르의 의도도 알게 된 아내가 아란잘 제르데의 위치를 알려준다. 70겹으로 파수 보던 군인들을 거짓말로 따돌리고 아란잘 빠른 제르데를 찾아 타고 동틀 무렵 집으로 돌아와 아내와 작별을 한다. 집으로 찾아온 임금에게 자신의 처자를 배를 곯리면 확실하게 보복을 하겠노라고 협박하고 달아난다. 추격하는 적과 싸우며 달아나다가 샤라 시르민 임금에게 붙들려 결박된다. 뒤에 남은 아들이 두 살짜리 잿빛 푸른 수망아지를 타고 달려와 사정을 고하고, 홍고르의 아버지 장사 뫙겐 식셰르게가 샤라 시르민 임금과 전쟁을 벌인다.

장가르가 11명의 보동과 홍고르의 다른 아들을 거느리고 홍고르를 찾아와 전투를 벌여 샤라 시르민 임금을 창으로 찌르자 홍고르도 결박을 끊고 일어나 싸운다. 샤라 시르민 임금을 토벌하고, 강보에 싸인 아이와 강아지 한 마리도 버리지 않고 데려와 오른뺨에다 '우리 것이 되었다'고 하는 불도장을 누른다. 적을 누르고 아란잘 빠른 제르데를 다시 손에 넣은 잔치를 33동아리를 이루고 아르자 술자리를 벌인다.

10. 아름다운 노랑 얼룩무늬 말을 가진 케렘의 아들 몽홀랴[1]와 싸운 마당

1) 텍스트의 유래

비트케예프들(1990b: 5), 비트케예프(2001), 알렉세예바(2001), 두게르수렝(2000: 702, 704) 등을 참고하건대, 1940년 겨울 아스트라한의 이크 초호르 집단 출신 장가르치 샤왈린 다와가 노래하고 붉은 군대 협동농장의 노동자 샬브라 개래가 채록한 것으로, 1941년 다른 7마당과 함께 『칼미크 민속』에 실렸으며, 주해 대상 텍스트인 비트케예프들(1990b: 445-454)에 다시 실렸다.

『장가르』의 다른 마당들(평균 1,000행 내외)에 비해 짧고, 다른 마당들에 으레 나오는 대목들이 나오지 않는 것도 특징이라면 특징이다. 이야기의 연결에 부자연스러운 점도 없지 않아 장가르치가 노래를 제대로 다 부르지 않았거나, 채록자가 제대로 채록을 못한 것일 가능성도 배제할 수 없다. 잠차(2005) 등 오이라드 신장판 『장가르』에는 유사한 줄거리의 마당이 수록되지 않았다.

2) 이야기 줄거리

평화 속에 연락과 취흥을 즐기고 있는데 누가 와서 장가르의 것(흔히 준마 무리)을 훔쳐 가고, 그것을 장가르의 부하들이 추격했으나 실패하고, 결국 장가르가 나서 복수를 하고 되찾아 온다는 기본 얼개는 장가

1 『장가르3』 아홉 번째 마당의 말 도둑과 이름이 같다.

르의 다른 마당과 같다. 그러나 이 마당에서는 그것을 되찾아 오기 위해 반드시 극복해야 하는 엄청난 수난도, 전투다운 전투도 없고, 지옥을 통과하거나 바다 밑으로 들어가지도 않는다.

이야기의 줄거리는 영예로운 성주 장가르네가 33동아리를 이루고 푸짐한 붉은 아르자 술자리를 받들고 있는 동안 9만에 이르는 그의 붉은 준마 무리는 아크스흘의 아들 하르와다 말치기가 지키고 있었는데, 이레 밤낮을 자는 동안 아름다운 노랑 얼룩무늬 말을 탄 케렘의 아들 몽홀랴가 몰아가 버렸다.

꼬리가 뭉툭한 노랑 얼룩무늬 준마를 타고 추격하여 대적했으나 당할 수 없음을 깨닫고 동무가 되기로 거짓으로 약속하고 말 떼를 몰아가다가 기회를 틈타 결사적으로 도망쳐 나와 장가르의 대궐에 당도해 쓰러진다. 때마침 밖으로 나온 샤브달 하탄에게 발견된 하르와다 말치기는 장가르에게 자초지종을 보고한다. 장가르가 열두 보동을 거느리고 추격에 나서 윌재태 윌 망칸 산에서 따라잡아 홍고르, 알탄 체지, 바타르 차간 등이 차례로 공격에 나섰으나 패하고 결국 장가르가 나서 사로잡아 관절 마디마디마다 떼어내 모든 방향으로 흩어 버리라고 명령하나 그의 가장 충직한 부하이자 친구인 홍고르가 영웅을 흉한 모습으로 죽게 할 수 없다고 절벽의 분지 안에 버리고 퀴캔 산으로 눌러 둔다. 영예로운 성주 장가르네가 적을 누르고 말 떼를 데리고 와, 33동아리를 이루고 푸짐한 붉은 아르자의 술자리를 벌인다.

이 마당의 가장 특이한 점은 다른 마당에서처럼 적을 제압하고 신복(臣服)과 조공(租貢)을 맹세케 하는 대신 적을 뼈마디마다 조각을 내어 흩어 버리라는 잔인한 명령을 내린다는 설정이다. 물론 그 명령은 홍고르에 의해 완화된 형태로 집행된다. 홍고르가 몽홀라를 바위 끝짜기에 가두고 산으로 덮어 놓는다는 설정은 몽홀라에게 재생의 가능성을 열어두는 복선일 수도 있다. 다른 마당들에서는 52 또는 54동아리를 이루고 연회를 여는 데 비해 이 마당에서는 33동아리로 줄어들었다는 점도 특이 사항이라 하겠다. 다른 마당들에서는 12명의 아르슬랑(사자) 혹은 서른두 보동(멧돼지)으로 일컬어지는 장가르의 측근 용사들이 이 마당에서는 열두 보동인 것도 다른 점들 가운데 하나다.

11. 영예로운 성주 장가르네 편이 애흐 독신 망나 임금과 전투를 벌이는 마당

1) 텍스트의 유래

비트케예프들(1990b: 5), 비트케예프(2001), 알렉세예바(2001), 두게르수렝(2000: 702, 704) 등을 참고하건대, 1966년 엘리스타(Элст)에서 바가 되르베드(Баh Дөрвд) 집단 출신 장가르치 발드라 나상카(Балдра Насанк, 1888-1971)가 노래하고 키치코프(А. Ш. Кичиков)와 상가드지예바(Н. Б. Сангаджиева)가 채록하여 여러 차례 출판되었으며 비트케예프들(1990b: 455-474)에 다시 실렸다. 잠차(2005) 등 오이라드 신장판 『장가르』에는 유사한 줄거리의 마당이 수록되지 않았다.

2) 이야기 줄거리

장가르의 대궐은 시케를뤽의 한가운데, 실태 잔단 강의 하류 가운데,

아름다운 열두 산의 돌출부에, 아르 봄바의 수많은 강줄기의 합류점에, 외르겐이라는 이름의 샤르토 바다의 남쪽에 있다. 죽음 없는 영생을 가진, 위협 없이 평온한 나라를 가진, 늘 스물네 살의 모습으로 있는 나라에서 장가르의 정예 용사 6,012명이 변함없이 마흔두 자리의 술판을 벌이고 있다. 그때 해가 나오는 북쪽에서 늘씬한 제르데 말을 탄 나란 올란이라는 용사가 와서 장가르에게 세 가지를 아뢸 수 있는지 묻는다. 장가르는 그가 애흐 독신 망나 임금의 사자인 것을 알아보고 허락한다.

사자가 세 번 절하고, 앞쪽에 무릎을 꿇고 앉아서, 가슴에 두 손을 합장한 채로 홍고르, 아란잘 멋진 제르데, 공주 샤브달 하탄, 귀부인 게렌젤, 둑치 알랴 숑코르 소년, 일곱 대를 뒤따르게 한 찬란한 노란 둑을 달라고 요구하고 불응하면 군대를 풀어 아르 봄바의 바다를 말려 버리겠다는 협박을 전한다. 장가르가 사자를 대접해 돌려보내고 알탄 체지에게 예언을 시키자 홍고르와 적의 아르슬랑의 아들 차간이 싸우게 되는데 조짐이 좋지 않다고 한다. 홍고르가 분연히 일어나 출정한다.

에르클뤼의 얼음산에 도달해 1년을 기다린 끝에 적장 아르슬랑의 (아들) 차간을 만나 싸우다 패하여 붙들려 간다. 마침 이를 목격한 소년이 장가르네에게 알리려고 달려와 혼절한다. 소년을 부적과 여의보주로 살려내 보고를 듣고 즉시 출동을 명한다. 적과 조우하여 분전하다가 창이 부러지자 전장을 사날에게 맡기고 창을 수리해 와서 다시 싸워 적을 도륙한다. 부하들에게 잔치를 하도록 하고 장가르는 계속 홍고르를 찾아 나선다. 중도에 박수를 만나 제보를 받고 여러 모험을 거쳐 결국 홍고르를 찾아내 살려 돌아온다. 적장을 가장 흉한 죽음으로 죽게 하고, 마디마디를 모두 베어, 일곱 마리 불친 수소의 가죽으로 겹으로 놓고 싸매서, 바위만 한 돌을 매달아, 큰 바다의 기슭에서 던져 버리고, 황금 고삐를 돌려, 열다섯 해 만에 귀환하여 쉬고, 즐기며, 활기찬 아르자 술자리를 벌인다.

❁ 차례

일러두기

부호, 약어 일람

- [ ]: 칼미크어 텍스트에 있는 [ ]는 편찬자들인 비트케예프 교수와 오발로프 교수가 보정한 부분. 칼미크어 텍스트에서 [ ] 안에 들어 있는 말은 우리말 번역에서도 [ ] 안에 넣음.
- / /: 칼미크어 텍스트에 있는 / /는 편찬자들인 비트케예프 교수와 오발로프 교수가 보정한 부분. 칼미크어 텍스트에서 / / 안에 들어 있는 말은 우리말 번역에서도 / / 안에 넣음.
- { }: 칼미크어 텍스트와 우리말 번역에 있는 { }는 주해자의 보정 의견. 즉, { } 바로 앞의 내용이 { } 안의 내용처럼 되어야 한다는 뜻.
- ( ): 칼미크어 텍스트에는 나오지 않지만 우리말 번역에 나오는 ( )는 독자의 이해를 돕기 위한 주해자 보충. 칼미크어 텍스트의 ( )는 편찬자들인 비트케예프 교수와 오발로프 교수가 보충한 부분으로 우리말 번역에서도 ( )로 표시.
- 〈 L.= L 언어에서 칼미크어로 차용됨.
- 〈 러. = 러시아어; 〈 몽. = 몽골문어; 〈 산. = 산스크리트어; 〈 티. = 티베트어; 〈 한. = 漢語; 〈 할. = 할하몽골어.

텍스트상의 칼미크어에 대한 한글 전사

- 아래와 같이 칼미크어의 글자를 한글에 대응시켜 전사한다.
- 표기에는 드러나지 않는 약화모음은 람스테트(Ramstedt, 1976), 바르다예프들(2004) 등의 칼미크어 사전들에 표시된 음운 형태, 주해자의 칼미크어 현지 조사 경험에 근거한 판단 등을 통해 한글 전사에 합당하게 반영한다.
- 본문의 참고문헌 저자명 표기는 한글로 한다.
- 장모음은 표시하지 않는다.

А, а /ㅏ/ 예) Агсг Улан 아그삭 올란

Ә, ә /ㅐ/ 예) Әрүн цаһан теңгс 애륀 차간 바다

Б, б /ㅂ/ 예) Бумб дала 봄바 바다

В, в /ㅘ/ 자음 앞, 어말에서 /브/
예) Очр-Ваани 오치르 와니, Шавдл 샤브달

Г, г /ㄱ/ 자음 앞에서 /그/
예) Аргг Улан 아그삭 올란

Һ, һ /ㄱ/ 예) Һаслңт маңһс 가슬랑트 망가스

Д, д /ㄷ/ 자음 앞, 어말에서 /드/
예) Дарвд Алтн Чееж 다르와드 알탄 체지

Е, е /ㅔ/ 혹은 /예/
예) Едр хар 예데르 하라, Зеерд 제르데

Ё, ё 해당 어휘 없음

Ж, ж 해당 어휘 없음

Җ, җ /ㅈ/ 어말에서 /지/
예) Җаңһр 장가르, Алтн Чееҗ 알탄 체지

З, з /ㅈ/ 예) Арнзл Зеерд 아란잘 제르데

И, и /ㅣ/ 예) Иньг 이낙, Шилтә Зандн һол 실태 잔단 강

Й, й /ㅣ/ 예) Орг Йондн уул 오록 욘돈 산, Байн Деңкин Алтн Чееҗ 바인 뎅킨 알탄 체지

К, к /ㅋ/ 자음 앞에서 /크/
예) Көк Һалзн 쾨케 갈잔, Аксахл 아크사할

Л, л /ㄹ/ 음절 말에서 모음에 선행할 때 /ㄹㄹ/
예) Күрң Һалзн Зеерд 퀴렝 갈잔 제르데

М, м /ㅁ/ 예) Арг Зула Маңна 아락 졸라 망나

Н, н /ㄴ/ 예) Нарн Гүшг Зандн хаан 나란 귀식 잔단 임금

Ң, ң /ㅇ/ 예) Җаңһр 장가르

О, о /ㅗ/ 예) Очр-Ваани 오치르 와니

Ө, ө /ㅚ/ 예) Өңг Цаһан бөк 욍게 차간 장사, Көк Һалзн 쾨케 갈잔

П, п 해당 어휘 없음

Р, р /ㄹ/ 자음 앞, 어말에서 /르/
예) Арнзл Зеерд 아란잘 제르데

С, с /ㅅ/ 자음 앞, 어말에서 /스/
예) Сән Күрң мөрн 샌 퀴렝 말, маңһс 망가스

Т, т	/ㅌ/	자음 앞, 어말에서 /트/
		예) Тосн Түлг 토손 퉬렉, Харһат һол 하르가트 강
У, у	/ㅗ/	예) Ут Улан Буурл 오트 올란 보랄
Ү, ү	/ㅜ/	예) Үзң алдр хаан 위젱 알다르 임금
Ф, ф		해당 어휘 없음
Х, х	/ㅎ/	예) Хоңһр 홍고르, ятх 야트하
Ц, ц	/ㅊ/	예) Бурхн Цаһан 보르한 차간
Ч, ч	/ㅊ/	예) Алтн Чееж 알탄 체지
Ш, ш		후속모음에 따라 /샤/, /시/, /쇼/, /슈/, /쉬/, /셰/ 등으로 전사,
		어말에서 /시/
		예) Шигшрһ 식셰르게, Хаш Хула 하시 홀라
Щ, щ		해당 어휘 없음
Ъ, ъ		전사하지 않음
		예) Миңъян 밍얀
Ы, ы		해당 어휘 없음
Ь, ь		어원과 현실음을 고려하여 적절히 전사하거나 전사하지 않음
		예) Эрднь төгсҗлчин булг 에르덴 퇴게스질친 샘, Иньг 이낙
Э, э	/ㅔ/	예) Эрднь төгсҗлчин булг 에르덴 퇴게스질친 샘
Ю, ю		해당 어휘 없음
Я, я	/ㅑ/	예) ятх 야트하

Җаңһр: Хальмг Баатрлг Эпос

장가르 3

1. 명성이 자자한 성주(聖主) 장가르가 흉맹한 검은 키내스를 타도한 마당

쉰두 동아리를 이루고 장가르의 용사들이 앉았네.
부자 송그라브[1]로 하여금 바치게 한
블람 로당 동이[2]에 든 아르자 술[3]을
일만 천 명의 사람도
꺾을 수 없는
장사 묑겐 식셰르게가
아무 불편함 없이 오른편 무릎 위에
받고 앉았네.
대단히 영예로운 샤라 두목의 아들
토지의 (아들) 토손 퇼렉이라는 통치자가

---

1 부자 송그라브(Байн Суңһрв): 사람의 이름. '부자(Байн)'는 그의 별명이며, '송그라브(Суңһрв)'의 뜻은 확인되지 않는다.

2 블람 로당 동이(Блам Луудң бедр): 문장 구조로 보아 술동이의 이름일 수밖에 없다. '블람'은 이곳에서 단 한 번 사용되며, '로당'은 『장가르 1』의 몇몇 마당에서 허리띠의 이름(퇴메르 로당)으로 나온다. '블람'의 뜻은 짐작하기 어려우며, '로당'은 중국어 '나단(羅緞[luóduàn])'의 차용일 수 있다.

3 아르자 술(арз): 말, 소, 낙타 등의 젖을 발효시켜 두 번 내린 소주.

주군이신 지고의 장가르부터 시작해서
쉰두 동아리에
내려놓는 법 없이 앉아서,
사람들마다 쉰다섯
순배를 다 돌렸네.
중생이 모르는
백여덟 곡조의 노래를
도니 게렐[4]에게 부르게 했네.
탈완 체첸[5]으로 돔보르를 뜯게 하고
탕삭 게렐[6]을 춤추게 했네.
붉은 듯 노란 저무는 해의 빛깔을 가진,
불처럼 붉은 뜨는 해의 모습을 한,
그 밝음에 바느질도 할 만큼 아름다운,
부인네가 보면
집도 가축도 내팽개치고
지분거리며 뒤에서 따라가는,
처녀가 보면
가슴의 단추 세 개가
저절로 벗겨지는
육천

4 도니 게렐(Дууни Герл): 돈의 (딸) 게렐. 사람의 이름으로, 직역하면 '소리의 빛'.
5 탈완 체첸(Талван Цецн): 탈와의 (자식) 체첸. 사람의 이름으로, 직역하면 '들판의 현자'.
6 탕삭 게렐(Таңсг Герл): 사람의 이름으로, 직역하면 '고상한 빛'.

열두 용사 가운데 앉기를,
여름의 아름다운 해처럼 (밍얀이)[7]
빛을 발하며 앉는다고 하네.
봄의 푸른 갈대에 알을 낳은
늙은 노랑머리 고니가
새벽이 노랗게 동틀 때 제 알 위에서
알을 품고 지저귀는 것 같은 소리를 내는
홀 백단향나무[8] 초르 피리를
부드러운 붉은 입술 위로 잡아,
열 개의 흰 손가락으로
실수 없이 구멍을 눌러,
중생이 모르는
열 가지 장르의 노래를 부르며 연주했네.
곁에서는, 죽이고 빼앗기를 좋아하는,
생각 내키는 대로 창을 잡는
바르다트의 (자식) 오치르 게렐[9]이 부른 노래와
초르[10] 피리의 소리가 함께

---

7 밍얀(Миңъян)은 사람의 이름으로, 비트케예프들(1990b)이 보충해 넣은 것이다.

8 홀 백단향나무(Хол зандн): 백단향나무의 한 종류인 듯하다. 문자 그대로는 '먼 백단향나무'일 수 있으나 뜻이 통하지는 않는다.

9 바르다트의 (자식) 오치르 게렐(Бардтын Очр-Герл): 사람의 이름으로, 직역하면 대략 '굵직한/자부심 있는 자의 금강광(金剛光)'.

10 초르(цур 혹은 цуур): 대개 구멍 3개를 낸 세로피리. 주로 낙엽송이나 버드나무를 반으로 갈라 속을 파내고 다시 붙여 실로 묶은 뒤 양의 밥줄을 씌워 사용하며 이중의 소리를 낸다. 림베(лимб)가 티베트에서 전래한 데 반해 초르는 몽골의 전통 악기

사십만 속민의
안에서, 가까이서 연주하는 것처럼
공중에서 속삭이듯 들렸네.
그림 같은 노랑 얼룩무늬 궁궐을
백 나라의 역사, 장사, 용사가
밖으로 세 번 에워싸고,
통역 케 질왕[11]은
쇠로 된 열 길 회초리를
제 손에 쥐고,
오만 가호의 통치자를
오금을 당겨서 (쓰러뜨리고)
초원으로 쫓아내고 다니네.
십만 용사를 이끄는 자는
성주의 곁에 대략 그렇게 무릎을 꿇고 앉았네.
왼데르 차간 산[12]은 땅의 배꼽이 되었고,
외르겐 샤르탁 바다[13]는 안개가 피어 가라앉았네.
죽음이 없이 영생하게 되었네,

이다.

11 같은 마당에서도 동일한 인물이 '통역 케 질왕(Келмрч Ке Җилвң)'으로도 나오고 '통역 케 질간(Келмрч Ке Җилhн)'으로도 나온다.

12 왼데르 차간 산(Өндр Цahaн уул): '높은 흰 산'이라는 뜻으로, 윗부분이 항상 눈으로 덮여 있는 산을 말한다.

13 외르겐 샤르탁 바다(Өргн Шартг дала): '넓은 샤르탁 바다'. '샤르탁(Шартг)'의 의미는 확인되지 않는다. 람스테트(1976: 351)에는 *šartɒɢ*이 '골짜기(tal)' 또는 '깊은(tiefen)'으로 풀이되었다.

고아 없이 번성하게 되었네,
겨울 없이 여름이 되었네,
금란(金襴)빛 해가 떠올랐네.
매와 종달새가 (동틀 무렵) 밝은 틈새에서
지저귀며 놀았네.
가까운 데 있는 아름다운 숲 속에서는
여러 아름다운 백단향나무가 둘러싸고 자라고 있었네.
강 가운데서 자란
세 그루 마법의 백단향나무의
가슬랑 잠바의 가지[14]는
저 멀리 절까지 윙윙거리는 소리가 들리도록
간조르와 단조르 불경의 곡조로
염불을 했네.
바다 가운데서 자란
담바 졸 나무[15]의
달라 잠바의 가지[16]가 흔들리면
다섯 하늘[17]의 대기에
'다라 에케'와 '신디' 기도문의 곡조로

14 가슬랑 잠바의 가지(Һаслң замбан бүчр): 사전에 나오는 형태들을 모아 직역하면 '슬픈 난알의(?) 가지'.

15 담바 졸 나무(Дамб зуль модн): 무슨 나무인지는 확인되지 않는다.

16 달라 잠바의 가지(Дала замбан бүчр): 사전에 나오는 형태들을 모아 직역하면 '바다/여러 난알의(?) 가지'.

17 다섯 하늘(Тавн теңгр): 구체적으로 무엇을 지칭하는지는 확인되지 않는다.

찬불가를 불렀네.
넓은 백단향나무 숲에서 바람이 윙윙, 쏴쏴 하는 소리를 냈네.
붉고 노란 가지는 숲의 꽃이 되었네.
공중에는 세 가지
여의보주의 노랑, 빨강, 파랑
무지개가 걸렸네.
틀림없는 여의보주의 현신인,
행복이 지대한
영예로운 장가르 임금이라는 이름은
해 아래 세상에 이야기가 되었네.
팔천 망가스 임금의
고장에서 놀라움이 되었네.
황조롱이가 차가운 바람이
영원한 사철 내내
쏴쏴 불도록 날갯짓했네.
사향과 향을
섬부주에 퍼뜨렸네.
여름의 아름다운 숲에서,
그림 같은 노랑 얼룩무늬 대궐 안에서,
육천열둘
해처럼 붉은 용사들과,
검은 기도깃발 아르자의 술자리 가운데서 취하도록 술을 마시며 즐겼네.
용사들은 임금 장가르가

내리신 아르자 술에 뜨겁게 취해
백 년의 순서[18]를 함께 헤아리고,
여섯 해의 파수[19]에 대해 헤아렸네.
세속의 국권을 바위처럼 세우고,
부처님의 종교를 해처럼 떠오르게 하며 즐겼네.
이와 같이 즐기고 있던 때에,
해 저무는 북쪽에,
위 세상의 일곱 나라를 귀순시켜 취한,
아래 세상의 흉맹한 사십만 망가스의 정복자가 된
흉맹한 검은 키내스라 하는 임금이 있었네.
일곱 대 전부터 지금까지 변치 않는 큰 영지를 가지고 있고,
해 아래 세상의 강건하고 강인한 장사, 용사
이 모두를 가까이 거느린,
목숨을 지키는 용사들은
가장 못하다는 용사도
혼자 몸으로 칠천 용사를 감당하고,
원정하는 팔만 용사가
출정하여 갈 때는
팔천 겹을 이루고
그 가운데서 이끌고 갔네.
안개 같은 노랑 얼룩무늬 대궐에서 잘 때는

18 백 년의 순서(зун жилин ша): 앞으로 백 년 동안 시행할 대책의 순서.
19 여섯 해의 파수(зурhан жилин харул): 앞으로 육 년 동안 수행할 파수 계획.

이만 명씩 교대로 지키고 있었네.
노랑 얼룩무늬 대궐의 문 사이에는
제가 잡은 것, 놓아준 것을 박살내는
호랑이와 곰을
'자랑스러운 용사들에게 해를 끼칠라!' 하고,
사람의 굵은 넓적다리만 한
단단하고 검은 강철 사슬로
움직이지 못하도록 대가리를
사슬로 묶어 두었네.
밤에 풀어 놓았을 때는
백 고장의 용사들이
여섯 겹을 이루고 와도,
그림 같은 노랑
얼룩무늬 대궐의 문에서
사람이 근접도 못하게 쫓는다고 하네.
포효하는 소리에는
제 아무리 강건한 사람이라도
멈추지 않고 달아나게 되네.
사만 정예 용사들과
노랑 얼룩무늬 대궐 안
안개 같은 검은 기도깃발 아르자 술자리에서
백 개의 동아리를 이루고
취하도록 술을 마시고 있네.
앉았을 때 용사들은

아르자 술에 배가 뜨거워지고,
영예로운 키내스의 사랑에
절로 취해
백 년의 순서를 함께 헤아렸네,
여섯 해의 파수에 대해 헤아렸네.
"해 아래 세상의 나라에,
해와 달 아래
나와 겨룰 사람이 있느냐?!" 하고
임금 키내스의 몸은
열 개의 제 검은 발을 부서지는 소리가 나도록 움켜쥐고,
무시무시한 망가스의 다라니 눈[20]은
열두 번을 노려보고 있네.
오른편 삼천 명이 이루는 동아리의
가운데 앉은 용사는
백 나라에서
용감하기로 유명하다고 하네,
육천 임금의 나라에서
장사로 유명하다고 하네.
혼자 몸으로
칠만 사자 용사에 맞서는
아르슬랑의 (아들) 장사 차간이라는 용사라네.

20 다라니 눈(тәрни нүд): 여기서 '다라니(тәрн, 陀羅尼)'가 정확하게 무슨 뜻으로 쓰였는지 확인할 수 없으나 대체로 '큰 눈' 또는 '마법의 눈'일 것으로 짐작된다.

바람의 네 나라[21]에서
빠르기로 이름난
빠른 붉은 준마를 가졌는데,
“말이 닿는 곳을
제 식으로 빼앗겠습니다, 제가!” 하고,
제 주군 임금에게
이 말을 아뢰고 앉았다네.
왼편 삼천 용사를 이끄는,
오지 않은 아흔아홉 해를
예언할 수 있고,
지나간 마흔아홉 해를
실수 없이 열거하며 말하는
나란 퀴세크라는 용사가
제 임금 키내스에게 아뢰고 있네.
“떠오르는 노란 해의 왼쪽 발 아래,
간딕 알탄(알타이) 산의 급격한 돌출부에
아르슬랑트 예순여섯 바다[22]의
합류점에서 목영하는,
큰 천막 모양의 대궐을 가진,

---

21 바람의 네 나라(Киидин дөрвн орн): 인도와 티베트 신화 혹은 힌두교나 티베트-몽골 불교의 우주관이 칼미크-오이라드 식으로 변용된 것으로 보인다.

22 아르슬랑트 예순여섯 바다(Арслңт жирн зурһан теңгс): 직역하면 ‘사자가 있는 예순여섯 바다’.

샤라의 네 사원을 귀순케 한,
석가모니의 분명한 현신인 라마를 모신,
죽은 것을 살려 내는
가까운 여의보주[23]의 현신이라고 합니다.
태키 졸라 임금의 증손이라고 합니다,
탕삭 봄바 임금의 손자라고 합니다,
위젱 알다르 임금의 외아들이라고 합니다,
죽음이 없는 영원한 스물다섯 살이라고 합니다.
그를 따르는 용사들은
세월과 나이를 차가운 검은 창의
끝에 매달았다고 합니다.
열정과 기쁨으로, 영예로운 장가르의
열두 활불[24]이 지어 준
신성한 흰 부적을
심장과 이마 위에 놓고
맹세하고 따른다고 합니다.
여름의 아름다운 숲에서
육천
열두 용사들과 함께

---

23 『장가르』에는 다양한 말로 수식되는 여의보주가 등장하는데 '가까운 여의보주(Өөр жиндм(а)н(ин))'가 어떤 여의보주인지는 확인되지 않는다.

24 활불(гегән): 육도의 중생을 구제하기 위해 이 세상에 사람의 모습으로 태어나 살아가다 죽어 다시 태어나기를 반복한다는 부처. 칼미크어 발음은 [게갠]에 가깝다.

술자리 가운데 앉는다고 합니다.
앉은 쪽에는
임금의 육천 용사, 역사가
그림 같은 대궐의 바깥쪽에
백 겹으로 앉는다고 합니다.
세속의 국권을 바위처럼 세우고,
부처님의 신앙을 해처럼 펼치고 있었습니다.
그 가운데는
백 나라에서 용감하기로 뛰어난,
육천 개의 채찍으로
멈추지 않고 채찍질해도
입이 세 마디 말을
하게 하지 못하는,
용감한 몸은
육십만 병력의 정면에
아가르 백단향나무[25]를

25 볼드들(2008: 28)의 할하몽골어 사전에 '아가르(АГАР)'는 '둥그스름하고 큼직큼직한 방울이 있고, 비늘 같은 바늘이 있고, 향기로운 냄새가 나는 상록 관목(Бөөрөнхийвтр том том шогшгойтой, хайрсан шилмүүстэй, анхилам сахан үнэртэй, мөнх ногоон бутлаг мод)'으로 나와 있다. 한편 정답이 각각 '1년, 열두 달, 30일, 낮, 밤'인 할하몽골어의 수수께끼, 즉 "아가르 백단향나무는(Агар зандан мод) 가지가 열둘이네(Арван хоёр мөчиртэй), 가지마다 서른 잎이 달렸는데(Мөчир бүр нь шучин навчтай), 잎의 위쪽은 노란색이고(Навчны дээд тал нь шар), 아래쪽은 검은색일세(Доод тал нь хар)"라는 수수께끼로 미루어, 실재하지 않더라도 할하몽골인이면 아무도 아가르 백단향나무(Агар зандан мод)에 대해서는 의문을 품지 않기로 되어 있는 듯하다.

뿌리째 쑥 당겨 뽑아
가지는 다듬어 던지고,
도보로 돌진해 들어가는 무용(武勇)이라고 합니다.
날랜 몸은
제 목숨을 노리고 육박해 온
팔천 자루 창의 꼭대기 위로
몸이 닿지 않고 올라간다고 합니다.
강건한 몸은
전장에서 혼자 몸으로
홀로 전쟁을 하는데,
삼 년이라도 싸운다고 합니다.
솟아오른 백단향나무 같은 등은
활처럼 굽고,
솟아오른 열닷새
달처럼 가득한 붉은 얼굴은
재처럼 변하고,
담갈색 다라니의 눈을 질끈 감고,
자신의 아란잘 쾨케 갈잔[26]을 타고
달음질쳐 빠져 나갈 때,
자신과 대등한 팔십 명의 강건한 용사가

---

26 아란잘 쾨케 갈잔(Арнзл Көк Һалзн): 말의 이름으로, 직역하면 대략 '불같이 붉은, 몸통의 털빛은 파르스름하고 얼굴에는 흰 털이 난 말'. 아란잘, 쾨케 등 이름의 일부만 나오기도 한다.

팔십 개의 낫이 달린 백단향나무 창으로
일제히 따라잡아 찔렀지만,
은으로 된 검은 안장방석에서
그 앉은 자리도 바꾸게 하지 못했다[27]고 합니다.
옥트 시르케의 손자라고 합니다,
퇴멜렉트 임금의 외손자라고 합니다,
점잖은 장사 뭥겐 식셰르게의 아들이라고 합니다.
메르겐 귀시 잔단 게렐이
스물두 살에 낳은,
죽이지 못해 버린,
목숨은 몸에 없는[28]
대단한 붉은 홍고르라는
용사입니다." (하고 아뢰었네.)
"그를 산 채로 사로잡아
올 수 있겠느냐, 너는?" 하고
영예로운 키내스가
아르슬랑의 (아들) 장사 차간에게
분부를 내렸네.
아르슬랑의 (아들) 장사 차간이 말하네.
"백 곳의 황교의 나라는

27 미동도 하게 할 수 없었음을 뜻한다.

28 목숨은 몸에 없는(Эмнь бийднь уга): 따라서 그 육신을 아무리 죽여도 죽일 수 없게 되었음을 뜻한다.

저 혼자서 비울 수 있습니다.[29]
그림 같은 노랑 얼룩무늬 대궐 안에서,
육천열두 용사 가운데서
쳐들어가 생포할 수 있습니다, 제가!" 하고 (대답했네.)
"잡지 못하면 어떻게 하겠느냐?
해 아래 세상의 나라에서
너와 같은 용사, 역사라고 한다.
다섯 살이 되었을 때는
오만 병력과
힘이 맞먹었다고 한다." 했네.
"그를 잡을 수 없으면,
주군 임금의 채찍에 맞아 죽겠습니다.
염라대왕의 처결에 따라 죽겠습니다."라고 대답했네.
"좋다, 훌륭하다!
잡아 오면 네게 달라고 하는
열 가지 찾는 것을 주마, 내가!
목숨이 달린
세 가지 잘못을 넘어가 주마.
살와라는 강의 비탈 초원에서 목영하는
착하고 온순한 백칠십만 속민을 다스리게 하마.
네 맹세를 지켜 다오!" 하고 말했네.

---

29 그 백 나라의 모든 것을 다 파괴하여 아무도 살지 않고 아무것도 없는 곳으로 만들 수 있다는 뜻이다.

금강 강철로 날을 낸,
불린 강철로 칼등을 낸,
휘두르면 일곱 겹 무쇠 불[30]이 타오르는
흉맹한 검은 군도의 날을
일곱 번 거듭 핥았네.
은으로 된 흰 보위에
가서 역시 세 번 절했네.
"노랑 얼룩무늬 대궐의 문에
바람의 사대주[31]의 나라에서 빠르기로 이름난
내 키딘 올란 초호르[32]에 나를 위해 말갖춤을 지워 달라![33]" 했네.
이렇게 이야기한 말을
주군 장가르의 곁에서
착오 없이 미리 알고 아뢰는
에르켈뤼의 알탄 체지가
이 여러 용사들에게

---

30 불(hoл{haл}).

31 바람의 사대주(Ки дөрвн түв): 우리가 알고 있는 사대주(四大洲), 즉 동승신주(東勝身洲), 남섬부주(南贍部洲), 서우화주(西牛貨洲), 북구로주(北俱盧洲) 가운데 어느 하나인지, 아니면 완전히 다른 개념인지는 미상.

32 내 키딘 올란 초호르(Киидин Улан Цоохрм): 직역하면 '나의 사원의 붉은 얼룩무늬 말'이 된다. 혹시 '사원의(Киидин)' 부분이 오류인지도 모르겠다.

33 말갖춤을 지워 달라!(тохж өгтн!): '말갖춤을 지우다'로 옮긴 동사 тохх는 말에게 재갈을 물려 굴레를 씌우고, 가슴걸이와 뱃대끈을 매고, 다래와 안장방석을 얹고, 안장을 얹는 등 말이 출발에 앞서 갖추어야 할 것을 갖추게 하는 모든 행위를 가리킨다. 『장가르』에서 전마들은 안장 외에 가슴 가리개, 엉덩이 가리개, 목덜미 가리개 등을 장착한다. 『장가르 1』과 『장가르 2』에서는 '마구를 얹다' 등으로 옮겼다.

착오 없이 낱낱이 말하네.
용력 넘치는 삼천
용사 가운데
용사 붉은 홍고르가 말하네.
"꿈같은 나의 성주 장가르여,
심장과 같은 나의 육천
열두 용사들이여,
영예로운 키내스의 명령이 바로 이것이었소!
아르슬랑의 (아들) 장사 차간의 말이 바로 이것이었소!
쏟을 것은 한 모금뿐인 피 아닙니까?
해골이 될 것은 한 움큼뿐인 뼈 아닙니까?
빠른 말의 발굽에
밟혀 죽는다 해도 억울할 것 없는 것 아닙니까?
날카로운 칼날에
베여 죽는다 해도 억울할 것 없는 것 아닙니까?
아무도 없는 곳에서
에르켈뤼의 은빛 흰 산의 꼭대기에서
사내 둘이 몸으로 겨루어 보겠습니다." (하고 아뢰었네.)
영예로운 통치자 성주 장가르가 분부를 내리네.
"압박하는 적에게는
나의 쇠창의 끝이여!
만 마리 양에게 덤벼드는
시뻘건 나의 늑대여!
아무도 없는 곳에서,

이 망가스의 사자(使者)에게
맞서기 위해 너 혼자서 갈 수는 없다.
육천열두 몸으로
맞서 출정하는 것이 어떻겠느냐?"라고 했네.
"술 취한 붉은 홍고르가
외방 망가스의 사자가 두려워
제 임금 장가르를 뒤에다 데려왔다고 하는,
외방의 네 오이라드에
울려 퍼질 못난 이름이 될 것이 아닙니까?
산등성이의 물은 도랑을 향하고,
저지른 소행은 그 주인을 향하는 것이 아닙니까?
한낮(의 해)보다 더 뜨겁습니까?
죽은 뒤에 행복이 있습니까?
산을 뒤집을 만한 장사로,
세상을 돌 만한 탈 것을 갖고 있으니,
일곱 살짜리 나의 느림보 쾨케 갈잔[34]을
샤라 알탄 하브흐[35]의 어귀에
데려와 편안하게 말갖춤을 지워 주십시오!
백 달 동안을 (쉬지 않고) 달리는 나의 쾨케가
외방의 사대주에

34 느림보 쾨케 갈잔(Хашң Көк һалзн): 직역하면 '느림보에 몸통은 푸른 털로 덮이고 얼굴에는 흰 털이 난 말'. '느림보(Хашң)'는 말의 별명이고 '쾨케 갈잔(Көк һалзн)'은 말의 이름이다.

35 샤라 알탄 하브흐(Шар алтн хавх): 지명으로, 직역하면 '노란 황금 성문'.

게으름뱅이라는 이름을 갖게 되었지만,
망가스와 맞부딪치는 전장에서
남의 말발굽에 따라잡혀
무거운 칼의 상처를 입은 적은 없습니다!" 하고 말했네.
튀진덱이라는 말치기 용사가
은으로 된 부드러운 굴레를
옆에 끼고,
쾨케 삼바의 비탈에서
힘센 용사들의
준마 가운데서
쾨케 갈잔 준마를
다가가 끌어 잡았네.
잘 달래서 가루라 대궐[36]의 문에서
흥분한 쾨케에 말갖춤을 지웠네.
뗏목 같은 검은 다래[37]를
펴서 놓았네.
뗏목 같은 낙엽송 안장틀과
흐릿한 은제 안장가리개가 딸린
모루 같은 황금 안장을
힘이 넘치는 쾨케의 다듬은 적 없는 갈기에

36 가루라 대궐(hэрд бээшн): 대궐의 이름. '가루라'는 불교에서 유래하여 몽골계 민족들의 설화에 자주 등장하는 새의 이름이다. 어마어마하게 크고 힘이 센, 모든 날개 달린 것들의 임금이라고 한다. 이와 같이 어마어마한 대궐이라는 뜻으로 짐작된다.
37 다래(тохм): 안장을 고정시키고 말등이 안장에 쓸리는 것을 막기 위해 덮는 깔개.

네 뼘[38] 네 손가락 두께로 씌웠네.
부드러운 노란 비단 가슴가리개는
쾨케의 검은 힘살에 박히도록 채웠네.
스물다섯 겹으로 엮은
고니 목 같은 후걸이는
엉덩이에 박히도록 채웠네.
노란 해의 그림이 있는
지붕만 한 노랑 얼룩무늬 올른촉[39] 밑에는
아름다운 노란 비단 줄 뱃대끈[40]으로
튼튼한 흰 뱃구레[41]의
복판에서 졸라매 당겼네.
타르와드[42] 검은 안장방석을 놓았네.

---

38 뼘(тө): 길이의 단위. 엄지와 중지를 벌렸을 때 두 손가락 끝 간의 거리다. 엄밀하게 말하면 우리말의 뼘보다는 조금 짧은 길이다.

39 올른촉(олнцг): 사람의 몸과 옷을 발걸이 끈과의 마찰로부터 보호하기 위한 물건이자 치레거리로, 안장에 고정시킨 모전 혹은 가죽 방석의 일종. 쾨브첵(көвцг 또는 көвчг)과 거의 유사한 기능의 물건이다.

40 줄 뱃대끈(олн): 안장에 달린 4개의 끈 가운데 앞쪽 끈 2개를 가리킨다. 현재 많은 몽골어계 방언에서 뒤쪽 끈인 뱃대끈(татур)과 구별이 사라져 가는 상황이다. 각각 '앞 뱃대끈', '뒤 뱃대끈'으로 이해할 수 있다. 람스테트(1976: 285, 384) 참조.

41 뱃구레(әрвн): 주로 짐승의 배를 가리키는 말.

42 타르와드(тарвад): 칼미크어 사전들에서 확인되지 않는다. 비트케예프들(1990a: 163의 487행, 350의 486행)은 Тарвд хар көвцгәс라는 대목을 '그러나 다래에서(Но даже с седельной подушки)'라고 하여 Тарвд를 번역하지 않은 것으로 보인다. 두게르수렝(2000: 176)의 '두터운 검은 다래를 놓았네(Зузаан хар олонцог тавив)'는 일견 합리적이나, 칼미크어의 тарвад가 할하몽골어의 зузаан(두터운)인지는 확인할 방법이 없다.

하닥이라는 이름의 뱃대끈을
옆구리 갈비뼈 사이로
앞이 캄캄해지도록 당겼네.[43]
보르한 차간 하탄이[44]
일어났다 앉았다 하면서 짠
부드러운 비단 고삐를
은으로 된 부드러운 안장가리개에
돌려 매었네.
쉰 길 엘멘 비단[45] 후릿고삐를
한 길 정도로 접어서 손에 쥐었네.
붙든 말은
호르(弦琴) 같은 두 귀로
호르마스타 하늘의 나라[46]를 찔렀네.
날카로운 송골매의 눈으로
높은 알타이 산을 주시했네.
데지[47]의 잔 같은

43 앞이 캄캄해지도록 당겼네(Харaһинь тасртл татв): 직역하면 '시각이 끊어지도록 당겼네'.

44 보르한 차간 하탄이(Бурхн цаһан хатн): 직역하면 대략 '부처님/신성한 흰 하탄이'.

45 엘멘 비단(элмн торһн): 비단의 한 종류이나 어떤 비단인지는 확인되지 않는다. 『장가르』에서는 긴 후릿고삐를 짜는 것으로 나오는 점으로 미루어 부드럽고도 질긴 비단일 것으로 짐작된다.

46 호르마스타 하늘의 나라(Хурмстн теңгрин ор): 호르마스타 하늘이 주재하는 나라. 삼십삼천. 하늘 또는 공중을 가리키는 말이라고 이해해도 무방한 경우가 많다.

47 데지(деeж): 모든 몽골인들 사이에 공유되는 개념으로 가장, 신불, 존귀한 이에게 바치는 음식을 말한다. 흔히 고아 내린 흰 술 애르크(몽골문어로는 아라키, 할하몽골

네 개의 강철 발굽을
말치기 칠천 용사의 위로
아무것도 닿지 않게 박차 올라 뛰어넘었네.
노랑 얼룩무늬 대궐 안,
샤라의 육천
열두 (용사들) 속에서
전투용 로브차를 여러 겹 껴입었네.
백만 은 값어치의
부드러운 비단 뷔시뮈드[48]를 입었네.
어떠한 적의 정면에서도[49]
목숨의 대동맥에 부상을 입히지 않는
유황처럼 검은 갑옷을 입었네.
유명한 활불의 부적을
목에 걸어 모셨네.
샤라의 나라[50]에서 짜고,
신성한 자의 나라[51]에서 조언을 받은,
쾨케 대장장이가 두드려 만든,

어로는 아르히)를 가리킨다. 같은 솥에 만든 음식이나 차는 처음 떠서 담아낸 부분이 해당된다. 뜻이 확장되어 문학· 예술 작품의 정수, 주옥편, 어느 분야의 최정예를 가리키기도 한다.

48 뷔시뮈드(бүшмүд): 칼미크 남성의 외투. 간혹 '비시뮈드(бишмүд)'의 형태로도 쓰인다.

49 '어떠한 적과 정면으로 맞서도'라는 의미다.

50 샤라의 나라(Шарин орн): 직역하면 '노랑의 나라'. 아마 티베트-몽골 불교인 '황교의 나라'를 가리키는 것으로 보인다.

51 신성한 자의 나라(Шаҗитин орн): '종교를 가진 자의 나라'라는 해석도 가능하다.

말로[52] 대장장이가 부풀려 담금질한,
사람에게는 없는 세공(細工)들이 갈고 닦은
차가운 검은 강철 검을
왼편 옆구리[53]에
열두 끈고리로 채웠네.
일어나며 콧김을 뿜고 나서,
안개 같은 백단향나무 투구를
땅에 내려놓고,
신성한 흰머리로
임금 장가르 앞에 이르러,
세 번 절하고는 곧바로 무릎을 꿇고 앉았네.
“낮의 이야기,
밤의 꿈이 되신 나의 성주여!
나의 동무 열두 용사여!
흉맹한 망가스의 나라로 향하기에 이르렀습니다, 저는!
자, 통찰력 있는 통치자 체지시여!
강력한 임금의 사자가
어느 시점에 저와 만나게 됩니까?
빠짐없이 낱낱이 제게 말해 주십시오!” 하고 말했네.
알탄 체지가 말하네.

52 말로(Малу): 사람의 이름.

53 왼편 옆구리(Алсин таша): 칼미크어 사전들에 나오는 단어들을 모아 직역하면 ‘먼 옆구리, 다른 편 옆구리’이지만, 두게르수렝(2000: 177)의 ‘제 왼편 옆구리에(Буруу ташаандаа)’가 합리적인 풀이로 보인다.

"돌아오는 우르스 달의 초여드렛날에[54]
에르켈뤼의 은빛 흰 산 위에서
틀림없이 너와 만날 것이다."
주군 임금의 곁에서 말에 올라,
이리로 나와서,
상처의 끝이 닿은 적 없는[55]
노란 비단 올와[56]를
거무스레한 흰 어깨 위로
걸쳐 입었네.
솜씨 좋은 어머니가 마르시고
오르진 바담[57]이 조언한,
무늬 있는 붉은 비단으로 안을 댄,
탕삭 게렐이

---

54 돌아오는 우르스 달의 초여드렛날에(Эсрң үрс сарин нəəмн шин өдрт): 람스테트(1976: 459)에 의하면 부처님(석가모니)이 태어난 날로, 양력 5월경이라고 한다.

55 상처의 끝이 닿은 적 없는(Шавин үзүр күрəд уга): 『장가르 2』의 268쪽(2-4-371)에서는 '화살의 끝이 닿지 않는'이라고 옮겼다. 딱 떨어지는 번역이라고 할 수는 없으나 의미는 상통할 것으로 보인다.

56 올와(улв): 뾰족한 무기로부터 몸을 보호하기 위해 갑옷 아래 입는 양모 등으로 만든 조끼 모양의 옷.

57 오르진 바담(Уржн Бадм): 사람의 이름으로, 티베트어 오디얀 바드마(u-rgyan pad-ma)에서 유래하며 '오디야나의 연꽃'이라는 뜻. 오디야나는 8세기에 인도에서 티베트로 건너와 활동했다는 티베트-몽골 불교의 바드마삼바바(padmasaṃbhava, 蓮花生 上師)의 고향에 해당한다. 아미타불의 화신으로 이야기되기도 한다. 바드마삼바바의 이름은 티베트어에서는 바드마 중내(pad-ma 'byung-gnas) 또는 배마중내(Bämajungnä[pɛʔma tɕuŋnɛʔ]), 할하몽골어에서는 바담조나이(Бадамжунай)이다. 그러나 텍스트의 다른 곳에서는 오르얀 바담(Уръян Бадм)으로 등장한다.

다섯 달 동안 혼자 엮은,
다섯 살짜리 말 쉰 마리 값의
불꽃처럼 흰 갑옷을 입고,
열두 개 은고리로
앞가슴 위에 채웠네.
종교의 노란색[58] 황금 투구를
보석 같은 머리를 보호하기 위해 썼네.
이마 바로 위로는
마하 갈[59]의 빛이
떠오르도록 그렸고,
정수리에는 금강저를 가진 금강살타 부처님을
황금 몸과 함께 새긴,
해와 달의 무지개 같은
노란 황금 드리개는
이마 위에서 짤랑거리며 소리를 냈네.
휘두르면
온 대륙의 나라가 떨고,
흔들면
일곱 겹 무쇠 불이

---

58 종교의 노란색(Шажин шар): 티베트-몽골 불교의 겔룩파의 상징인 노란색.

59 마하 갈(Маха-haл): 칼미크를 비롯한 모든 몽골계 사람들의 전통 사회에서 유목민과 가축의 수호신. 산스크리트어 마하칼라(Mahakala)의 칼미크어 표기이며, 우리 불교의 대흑천(大黑天)에 해당한다.

타오르며 춤을 추네[.][60]
정확하게 넉 달이 되었네.[61]
하닥이라는 강의 발원지에서
맞서려고 가네.
영예로운 통치자 성주 장가르가 분부를 내렸네.
"자, 나의 흐르는 물의 물결 같은 존재들이여!
나의 긴 백단향나무 숲 같은 존재들이여!
아무도 없는 곳에서,
광막한 황무지에서
적과 조우할 때는
주군 임금의 곁에서
화합하여 따라가거라.
떠난 뒤에
백 나라의 힘세고 강인한 자를
여섯 방위[62]에 사자로 놓아,
멈춤 없이 모아 가지고,
예닐곱 달 안에 이르러,
맞서는 망가스 임금과

---

60 누가 무엇을 휘두르고 흔드는지는 확인되지 않는다. 아마도 287-290행에 소개된 "금강 강철로 날을 낸, 불린 강철로 칼등을 낸, 휘두르면 일곱 겹 무쇠 불이 타오르는 흉맹한 검은 군도"일 가능성이 높다.

61 정확하게 넉 달이 되었네(Эгц дөрвн сар болв): '때마침 사월이 되었네'로 해석하는 것도 불가능하지는 않을 것으로 보인다.

62 여섯 방위(Зурһан үзг): 동, 서, 남, 북, 상, 하.

멈춤 없이 싸워,
대담한 망가스를
산 채로 사로잡아 보자!
차가운 검은 술[63]을
틀림없이 열다섯 잔을
따라 주어라!"
만 명이 덤벼도 제압할 수 없는,
아버지 장사 뭥겐 식셰르게는
흑금상감(黑金象嵌)을 한 은제 동이의 술을,
보통의 오백 용사가 들어 올릴 수 없는
이것을 오른 무릎 위에 잡고
앉았네.
임금 장가르의 곁에서
외동아들이
가슬랑트 망가스[64]의 나라에
홀로 간다고 하자,
잡고 앉은 술을
뒹굴려 던져 버렸네.
영예로운 장가르 임금의 앞에서
울며 말하네.
"세상에서 유일하지 않소?

63 검은 술(хар әрк): '독하고 맑은 술'을 가리킨다.

64 가슬랑트 망가스(hаслңт маңhс): 직역하면 '슬픈 망가스'.

영겁 가운데 혼자뿐 아니오?
퍼덕거릴 날개도 없지 않소?
무서워 떨 때는 동무도 없지 않소?
나의 우뚝한 돌이 아니오?
나의 안식의 해가 아니오?
되시 알탄 산[65] 기슭의
바윗돌 틈새에서 홀로 자라난
나의 가늘고 붉은 버드나무가 아니오?
몸을 편안히 하고 있다가 공격하는
나의 큰 수리 가루라[66]의 움켜잡음이 아니오?
돌다가 공격하는
나의 수평아리 독수리가 아니오?
송곳니가 다 자라지 않은
나의 세 살짜리 멧돼지
새끼가 아니었소?!
나의 하나뿐인 아이를
가슬랑트 망가스의 나라에 보내 버리고,
영예로운 장가르는 자신의 하탄과
목숨 같은 용사들과
술을 마시고 있소그려, 그대는!

---

65 되시 알탄 산(Дөш Алтн уул): 직역하면 '모루 (같은) 황금 산'.

66 큰 수리 가루라(Тас һәрд): 실제와 상상의 결합으로 이루어진 새로, 엄청나게 크고 힘이 세며 멀리, 높이 날 수 있음은 물론이다. 65쪽의 가루라 대궐에 대한 각주 참고.

그대의 국정과 종교를
누가 안정시켰소?
그대의 퇴메르 쉼의 관문을
누가 강화해 주었소?[67]
그래! 그냥 둘 수 없는 망가스의 나라에,
맞설 수 없는 악마 동무들을 가진
임금의 나라에 보냈소, 그대가?
술 취한 붉은 훙고르가 없다고 하면,
외방의 네 나라가 그대에게 거만하게 굴지 않을까?
세속의 국권을 바위처럼
세우는 그대의 힘,
부처님의 종교를 해처럼
떠오르게 하는 그대의 힘,
마흔이 되기 전에
사방의 사십만 임금을
발걸이에 있는 그대의 발에 머리를 대고 절하게 하는 그대의 힘은
누구의 힘이었소?" 하고 울었네.
참새만 한

67 그대의 퇴메르 쉼의 관문을 누가 강화해 주었소?(Төмр сүмин амичн Кен батлад өгсмб?): 직역하면 '그대의 쇠 절의 관문을/입구를 누가 강화해/보장해 주었소?'가 된다. 토다예바(1976: 383)는 "төмр сумн әмичн кен батлад өгсмб?"라고 읽고 '누가 쇠 화살같이 네 목숨을 보장했는가?(кто укреплял твою жизнь, словно железную стрелу?)'라고 풀이하였다.

우박 같은 검은 눈물을 줄줄 흘렸네.
목숨 같은 자기 아들을 가슴에 안고,
오른쪽, 왼쪽 뺨에
부서져라 입을 맞추고,
부드러운 붉은 간에다[68]
접어 꼭 껴안았을 때
아들이 아버지에게 아뢰었네.
"목숨 같은 내 아버지시여!
나이만 자셨지 생각이 없으십니다, 그대는.
끓었어도 국은 없습니다, 그대에게!
십만 임금의 나라를 돌아도 지치지 않는
나의 신성한 쾨케 준마라는 놈이,
네 개의 검은 발굽이 빠져 버리지 않으면,
들끓는 악마, 망가스에게 붙들리지 않으면,
아버지, 그대에게
열다섯 해 뒤에
아란잘 쾨케를
황금 고삐를 돌려
살아서 건강하게 돌아오겠습니다!" 하고
말하고 출정하기를,
손에 잡은 채찍은
세 살짜리 송아지 가죽을

68 부드러운 붉은 간에다(Энжүр улан элкндән): '자신의 부드러운 배에다'.

셋으로 나누어 심을 놓고,
네 살짜리 소가죽을
넷으로 나누어 엮고,
부어 만든 강철로 고리를 만들고,
불린 강철로 고들개를 만들고,
귀시 은[69]으로 만든 손잡이 끈이 있고
꼬아 만든 비단 맬 끈이 있는,
부드러운 백단향나무 자루를 가진
하실 다라니[70]라 하는 채찍으로
단 한 번 때린 상처는 고통을 겪고,
여섯 달이나 되어야 겨우 아문다고 하네.
시뻘건 손바닥에다
단단히 잡았네.
삼 년을 말린,
사막에서 자란
홀로 있는 섬개야광나무로 자루를 만든,
하실 다라니라 하는 채찍을
오른손에

69 귀시 은(гүши мөңгн): '귀시(гүши)'의 뜻은 미상. 토다예바(1976: 236-237)는 '은의 명칭(наименование серебра)', 비트케예프들(1990a: 460)은 '은의 종류(разновидность серебра)'라고 주석했으나 어떤 특성을 가진 은인지는 언급하지 않았다.

70 하실 다라니(Хашл тәрн): '하실(Хашл)'의 의미는 사전들이나 연구서에서 확인되지 않는다. '다라니(тәрн)'는 대개 산스크리트어로 되어 있는 기도문이나 주문을 가리킨다.

움켜잡기를,
손가락마다
창백한 붉은 즙이 흐르도록 잡았네.
노랑 얼룩무늬 대궐에서
샤라의 육천
열두 용사 가운데서
불꽃같이 쾨케를 향해 나왔네.
부처님이신 성주 장가르가
육천열두 몸으로
따라 나왔네.
예의 노란 (황금) 대문의 문에서
멋진 쾨케 위로
불꽃처럼 튀어 홍고르가 올라앉았네.
튀어 오른 몸을
십만에 달하는 용사들이
살피며 놀라워했네.
칠백만 병력의 긍지가
한몸이 되어 보였네.
팔백만 병력의
얼굴을 누를 용모가 되었네.
멋진 쾨케 갈잔의
궁둥이 위에
열 개의 흰 손가락을 폈네.
"낮에 보이는

별 같은 나의 장가르여!
밤의 꿈에 보이는
여의보주 같은
황금의 천녀
나의 부인 게렌젤 하탄이여!
목숨과 같은
나의 열두 육천 용사여!
살아 있는 여의보주의 자비로
편히 잘들 건강하게 계시오!"라고 했네.
영예로운 통치자 성주 장가르가 분부를 내렸네.
"멋진 쾨케의 위로 해가 솟아오르게 하라,[71]
멀쩡한 망가스의 나라를 오늘부터
가서 말려 버리고 오도록 하라!" 했네.
다른 사람에게는 없는 쾨케의
오른쪽 재갈을 돌려 당겼네.
석가모니의 현신인 라마를 향했네.
그림 같은 노랑 얼룩무늬 절을
바른편으로 세 번 돌고 갔네.
저무는 노란 해의
왼쪽 모퉁이를 향해 갔네.
낮이라고 머무는 법 없이 갔네,

---

71 멋진 쾨케의 위로 해가 솟아오르게 하라(Сээхн Көкиннь деернь нар мандлул): 무슨 뜻인지는 어림되지 않는다.

밤이라고 묵는 일 없이 밤새워 갔네.
물 없는 사막,
풀 없는 불모지를 지나갔네.
쥐덴 하르가 다리[72]를 건넜네.
다리를 건너 사십구 일이 지나도록 더 갔네.
쥐르켄 샤타의 어귀[73]를 넘었네.
넘어가면서, "이 알탄 체지가 말한
에르켈뤼의 은빛 흰 산에
정확하게 넉 달 안에 나를
반드시 닿게 하라!" 했네.
이 말을 듣고,
빠른 쾨케 말은
두 앞다리를
턱보다도 높게 들어 올리고
높은 세 개의 봉우리를
연달아 밟고 가네.
두 뒷다리가
제 겨드랑에 닿을 지경으로 달려가네.[74]
차인 흙덩어리가 뒤로
총알처럼

72 쥐덴 하르가 다리(Зүүдн харһа тагт): 대략 '꿈의 낙엽송 다리'.

73 쥐르켄 샤타의 어귀(Зүркн шатын ам): 대략 '심장 사다리의 어귀/골짜기/관문'.

74 앞다리가 턱에 닿고 뒷다리가 겨드랑에 닿는다는 것은 말이 가장 빨리 달리는 모습을 과장되게 묘사한 것이다.

날아가네.
근사한 네 개의 발굽에서는
열두 갈래
안개 같은 붉은 먼지가 나와
하늘에 구멍이 나도록 찔러 대듯 올라갔네.
엄청나게 많은 근사한 거품을
덤불 같은 머리 위로 일으켜 뿜어 댔네.[75]
두 개의 재갈 위로
양의 머리만 한
피어린 붉은 거품이 땅을 덮었네.
빠른 쾨케로 날래게 가서,
오른쪽 발걸이 밑을 움켜잡고,
흰 흙을 한 움큼 정도 움켜쥐고,
축복받은 성주에게 활불이 가르쳐 주신
'열 어머니를 가진 흉맹한 부처님의
심장 다라니'[76]를 세 번 읽고,
세 번 불고 나서 공중에 뿌렸네.
뿌리자 즉시
위에서 지붕만 한

75 2-4-463에는 명마 아란잘 제르데가 맹렬하게 달리는 모습을 묘사하는 '완벽하게 아름다운 앞머리 쪽에 뿌렸네(Бүтн сәәхн саңна талан цацв)'라는 표현이 등장한다.

76 열 어머니를 가진 흉맹한 부처님의 심장 다라니(Арвн эктә догшн бурхни Зүркн тәрн): 경문의 이름인 듯하다. '열 어머니를 가진 흉맹한 부처님'은 티베트-몽골 불교의 한 부처이겠지만 우리 불교의 어느 부처에 해당하는지는 확인하지 못했다.

꽃잎 같은 푸른 구름이 모여들었네.
보석 지혜의 비가
돌며 따라가며 내렸네.
쿼데르 삼바의 바람이
준마의
빗장뼈에 시원하게 불었네.
이 바람의 서늘함에
탄 말의
한 주먹 길이가 못 되는 갈기가
오른쪽으로 쓰러져,
바담 야트하[77] 소리가 울리고,
왼쪽에 있는 진주 은 같은 꼬리에서는[78]
호르 야트하[79]의 소리가 울렸네.
주인의 그림자에 깜짝 놀라 뒷발질하며 가네,
자신의 먼지로부터 던지며 차 버리며 가네.[80]
앞다리 밑에 거머쥐고,
열두 겹으로 엮은
아름다운 노란 비단 고삐를

---

77 바담 야트하(Бадм ятх): 대략 '연꽃 가야금'. 어떤 가야금인지는 미상.

78 왼쪽에 있는 진주 은 같은 꼬리에서는(Бәр талк сувсн мөңгн сүүләснь): Бәр의 의미는 사전들에서 확인되지 않으나 673행의 '오른쪽으로 쓰러져(Баруун бийдән унж)'를 참작하여 '-쪽에 있는(талк)'으로 옮겼다.

79 호르 야트하(Хуур ятх): 직역하면 '현금 가야금'. 어떤 가야금인지는 미상.

80 자신이 일으키는 먼지 속에서 몸을 던져, 땅을 차며 간다는 뜻이다.

새빨간 손바닥에
편히 감아 잡았네.
손가락 끝에서는
붉은 피가 빠르게 흘러내렸네.
에르켈뤼의 은빛 흰 산을
이마 위에 떨어뜨리며 왔네.[81]
주군 장가르의 궁장에서
내리 넉 달 걸리는 곳이었네.
잿빛 푸른 가루라가 급강하하는
왼데르 고르완 태브첵[82] 위로
아침의 노란 해가
솟아오르고,
풀머리에서 멈췄던
은빛 흰 우박이
뿌리로 내려올 때에
흥분한 빠른 쾨케의 빠름으로
올라왔네.
아란잘 빠른 쾨케의
재갈을 세게 당겨 세웠네.
청동 은 발걸이[83]를

81 이마 위에 떨어뜨리며 왔네(Маңна деерэн унhаhад ирв): 아주 먼 곳에 있는 (높은 산, 대궐 등과 같이) 크고 높은 대상이나 목표에 자신의 몸과 크기와 높이가 대략 같아 보일 정도까지 접근한 정황을 묘사하는 상투 표현인 듯하다.

82 왼데르 고르완 태브첵(Өндр hурвн тэвцг деернь): 지명으로, 직역하면 '높은 세 밑돌'.

구부러지도록 밟았네.
사 년 동안 살펴본 적이 없는
네 살짜리 검은 독수리의 눈으로 살펴보았네.
뒤쪽을 보니,
팔천 장엄의[84] 알타이 산이
떠오르는 노란 해의 발아래로
환하게 보였네.
앞쪽을 보니,
사람이 닿을 곳에
바라는 한 모습이 보이지 않네.
뫈데르 차간 산의 꼭대기에서
흥분한 쾨케에게서 내렸네.
은으로 된 부드러운 고삐를
부드러운 은제 안장 앞가리개에
돌려 매었네.
엘멘 비단 후릿고삐를
무릎 아래 잡고 앉았네.
커다란 흰 돌을 의자 삼아,
내리 사십구 일 밤낮을 앉아 있었네.
위로는 노래지는 해에 데워지며 앉아 있었네.

83 청동 은 발걸이(Күрд мөцгн дөрә): 청동과 은의 합금은 현실성이 없어 보이고, 청동으로 만들고 은으로 장식한 발걸이로 짐작된다.

84 팔천 장엄의(Нәәмн миңһн җивхлңтә): 직역이다. 혹시 '8천 개의 봉우리가 장엄한'이라는 뜻인지는 단언하기 어렵다.

밑으로는 바윗돌에 떨며 앉아 있었네.
'이제 /알탄/ 체지가 말한 대로
돌아오는 우르스 달이 솟아 오는구나.
초여드레라고 하지 않았던가?
에르켈뤼의 은빛 흰 산의 꼭대기에서
반드시 만난다고 하지 않았던가?
틀림없이 낱낱이 말하는
나의 /알탄/ 체지여!' 하고,
위로, 아래로 일어나서 보고 있으려니,
저무는 해의 북쪽 발아래에서
가느다란 붉은 먼지가 하늘에
구멍을 내며 올라갔네.
회오리바람인가 했으나
회오리바람도 아니고,
비나 눈인가 했으나
비도 눈도 아니고,
빠른 말의 먼지가 보였네.
무서운 망가스 임금의 고장에서
유명한 빠른 말이라고 하네.
아란잘 빠른 올란[85]을
재갈이 쪼개져라 당기고,

---

85 아란잘 빠른 올란(Арнзл хурдн Улан): 말의 이름으로, 직역하면 대략 '불같이 붉은 빠른 붉은 말'.

입으로는
황금 초르 피리를 불며,
고통의 백팔 곡조를 연주하고 가네,
행복의 예순여덟 곡조를 연주하고 가네.
위로 가는[86] 주인은
칠백만 병력의 긍지,
팔백만 병력의 위용,
백 나라에 용감하기로 이름이 났다 하네,
여섯 나라에 장사로 이름이 났다 하네.
용감한 붉은 홍고르를 압도하는
영웅적인 크나큰 신통력이 있다 하네.
왼데르 차간 산 위에
흥분한 빠른 올란의 빠름으로
올라왔네.
앞에서 흥분해 있는 쾨케 위로
뛰어올랐네.
가파른 흰 산의 꼭대기에서
두 사나이가 직접 만났네.
무서운 망가스의 사자가 말하네.
"얼굴에는 불이 있고,
눈에는 불꽃이 있는,
길 잃은 씨수소 같은,

86 '말을 타고 가는'.

빗나간[87] 고도리살 같은,
백 나라의 망신거리가 된,
여섯 나라의 추문거리가 된 협잡꾼,
어디서 어디로 가느냐? 말하라!" 했네.
앞에서 대단한 붉은 홍고르가 말하네.
"하닥 알타이 산[88]이 있다, 내게는.
성주 장가르 임금이 계시다, 내게는.
퇴각하지 않고 공격하는
술 취한 육천
열두 용사가 있다, 내게는.
티베트 부처님의 알타이를 차지하고 있기로,[89]
점잖은 사방의 임금들을
귀순시킨,
죽음 없는 영생의 나라를 가진,
걱정 없는 안온한 나라를 가진,
고아 없이 번성한,
가난 없이 풍요로운,
죽은 것이 낫는,[90]

---

87 빗나간(Тешгсн{Тошгсн}).

88 하닥 알타이 산(Хадг Алта уул): '하닥(хадг)'은 티베트, 몽골 문화권의 사람들이 상서로움이나 극진한 정성을 표할 때 사용하는 좁고 얇은, 밝은 푸른색이나 흰색, 노란색, 녹색 비단일 가능성이 있다. 〈 티. kha-btags.

89 티베트 부처님의 알타이를 차지하고 있기로(Төвд Зууһин Алтан эзлн суухларн): 혹은 '중앙에 부처님의 알타이를 차지하고 있기로'라는 해석도 가능할지 모른다.

90 '죽은 사람도 다시 살아나는'.

늘[91] 여의보주의 현신이신,
행복이 큰 영예로운 장가르 임금의
국권과 종교를
평안케 해 주는 나다."
흉맹한 노란 망가스[92]의 사자가 말하기를,
"떠오르는 노란 해의 발아래 있는
땅과 하늘의 배꼽이 된,
영겁의 사십만 임금의
국권을 확고하게 한 누구라는
이름의 사람이냐, 너는?
누구의 아들이냐, 너는?" 하고 물었네.
앞에서 대단한 붉은 홍고르가 말하네.
"옥타 시르케[93]의 손자라고 한다.
퇴멜렉트 임금[94]의 딸에게서 나온
외손자라고 한다.
점잖은 장사 뭥겐 식셰르게의
아들이라고 한다.
메르겐 잔단 게렐이 스물두 살에
문을 이루고 낳은,[95]

---

91 늘(үрглж): 786행의 '평안케 해 주는(Төвкнүләд өгдг)'을 꾸미는 것으로 보인다.

92 이 마당의 115행에 나온 '흉맹한 검은 키내스(Догшн Хар Кинәс)'.

93 같은 사람이 옥트 시르케(Угт Ширк), 옥타 시르케(Угта Ширк), 옥토 시르케(Угту Ширк) 등의 형태로 등장한다.

94 퇴멜렉트 임금(Төмлгт хаан): 2-4-270에는 '튀멜렉트 임금(Түмлгт хаан)'.

순식간에
열두 번 변신하는,
무서운 망가스 임금들이
산 채로 잡아갔어도
죽이지 못한,
백 년 동안 고통을 당해도
'아야' 하는 소리도 내지 않는,
여섯 해 동안
채찍을 느슨하게 하는 법 없이 때려도
말을 실수하는 법이 없는 나다!
나를 용감한 붉은 홍고르라고 한다.
너는 누구라고 하는 이름의 사람이냐?
어느 임금의 사자냐, 너는?
어디서 어디로 가는 사람이냐, 너는?
내 너를
백 나라의 망신거리라고 하고 있다, 내가,
여섯 나라의 추문거리라고 하고 있다, 내가!"
앞에서 이 임금의 사자가 말하기를,
"내가 사는 고장으로 말하면
해 저무는 북쪽에
살고 있지, 나는.
팔만 망가스의 임금을

95 문을 이루고 낳은(Yүдн бүтж hаргсн): '가정을 이루고 낳은'(?).

귀순케 하여 취한,
일곱 생애 전부터 지금까지
국권을 잃은 적이 없는
흉맹한 검은 키내스라는 임금이 있지.
그의 목숨을 지키는 자,
서로 죽이는 망가스의 나라에서
이름난 팔만 용사들을 거느리고,
해 저무는 쪽을
전부 내 것이라 하고 살고 있다고 하지,
백 나라에서
용감함으로 유명하지, 나는.
여섯 나라에서
장사로 빼어나지, 나는.
용감한 붉은 홍고르,
너와 만난다는 것이 이것이었는가?
너의 큰 천막 모양의 대궐을
박살 내려고 가는 길이다, 나는.
너의 샤라의 네 군데 사원을
비워 버리려고 가는 길이다, 나는.
모루 같은 너의 백성들,
네 가지 종류[96]의 너의 가축을
발걸이에 있는 내 발 밑에서 떨게 하겠다고 했다.

---

96 말, 소, 양, 낙타를 가리키는 것으로 보인다.

우뚝한 붉은 홍고르 너를
산 채로 사로잡겠다!" 하고,
홀로 있는 섬개야광나무로 자루를 만든
탈[97] 백단향나무 채찍으로
머리를 공격하고,
일고여덟 번을 두드리고 갔네.
아란잘 쾨케는
제 입에 힘을 주기도 전에[98]
펄쩍 뛰어 올라갔네.
바른쪽 재갈을 돌려 당겨
잡고 돌진하여,
견고한 백단향나무 투구를 쓴 머리를 공격하고,
용력 넘치는 붉은 홍고르가
다시 일고여덟 번을 공격하고, 때리고 갔네.
왼데르 차간 산 꼭대기 위로
흥분한 두 준마의
여덟 발굽이 서로 엇갈리면서
곤두박질치면서 갔네.
바위 같은 흰 돌에
턱으로 버텼네.

---

97 탈(тал): 2-4-531에서는 таль. 의미는 미상.

98 제 입에 힘을 주기도 전에(Амндан күч өгл уга): 말 탄 사람이, 고삐의 강약완급을 조절함으로써 말의 입에 물린 재갈을 통해, 말에게 자신의 의도를 알리기도 전에.

나라에 이름난 두 용사는
산꼭대기에서 아래로 내려오자,
몸속에 품었던
익숙한 검은 강철(검)을 쑥 뽑아서
오줌보의 머리를
일고여덟 번 베고 갔네.
흉복(胸腹)통[99]에 품었던
황금을 입힌 군도를 쑥 뽑아 들었네.
우뚝한 흰 주걱뼈 끝의 살을
서로 일흔다섯 번을 두드리고 지나갔네.
에르켈뤼의 은빛 흰 산의 기슭에서
이 두 용사가
내리 마흔아홉 날을
돌며 싸웠네.
산의 여러 악랄한 것들이
기슭으로 나와 놀라워했네.
물고기가
얕은 여울로 나와 귀 기울여 들었네.
금강 강철로 날을 낸,
불린 강철로 칼등을 낸

99 흉복통(əəвлхə): 모닌(1977: 61), 바르다예프들(2004: 73), 토다예바(2001: 43)에 의하면 상향대동맥 혹은 오름대동맥(восходяшая аорта), 토다예바(1976: 198)에 의하면 횡격막, 가로막 혹은 가슴과 배 사이의 몸통(грудобрюшная преграда, диафрагма).

흉맹한 검은 강철(칼)을
은으로 된 커다란 칼집에서
쨍하는 소리가 나도록 쑥 뽑아 들었네.
두 말의 억센 힘으로 편안하게
서로 돌고 와서,
모루 같은 등허리를 공격하여,
전투용 여러 갑옷의
겹을 길게 때렸네.
자신들의 검을 뽑아,
아란잘 두 준마의
배내 갈기[100]를 의지하면서,
생명의 검은 피를
서로 한 길가량 쏟고도
싸워 승부를 가리지 못했네.
비탈진 광막한 흰 벌판에서
편안하게 두 준마를
탁 소리 나게 매어 두고,
전투용 여러 겹 로브차를 차례로 벗어던지고,
털썩 앉아,[101]

100 배내 갈기(Оңhн дел): 태어난 이래 한 번도 다듬지 않은 갈기털.

101 털썩 앉아(Бун-сун суурhад): 여기서 Бун-сун의 의미를 제대로 파악하기도, 우리 말로 옮기기도 어렵다. 할하몽골어에서 буун суун은 벌이나 나비가 꽃에 내려앉는 모습, 새가 말뚝이나 나무에 내려앉는 모습을 형용할 때 사용된다. 그러나 두 사람은 이미 말에서 내려 말을 매어 둔 상태이고, 산더미만 한 용맹한 전사들이므로 원

사슴 가죽 바지를
장딴지까지 접고서,
서로 사자의 멋진 싸움수를 내고
모든 멋진 힘을 내도,
싸워 승부를 내지 못했네.
서로 뒤를 잡아 던져 넘기고,
뒤를, 앞을
엎치락뒤치락 번갈아 서로 때렸네.
숲에서
산더미만 한 두 용사가 격투를 벌이니,
하늘의 대주(大洲)를[102]
붉은 먼지가 찔러 댔네.
네 개의 강력한 흰 활개로
넉장거리로 쓰러지는
소리와 메아리에
황금 세계의 나라가 흔들렸네.
다 자란 긴 백단향나무가
꼭대기로 땅을 때리며 흔들렸네.
싸워 승부를 내지 못하자,
방법은 이것이다 하고,
아르슬랑의 (아들) 장사 차간이

문의 칼미크어를 이해하거나 옮기는 데 바로 적용할 수는 없을 것 같다.

102 하늘의 대주를(Онтрhуhин тувд): '하늘을, 하늘의 대륙을'.

등을 잡아 올렸네.
흉맹한 허리 위로
일고여덟 번을 흔들어 잡았네.
다른 사대주가[103]
흔들리도록 때리고 갔네.
나라에 이름난 (차간) 아르슬랑이[104]
놓지 않고 두드리고 가네.
맞서 큰 힘으로
펄쩍 뛰어 빠져나가려고 했지만,
그냥 두지 않고 기민한 (차간) 아르슬랑이
미끈한 목에다
구리 은 팔뚝을 박아 눌렀네.
눌렀지만,
사방으로 뻗으며 버틴
네 개의 강력한 흰 활개를
굽히지 않고 가네.
모루 같은 흰 이마를
흰 모래에 스쳐 닿지도 않고 가네.

---

103 다른 사대주가(Өөр дөрвн түвиг): '다른 네 대륙이'.

104 나라에 이름난 (차간) 아르슬랑이(Ор(а) һаргсн арслн): 직역하면 '나라에 이름난 사자(獅子)가'. '사자'는 용사 중의 용사를 가리키는 말이고, 차간의 아버지 이름(Арслн)이기도 하다. 연창 장가르치의 실수이거나 편찬자들의 오해, 혹은 인쇄 과정의 실수일 수도 있다. 문맥에서 벗어나는 듯하지만 텍스트를 교정하지 않고 읽으면 '나라에 빼어난(즉, 이름이 난) 사자'라는 말도 된다. 또 다른 가능성은 '꼭대기로 올라간 사자 용사가'로 옮기는 것이다.

나흘 밤, 나흘 낮을 눌렀네.
다섯째 날 아침
대단한 붉은 홍고르가, 누르고 있던
아르슬랑의 (아들) 장사 차간에게
말하네.
"너와 나는
이승에서 원한이 없지 않았는가?
이 두 임금이 국권을 다투어,
어머니에게서 태어난 두
예민한 흰 몸을
아무도 없는 곳에서
망치고 부수어,
이긴 너나 (진) 나나
입과 코로
생명의 검은 피를
쏟는 것은 우리에게 무엇인가?
네 뜻도 이루어졌다,
네 욕심대로 이겼다!
흰머리의
알탄 체지가 애당초
아르슬랑의 흰 산 위에서
열이레 동안
내 수를 아니 끊었으면
어떻게 생각할까 내가 너를?[105]

자, 욕심대로 이겼다, 네가.
단단히 묶어라!" 하고는
네 개의 강력한 흰 활개를
사방으로 펴서,
모루 같은 흰 이마를
거친 흰 모래에
대고 엎드렸네.
"나를 데리고 가서
어떤 방법으로 처결해도
너는 나를 절대 죽일 수 없을 것이다.
결국 원수가 되겠구나, 우리는." 하고 말했네.
허우적대는 네 활개를
엉덩이 위로 고정시켜 묶었네.
목에는 사람이 풀 수 없는
무거운 노란 사슬을 채웠네.
쾨케 갈잔 준마의
둑(纛) 같은 꼬리에 단단히 묶었네.
빠른 올란 위에 올라,
쾨케 갈잔 준마를
오른손으로 끌었네.

---

105 962행부터 967행까지는 표면에 나타난 뜻도 파악하기 어렵다. 우선 같은 나라 같은 편의 원로인 알탄 체지가 홍고르의 수를 끊는다는 말은 이해하기 어렵다. '아르슬랑의 흰 산'은 유일하게 이곳에만 나오고, 다른 곳에서는 주로 '에르켈뤼의 은빛 흰 산'으로 나온다. '열이레' 역시 어떤 맥락에서 나온 것인지 알 수 없다.

저무는 노란 해의 발을 향해 갔네.
낮이라고 머무는 일 없이 가네,
밤이라고 해서 묵는 일 없이 가네.
안개 같던 흰 몸은 푸른 진홍색이 되었네.
잿빛 푸른(빛이 도는) 흰머리로 땅을 버티고,
이렇게 저렇게 해서 잡고,
과감한 비천(飛天)의 홍고르가
용을 써서,
두 손을 바꾸어
부드러운 비단 결박을
끊으려 하자,
두 손목에
부드러운 비단 결박이
점점 뒤로 박혀 들어와,
손가락 끝마다
핏빛 붉은 즙이 흐르네.
사자 같은 두 준마의 세차고 빠른 움직임 속에
이리저리 튕겨지고,
바윗돌과 하르가나[106]에
옆구리 갈비로 살이 긁히며 튕겨져,
봄바의 흰 가슴은

---

106 하르가나(xaphн): 중앙아시아 건조 초원에 자생하는 콩과 식물의 키 작은 나무로, 80-100종이 있다고 한다.

안개처럼 큰 어둠이 되었네.
강철 채찍 같은 심장은
흉복통을 두드리며 심하게 요동쳤네.
해와 달을
장엄함으로 누를 얼굴은[107]
잿빛이 되었네.
흔들리는 젊은 백단향나무 같은 근사한 등허리는[108]
활처럼 굽었네.
숲으로 강으로 돌진해 들어오자,
수많은 새가
공중으로 날아오르며 소리를 내고,
놀라서 따라 날았네.
산을 지나왔을 때는
날카로운 발톱을 가진 수많은 금수들이 기슭에 올라,
울부짖으며 놀라워했네.
물을 건너오자,
수많은 물고기들이 모래톱으로 나와 놀라워했네.
길가에서 풀을 뜯던
양 수천 마리가
마주쳐 몰려왔네.

---

107 '해와 달도 누를 만한 장엄한 얼굴은'.

108 흔들리는 젊은 백단향나무 같은 근사한 등허리는(Нəəхлсн сəəхн урһа зандн мет нурһнь): 직역하면 '흔들리는 근사한 자라나는 백단향나무 같은 등허리는'.

양을 돌보는
여덟 살 된
나란 올란 소년[109]이
등이 굽은 두 살짜리 검은 망아지를 타고,
갑자기 보고 놀라서
마주보고 왔네.
산을 뒤집을 만큼 힘세고,
나라를 돌 만한 탈것인
도담의[110] 쾨케 갈잔을 보고 알았네.
뒤편을 보며 말하기를,
"백 곳의 나라에서 용감함으로,
여섯 나라에서 힘으로 유명한
나의 용감한 붉은 홍고르가 어찌된 것인가?"
하고는 울면서 따라갔네.
등이 굽은 두 살짜리 검은 망아지를 때려,
(차간과 홍고르의) 사이로 들어가니,
(차간이) 제 빠른 붉은 준마를
"이랴!" 하고 (재촉해) 갔네.

---

109 나란 올란 소년(Нарн Улан көвүн): 직역하면 '해 붉은 소년'. '나란 올란'은 소년의 이름으로 짐작된다.

110 도담의(Дуудмин): 칼미크어 사전들에서 확인되지 않는다. 비트케예프들(1990a: 350, 458)은 '도담의(Дудминский)'라고 옮기고 '전마 쾨케 갈잔의 혈통이 시작한 곳(откуда происходит родословная богатырского коня Кёке Галзана)', 곧 산지의 이름으로 풀이하였다.

두세 번 시도했으나 따라잡을 수 없었네.
“그래, 수가 없다!
영예로운 성주 장가르가
살아 있다면,
아란잘 빠른 제르데의
네 개의 검은 발굽이
빠져 달아나지 않았다면,
아가르 백단향나무 창의
세 갈래 은 회초리가
딱 하고 부러지지 않았다면,
제 목숨을 지킨
육천열두 용사가
건재하다면,
너를, 너의 뿌리를 일곱 대에서 끊어,
고아 붉은 홍고르가
때가 되면
머지않아 이 원수를 갚을 것이다!” (하고 말했네.)
양을 버려두고,
두 탁 트인 곳에서[111]
등이 굽은 두 살짜리 망아지로는 따라갈 수 없어
모습을 놓쳤네.

111 두 탁 트인 곳에서(Хойр ил hазрт): 또는 ‘드러난 두 곳에서’. 수사 ‘두(хойр)’의 역할이 무엇인지는 확정하기 어렵다.

제 양에게로 돌아와, 우리로 몰아넣었네.
우리에 들여놓고
알탄 체지의 양치기를 기억했네.
겔렉 욘돈 산이 있고,
게르 모양의 유리 대궐이 있고,
님의 (딸) 델렉 공주[112]가 있고,
닝마르 델렉이라는 딸[113]이 있었네.
"영예로운 통치자 성주 장가르의
대단한 붉은 홍고르를
가공(可恐)할 망가스의 사자가
산 채로 사로잡아 갔습니다!"라고 했네.
그러자, 공주가 소년에게 물었네.
"어떤 모양으로 데리고 가더냐?"
"허우적대는 네 활개를
엉덩이 위에 고정시켜 결박했습니다.
목에는 사람이 빼낼 수 없는
무거운 노란 사슬을 채웠습니다.
준마 쾨케 갈잔의
둑(纛) 같은 꼬리에
단단히 묶었습니다.

---

112 님의 (딸) 델렉 공주(Нимин Делг ah(тa)): '님(Ним)'과 '델렉(Делг)'의 뜻은 미상.

113 닝마르 델렉이라는 딸(Ниңмар Делг гидг күүк(тə)): '닝마르(Ниңмар)'의 뜻 역시 미상.

과감한 비천(飛天)의 홍고르가
용을 썼으나,
부드러운 비단 결박을
끊지 못하고 갑니다.
신성한 흰머리를
땅에 끌리며 갑니다.
바윗돌이
단단한 곳으로 끌고 갔습니다.
단단한 나무의
가시가 있는 곳으로 끌고 갔습니다!" 하고 말했네.
공주가 묻기를,
"저런! 가엾어라!
해 뜨는 쪽의
팔천 큰 임금의 땅에서
장사로 유명하지 않았는가?
해 아래 세상에서 강인함과 용감함으로
출중하게 빼어나지 않았던가?
압박해 오는 적 망가스에 맞서
용감하지 않았던가?
해 저무는 쪽에
우리와 다툴 사람이 누가 있는가?" 하고 말했네.
일어서며 급히 서둘러,
참새만 한 우박 같은 검은 눈물을
쏟으며 울고 나서,

"자, 소년이여 어서 가라!
영예로운 장가르의 곁에
서둘러 닿아 소식을 전하도록 해라, 네가!" 하고 말했네.
소년이 빠른 두 살짜리 검은 망아지를 타고 떠났네.
낮이라고 해서 머무는 일 없이 내내 갔네,
밤이라고 해서 헤매는 일 없이 내내 갔네.
쉴 틈 없이 망아지를 을러 대고,
끊임없이 망아지의 뒷다리를 채찍질해서 가네.
내리 두 달을 쉬지 않고 가서
주군 장가르의 대궐을
이마 위에 떨어뜨리며 왔네.
내리 마흔아홉 날을 다시 쉬지 않고 달려,
샤라 알탄 하브흐의 문에
정확히 정오에 도달했네.
통역 케 질간 통치자가 가서
"너는 어떻게 된 아이냐?" 하고 물었네.
"영예로운 통치자 성주 장가르…" 하고
입에서 말했네.
"대단한 붉은 홍고르…" 하고
바로 말했네.
빠른 두 살짜리 검은 망아지가
왼쪽으로 쓰러졌네.
물어본 질간의 강철 채찍 같은 심장이
흉복통을 두드리며 심하게 요동쳤네.

성주 장가르의 곁으로 뛰어 들어갔네.
쉰두 동아리의 가운데로 들어와,
영예로운 통치자 성주의 얼굴을
똑바로 쳐다보고 섰네.
알탄 체지가
말을 기다리며 재촉하네.
"어서, 질간!
할 말을 하게!"
"순 노란 황금 문의 어귀에
한 소년이 와서,
'홍고르, 장가르!' 하고 말하고,
뒷말은 없습니다.
등이 굽은 두 살짜리 검은 망아지를 타고 왔습니다." 하고 말했네.
거울 같은 은으로 만든 베개에
팔꿈치를 기댄 채 자고 있던 영예로운 장가르가
귀 기울여 듣고서,
은으로 된 보좌 위로 뛰어올랐네.
"소년을 데려와라!" 하고 분부를 내렸네.
술 취한 질간 통치자가
임금의 곁으로 데리고 왔네.
품에 소년을 데리고 앉았네.
임금 장가르의 얼굴을 보고는
까무러쳤네.
까무러친 소년에게

황금 동이의 물을
열 번 거푸 부었네.
말이 돌아오지 않았네.[114]
은혜로운 부처님들이 만드신
축복받은 흰 부적으로 축복을 주자,
겨우 말이 돌아왔네.
"굶주리고 목마른 채 지낸 소년에게
아르자 술을 따라 주어라!" 하고 분부를 내리자
아르자 술을 따라 주었네.
목마름을 음료가 풀었네,
굶주린 것을 음식이 채웠네.
위로, 아래로 엇갈렸던 눈이 자리를 잡았네.
"자, 소년아, 말하라.
무슨 말을 듣고, 무엇을 보았느냐?" 하고 분부를 내렸네.
두려워하지도 않고, 서두르지도 않고,
소년이 똑바로 얼굴을 보고
울며 분명하게 아뢰네.
"꿈같은 나의 성주여,
밝음 가운데 아뢰게 하소서.
그대의 용감한 붉은 홍고르를
흉맹한 망가스 임금의 사자가

---

114 말이 돌아오지 않았네(Амн келн орхш): '말을 하지 못했네'.

허우적대는 네 활개를
엉덩이 위에 고정시켜 결박하고,
목에는 사람이 벗길 수 없는
무거운 노란 사슬을 채웠습니다.
멋진 쾨케 갈잔은
산호 은 꼬리[115]를 확실하게 묶고,
바윗돌이 단단한 곳으로
하르가나 가시에 찔리게 하면서 갔습니다.
크나큰 힘을 발휘해,
두 손을 엇갈려 묶은
부드러운 비단 결박을
끊으려 했지만,
손가락 끝에서
빠르게 (배어 나오는) 붉은 피어린 즙을 흘리며 갔습니다."
하고 말했네.
소년의 말을 귀담아듣고,
임금 장가르가 말씀을 내렸네.
"자, 목숨 같은
나의 육천열둘이여!
저무는 노란 해의 발아래 목영하는,
인근 사대주의 주인이 된

115 산호 은 꼬리(Шур мөңгн сүүл): 산호와 은으로 치장한 꼬리를 말하는 것으로 보인다.

세상에 없는 키내스의 사자에게
사로잡히게 만들어 버리고,
이제 무엇을 보고 있으랴?
알탄 체지 너! 애당초
빠짐없이 말한 것이 아니었더냐?
다시 예지할 수는 없었던 것이냐?
수단 있는 키내스와의 전쟁에서 돌아와서
너를 '요절'을 내리라!" 하고
눈물을 흘리며 말씀을 내렸네.
"참을성 있게 길들여진
나의 빠른 흰 이틀렉 매[116]였다.
나의 알타이의 중심에서
나의 황금 기둥이 아니었던가?[117]
바굴레[118]를 씌운 나의 가루라의 아들이여!
서로를 불태우는 망가스와의 전쟁에서는
내 쇠창의 끝이 아니었는가?
만 마리의 양 떼에 덤벼드는
시뻘건 내 붉은 늑대여!" 하고
말씀을 내렸네.

---

116 이틀렉 매(итаг): 매의 한 종류.

117 '알타이산맥을 중심으로 하는 나의 나라에서 그가 나라를 떠받치는 황금 기둥과 같은 존재였다'라는 뜻으로 짐작된다.

118 바굴레(ногт): 말의 머리에 씌워 긴 고삐에 연결한 굴레. 코가리개는 있으나 재갈은 딸려 있지 않음. 『蒙語類解』 下15 「鞍馬」에 '바구레'.

"여봐라, 나의 질간 두목.
나의 여의보주와 같은 빠른 제르데 말을
데려와라!
아락 졸라 망나[119]에게 전갈을 주어라!" 하고 말했네.
신호를 주자,
육천열두 용사가
말들에 말갖춤을 지웠네.
아란잘 빠른 준마를
데리고 와서 편안하게 말갖춤을 지웠네.
후방의 일을
영예로운 장사 묑겐 식셰르게와
아르슬랑의 (아들) 오치르 게렐[120]에게 맡겼네.
(홍고르의) 부인 게렌젤 하탄에게 분부가 있었네.
"이 알탄 체지의 양치기 소년을
내가 무사히 돌아올 때까지
마음껏 즐기게 해 주시오!" 하고,
종교의 지고의 성주[121] 장가르가
긴 갈기를 가진 빠른 제르데를
꾸미고 말갖춤을 지우게 하여 탔네.

---

119 아락 졸라 망나(Арг Зула Маңна): 사람의 이름으로, 직역하면 대략 '빛나는/청정한 숫구멍 선봉/이마'. 1384행에는 '아락 졸 망나(Арг Зул Маңна)'로 쓰였다.

120 아르슬랑의 (아들) 오치르 게렐(Арслңгин Очр Герл): 뜻은 대략 '사자의 (아들) 금강광(金剛光)'. 그러나 '사자 용사 중의 오치르 게렐'일 가능성도 없지 않다.

121 종교의 지고의 성주(Шажн деед богд): 직역하면 '종교/신앙 높은 거룩한 이'.

푸른 백단향나무 창을
가로로 비껴들었네.
목숨의 수호자 육천
열두 용사를
제 뒤에 따르게 했네.
열다섯 살 된
독신 숑코르[122]라는 용사가,
함 속에 있을 때는
찬란한 노란 해의 빛을 가진,
함에서 꺼내면
해 일곱 개의 빛을 가진,
아홉 빛깔 비단으로 꾸민
아흔다섯 노란 황금 꼭대기 장식을 가진
안개 같은 노란 황금 둑(纛)을
빠른 하라 사랄[123]의
바른쪽 발걸이에 옭매듭으로 고정시키고 나서,
제 성주 장가르를
용사들과 함께 뒤따르게 하고,
십만에 달하는 부처님들을 바르게 돌아서[124] 갔네.
저무는 노란 해의

122 독신 숑코르(Догшн Шоңхр): 사람의 이름으로, '흉맹한 해동청'.

123 빠른 하라 사랄(Хурдн хар Саарл): 말의 이름으로, '하라 사랄(хар Саарл)'은 거뭇거뭇한 털과 흰 털이 섞인 말을 가리킨다.

124 바르게 돌아서(зөв эргәд): 태양의 운동 방향으로 돌아서, 오른손을 따라 돌아서.

뒷다리를 향해 갔네.
수만 망가스의
나라를 향해 갔네.
쥐덴 하르가 다리를 건너갔네.
쥐르켄 샤타의 어귀를 지나서
내리 마흔아홉 날을 계속 갔네.
아르슬랑 퀸데 가르타 사와르[125]의
아란잘 빠른 쿼렝 말[126]이
열세
육천 용사들[127] 가운데서
제 입에 힘을 주기도 전에,
숲에서
불꽃처럼 튀어 달려가네.
영예로운 통치자 성주를 불러,
아뢰며 가네.
“흉맹한 검은 키내스의 위치가

---

125 아르슬랑 퀸데 가르타 사와르(Арслң Күнд Һарта Савр): 사람의 이름으로, 대략 ‘사자 무거운 손을 가진 앞발/발톱’이라는 뜻. ‘아르슬랑(사자)’과 ‘퀸데 가르타(무거운 손을 가진)’는 별명이며, ‘사와르(앞발/발톱)’는 이름인 듯하다. 주로 ‘퀸데 가르타 사와르’로 나오며 ‘사와르’만으로 나오기도 한다.

126 아란잘 빠른 쿼렝 말(Арнзл хурдн Күрң мөрн): 말의 이름으로, 대략 ‘불같이 붉고 빠른 갈색 말’이라는 뜻.

127 6,013명인데 바로 위의 아르슬랑(Арслң), 아란잘(Арнзл)과 운을 맞추기 위해 ‘열셋’을 뜻하는 Арвн һурвн이 앞으로 나왔다. 다른 곳에서는 6,012명으로 나오는 용사들의 수가 홍고르가 부재중인 상황에서도 1명 더 많은 6,013명으로 늘었다.

가까워지도록[128] 경주를 시킵시다!"라고 하자,
"오냐!" 하고 영예로운 성주가
분부를 내리고 가네.
접시 같은 은제 편자 끝이 '탁' 소리를 냈네.
여유 있게 사와르의 퀴렝 갈잔[129] 말이
다섯 베래[130] 거리를 튀어서 갔네.
그 다음으로는
흐릿한 황금 바다를 가진,
안개 낀 높은 산을 가진
볼링가르의 아들 사날의
빠른 보랄[131] 말이 나가서 갔네.
그 다음에는
영예로운 통치자 성주 장가르가
국권을 가진 네 임금[132]과
다툼을 하느라고
싸워 승부를 내지 못하고 있다 하는

---

128 '흉맹한 키내스가 있는 곳까지 빨리 도달하기 위해서'라는 뜻이다.

129 퀴렝 갈잔(Күрң һалзн): 말의 털빛이자 이름으로, '몸통의 털빛은 갈색이고 얼굴에는 흰 털이 난 말'.

130 베래(берә): 1베래는 1.5-2킬로미터 정도다. 자세한 설명은 『장가르 2』 46쪽의 각주 23 참조.

131 빠른 보랄(Хурдн Буурл): 여기서는 말의 이름. '보랄(Буурл)'은 털빛이 희끗희끗한 말을 가리킨다. 『蒙語類解』(1790) 下卷 「走獸」에 '부루몰(紅絲馬) 부구° 룰。 모리'.

132 국권을 가진 네 임금(Төрин дөрвн хаан): 직역하면 '국정의/국권의 네 임금'. 이들이 누구인지, 어떤 권력을 가진 임금인지 텍스트를 통해서는 확인되지 않는다.

소식을 듣고,
흰 발바닥을 가진 하라 케르[133]를 타고,
문짝만 한 폭을 가진 곧은 여든두 대
푸른 화살을 가지고,
깍지로 벌리고 있다가 시위를 당긴,
도고지 위에 야생의 숫염소와 숫양을
서로 끌어안은 모양으로 새긴,
손잡이를 확실하게 그린,
호랑이와 곰을
서로 목을 누르는 모양으로 새긴,
아흔 마리 야생 숫염소의 뿔을 달아 만든,
마력의 검고 거대하고 강한 황금 오늬를 가진,
문짝만 한 폭을 가진 푸른 화살을 오늬에 메겨
하늘에 닿을 만큼 자란
솟아오른 백단향나무의 꼭대기에
매어 늘어뜨린
얇은[134] 노란 비단 실을
실수 없이 쏘고,
영예로운 통치자 성주의
국권과 종교를 취해 준

---

133 하라 케르(Хар Кеер): 말의 이름으로, 뜻은 '검은 적갈색 털을 가진 말'. 즉, 말의 털빛을 가리키는 어휘이자, 그런 털빛을 가진 말의 이름이기도 하다.

134 얇은(Кивң{Кивн}).

하브타의 욍게 비[135]의
빠른 하라[136] 말이 나가서 갔네.
그 다음에는
통역 케 질간 통치자의
수척한 몸에,
조심스러운 태도에,
아가위나무 빛깔 갈기에,
악천후의 구름 빛깔을 띤
젊고 빠른 알락[137]이 나갔네.
그 다음으로는 마하 갈의 말치기
말랴가드 졸 영예로운 임금의 증손,
달라 잠바 임금의 손자,
다르와드 임금의 아들
비천(飛天)의 알탄 체지가,
석가모니 부처님이 타고 가실 적에
사다리꼴 황금 낙인을 찍고 지나간,[138]
총카파의 활불[139]이 탔을 적에

135 하브타의 욍게 비(Хавтын өңг-бий): '하브타(명중력이 있는)'는 아버지의 이름이거나 이 사람의 별명이고, '욍게 비(색깔 몸, 色身)'는 이 사람의 이름일 가능성이 있다.

136 빠른 하라(Хурдн Хар): '하라(Хар)'는 온몸의 털이 검은 말. 즉, 말의 털빛이자 그런 빛의 털을 가진 말의 이름이기도 하다.

137 젊고 빠른 알락(Залу хурдн Алг): '젊고 빠른'은 말의 별명이고, '알락'은 '털 색깔이 두 가지 이상인 말'을 가리키는 어휘이자 이 말의 이름이다.

138 사다리꼴 황금 낙인(Шат алтн тамһ)을 찍고 지나가는 것이 무슨 뜻인지는 미상.

139 총카파의 활불(Зуңквин гегән): 16세기 말부터 주요 몽골계 민족들의 주된 신앙이

티베트 부처님의 기둥 낙인을 찍고 지나간,[140]
마흔네 주군(의 고장)을 순회하고,
사천 개의 바다를 건너,
팔십만 그루 백단향나무를 통과해,[141]
팔천 개의 산을 돌아서,
두 앞다리의 발목에는
두 살짜리 낙타의 머리만 한
두 덩어리 피 말강이가 맺힌 (올만 아그삭 올란을 타고)
"옛날 옛적 주군 장가르가
이 게렌젤을 취할 때,[142]
에르켈뤼의 은빛 흰 산으로
결승점을 삼아 달리기를 해서
'기민한 나의 제르데보다

된 티베트 겔룩파 불교, 속칭 황모파(黃帽派) 불교 또는 황교(黃敎)의 창시자로 알려진 총카파(1357-1419)를 가리킨다.

140 티베트 부처님의 기둥 낙인(Зу Төвдин бахн тамһ)을 찍고 지나가는 것이 무슨 뜻인지는 미상.

141 팔십만 그루 백단향나무를 통과해(Найн түмн занд ивтлж): 토다예바(1976: 296-297)는 '팔만 백단향나무를 통과했다(пролетел через восемьдесят тысяч сандаловых деревьев)'로 풀이했는데 '팔만'은 '팔십만'의 명백한 오류다.

142 장가르가 홍고르를 위해 부하들을 말라 차간의 부하들과 말달리기, 활쏘기, 씨름으로 겨루게 해 독신 졸라 차간 임금의 딸 게렌젤을 얻어낸 이야기는 유원수(2011: 87-166)의 「홍고르가 장가드는 마당」 참조. 그러나 에르켈뤼의 은빛 흰 산까지 말달리기를 하는 이야기는 그 마당에 나오지 않는다. 유원수(2011: 162)에 따르면 말달리기의 우승자는 장가르의 신하로, 홍고르를 위해 달린, 보랄 갈잔 준마를 탄 독신 하라 사날이었다. 같은 책 370쪽의 알탄 체지의 말 올만 아그삭 올란의 회고에 의하면 열여섯 살 난 샤브달 공주를 환영하는 말달리기 시합에서 자신이 아홉 베래를 앞서 나가자, 화가 난 장가르가 자기의 발을 부수려 들었다고 한다.

(말 매는) 밧줄 길이만큼 먼저 들어왔다' 해서
쾨케 대장장이의 검은 망치로
나의 준마 올란의 앞다리 두 발목뼈를
부숴 버리겠다고 했다."며 재갈을 당기고 가네.
열두 용사의 말이
일렬로 나와서 갔네.
맨 끝에서
아란잘 제르데가 (힘껏) 달리지 않았네.
"자, 근사하고 빠른 나의 제르데여,
흉맹함의 복판을 향해 간다, 우리는!
열두 달 거리 아니었는가?
목숨같이 가슴에 담은
집사람보다 더 사랑하지 않았던가, 내가?
단 하나뿐인 아들보다
더 사랑하지 않았던가, 내가?
내 붉은 대동맥과
대단한 붉은 홍고르 가운데
어느 것을 사랑하겠는가?
어느 것을 차별하겠는가?
보석 갈기에 진주 꼬리를 가진,
기민하고 빠른 나의 제르데여,
나의 이 말을 들어라!
아니 듣게 되면,
너의 네 개의 튼튼한 흰 사지를

아무도 없는 곳에서
구더기와 벌레에 먹히게 할 것이다, 내가.
네 가죽을 후방의 여러 아낙들에게 주어
가죽 물통을 만들게 할 것이다, 내가!" (하고 말했네.)
이 분부의 끝에
아란잘 빠른 제르데가
숲 가운데 자란
긴 백단향나무로 돌진했네.
꼭대기 위로 뛰어올랐다 내려왔네.
비스듬한 광막한 황무지 안에서
대여섯 번 경둥거리며 갔네.
뱃대끈을 느슨하게 해 주자,
아란잘 근사한 제르데는
그 상태에서
입을 벌리고 깊은 숨을 쉬었네.
삼발이라는 이름의 바람을[143]
멋진 제르데의 가슴에 끌었네.
십오 일의 마지막에야
걷고 걸어서 지나와서, 나와서 (계속) 가네.
아락 졸 망나[144]가

143 삼발이라는 이름의 바람을(Самбл нертэ салькиг): '삼발(Самбл)'은 사전들이나 연구서들에서 확인되지 않는다.

144 아락 졸 망나(Арг Зул Маңна): 사람 이름으로, 직역하면 '빛나는/청정한 등불 선봉/이마'. 1223행에는 '아락 졸라 망나(Арг Зула Маңна)'로 나온다.

쉰 길 엘멘 비단 후릿고삐를
신성한 흰 이마에 대어 축복을 받고,
부드러운 은제 안장가리개에
감아 끼워 주었네.
아란잘의 뒤에서 따라가다가 먼지를 놓치고[145]
열닷새가 지나 뒤에 처졌네.
[알탄] 체지의 화려한 빠른 올란이
따라왔네.
닿아 와서,
은으로 된 흰 투구를 손에 들고
신성한 흰머리로 세 번 부딪쳐 절하고,
“신성한 여의보주의 화신이신 나의 성주여,
가공할 망가스의 나라에
평안하고 신속하게 도달하소서!
목숨 같은 나의 홍고르를
데리고 오시기를 유념하소서!” (하고 아뢰었네.)
영예로운 장가르가 물었네.
“귀제르멕의 (아들) 굼베의[146]
빠른 하라의 먼지를 놓치고
며칠이 지났느냐?”

145 말(여기서는 아란잘)이 달리면서 일으킨 먼지가 시야에서 사라지는 것을 가리킨다.

146 귀제르멕의 (아들) 굼베의(Гүжрмгин Гүмбин): ‘귀제르멕 출신 굼베의’라는 해석도 가능하다.

알탄 체지가 말하며 가네.
"나의 영예로운 통치자 성주여,
그제, 한낮에
먼지를 놓쳤습니다, 저는."
열두 용사의
준마들을 따라잡고 지나갔네.
퀸데 가르타 사와르의 퀴렝 말과
에르게드 돔보의 (아들) 사날[147]의
기민한 잰걸음 보랄 말,
이 두 마리 준마를 제외한 다른 말들을 따라잡아 앞질렀네.
내리 사흘 밤낮 끝에
기민하고 빠른 잰걸음 보랄을
따라잡았네.
멋진 보랄을 위협하고 가면서
사날이 말하네.
"흉맹한 검은 키내스가 있는 곳에 도달할 때까지
아란잘 제르데를 놓치지 말고 따라가라,
은제 흰 재갈을 나란히 하고 가라![148]

147 에르게드 돔보의 (아들) 사날(Эргд Домбин Санл): 이 마당의 1690행에는 '에르게드 돔바의 (아들) 사날(Эргд Домбан Санл)', 이 책의 여섯째 마당 1215행에는 '에르게드 담바의 (아들) 사날(Эргд Дамбин Санл)'로 나온다.

148 은제 흰 재갈을 나란히 하고 가라!(Мөнгн цаһан ууд холвад йов!): 직역하면 '은제 흰 재갈을 묶고 가라!'. 재갈을 묶고 가는 것은 두 말이 나란히 달리거나 결승점에 동시에 들어오는 것 등을 뜻하는 표현이다.

뒤처졌다가는,
내가 황금을 입힌 군도로
네 목숨을 겨누고
간다는 것을 명심해라!" (하고 위협했네.)
이 두 말이
내리 두 달 동안
재갈을 나란히 하고 갔네.
퀸데 가르타 사와르가
사나운 퀴렝으로
흉맹한 망가스 임금의
노랑 얼룩무늬 대궐에 닿아 왔네.
천억 명[149] 대궐 하인들의 마을 가장자리에 들어서자
물에 떠내려가는
쓰레기를 주우러 다니는
평범한 중년의
부인네와 마주쳤네.
(퀸데 가르타 사와르의) 황금빛 노란 큰 도끼가
햇빛을 받아[150] 번쩍였네.
늘씬한 퀴렝 말이
매끄러운 백단향나무 같은 제 머리를

149 천억 명(Зун жува): 직역하면 '백(개의) 십억'. 분류사에 해당하는 '명'은 우리말 어법에 근접시키기 위해 주해자가 추가한 것이다.

150 햇빛을 받아(Нарни көлд): 직역하면 '해의 발에서 〉 해 아래서'.

두 번 갖다 대고 나서,[151]
"자, 아주머니!
영예로운 검은 키내스의 집 문에
아르슬랑의 (아들) 장사 차간이
결박해 데려온 사람은 어찌 되었소?" 하고 물었네.
부인네가 대번에 울면서 말했네.
"그의 형이요, 아우요, 당신은?
말하자고 하니, 당신한테 어떻게 말하겠소, 내가?
그만두자고 하자니, 어떻게 그만두겠소, 내가?
밤에는
네 활개에
네 개의 아가르 백단향나무 말뚝을 박아
고정시켜 결박하고,
사천 용사가
마흔 겹으로 둘러싸고 지킨다오.
낮에는
채찍질을 허술하게 하는 법 없이 해서,
내리 넉 달 동안

151 늘씬한 퀴렝 말이(Нэрхн Күрң мөрнь) 매끄러운 백단향나무 같은 제 머리를(Толь зандн толhahан) 두 번 갖다 대고 나서(Тоота хойр ниилэд): 토다예바(1976: 345)는 이 대목을 '늘씬한 밤색 말이 자신의 거울 같고 백단향나무 같은 머리를 한 쌍을 이루는 제 동료인 붉은 말에게 가까이 댔네(стройный Бурко своей зеркально-сандаловой головой приникал в пару к соседу [Рыжко])'라고 하였다. 한편 두게르수렝(2000: 200)은 '늘씬한 제 갈색 말의(Нарийнхан Хүрэн мориныхоо) 거울 백단향나무 머리를(Толь зандан толгойг) 연고로 두 번 문지르고(Тостой хоёр илээд)'라고 하였다.

멈추지 않고 채찍질을 했소.
채찍질로 죽일 수 없었소!
할멈과 영감 중에
아니 운 사람은
우리 중에 한 사람도 없소.
죽일 수 없자 일으켜 붙들었소.
열다섯 개의 풀무 불에
한 길 붉은 강철을 빨갛게 달구어서
목숨의 붉은 대동맥을
하루 네댓 번 꿰뚫어 찔렀어도
죽이지 못했소. 일으켜 잡아
붉은 불을 쌓아 태우고,
고정시켜 묶고,
가운데다 녹이자니,
위에서 지붕만 한
꽃잎 같은 푸른 구름이 나타나서
비, 우박, 눈을
고르게 내려 꺼 버렸소.
그러자 일으켜 잡아,
차가운 검은 바다의 물 속에
소 백 마리만 한
검은 돌을 몸에 매달아
던져 버리자,
나무껍질 모양으로 기슭으로 나왔소.

죽일 수 없었다고 들었소, 우리는.
'이제 이자를 어떻게 할까?' 하고
하나가 말하자,
'대가리가 열다섯 개인
대단한 검은 괴물의 입에
주면 어떨까?' 하고
하나가 말하자,
'(그 괴물의) 친구인 검은 창꼬치의 아가리에
주면 어떨까?' 하고
예언자가 예언하고 있다는 것을
들었소, 우리는.
'이자를 죽일 수가 없습니다.
아르자 술,[152] 애르케 술[153]을 주고
살려 주소서.
대단한 붉은 홍고르가 이자인 것이 맞으면,
목숨은 몸에 없고
순식간에
열두 화신이 되는 것이 이자입니다.
아무튼 영예로운 통치자 성주 장가르가
아란잘 제르데와
멀쩡하게 살아 있는 한,

---

152 아르자 술(арз): 애르케 술을 한 번 더 고아 내린 술.

153 애르케 술(эрк): 가축의 젖을 발효시켜 만든 젖술 애렉(әәрг)을 고아 내린 술.

긴 백단향나무 창이 부러지지 않는 한,
결국에는 우리에게 보복을 할 것입니다!
마흔이 되기 전에 자신과 같은[154]
사천 명의 임금을
발걸이에 있는 발에 머리를 대고 절하게 했습니다.
내 그대에게 말했습니다, 내가!
내 말대로 아니 되면!' 하고 말했다 하오.
'대단한 붉은 홍고르를
살려 내어,
영예로운 장가르와 화해하여
편하게 지내야 할 것입니다, 우리는!' 하고 말했다 하오.
그 뒤의 일은 모르오, 나는." 하고 말했네.
노랑 얼룩무늬 올와의 주머니에서
말 열다섯 마리 값의
노란 황금을 한 움큼 꺼내,
부인네에게 던져 주었네.
"선금으로 주는 내 상이오, 이것은!" 하고 말했네.
"오냐! 키내스 너를!" 하고 말하고는
내려서 봄바의 퀴렝의
줄 뱃대끈과 뱃대끈을 조였네.
퀴렝 위로 올랐네.
열두 곳의 예리한 돌출부가 있는

154 자신과 같은(бийләhән әдл): '자신과 대등한, 자기 못지않은'.

노랑 얼룩무늬 대궐의 대문에서
사만의 정예 용사가
말을 데리고, 창을 가지고,
말에 채 오르기도 전에 돌격했네.
칠십오 군영의 정면에서
이제까지 낸 적이 없는 "어머니의 붉은 외침"[155]으로
세 번 외쳐 댔네.
위로는 하늘빛이 어두워져 가고,
아래로는 땅빛이 노래져 갔네.
무거운 노란 큰 도끼의
날과 등에서
한 길 정도
노란 무쇠 불이 붙어 타올랐네.
생각보다 반 길 빠른,
바람보다 한 길 빠른,
근사한 쿼렝의 거센 힘으로
오른쪽 왼쪽 양손에
군도를 잡고,
큰 도끼의 날과 등에
용사, 역사라고 해도 부지하지 못하고,

155 "어머니의 붉은 외침"(≪йөмин улан≫ ура): 『장가르』에서 '외침(ура)'의 쓰임새를 보면, 결전 또는 돌격을 앞두고 외치는 일종의 주문이나 함성으로 보인다. 이것도 그러한 종류의 하나일 것이다. '어머니(йөм)'로 새긴 어휘에 대해서는 2-4-878의 각주 참조.

쓰러지게 만들고 가네.
수만 군사를
단 혼자서 쫓기 시작했네.
내리 마흔아홉 날을
몰아가면서 쓰러뜨렸네.
팔십만을 이루어 전투 대형으로 출전했네.
나라에 이름난 창잡이도
제 창을 제어할 수 없었네.
세상에 없는 활잡이도
제 활을 제어할 수 없었네.
십만 십만씩 전투 대형을 이룬 쪽에서부터
봄바 멩쉬르 황금 다리의 어귀까지
오른쪽 왼쪽 할 것 없이 쓰러뜨리고 가네.
영예로운 통치자 성주가
볼링가르의 아들 사날과
두 준마의 거센 빠름으로
돌진해 들어가네.
쉰 명 쉰 명씩 용사들을
연달아 창으로 찌르고,
뒤를 앞을 꿰뚫고,
정예 육천
열두 몸으로
요란한 소리를 내며 닿아 왔네.
영예로운 키내스의 군대와

격투를 벌이며 갔네.
하늘과 땅이 흔들려
나라와 황금 세상이
안개처럼 대단히 어두워져 갔네.
내리 두 달 동안
피아를 구분하지 못하고
함성과 함성으로 함성을 지르며,
수십만 군대를
하나하나 끊어 잡았네.
수백만 대궐 하인들은
들고 날 방법이 없어졌네.
사람의 피와 준마의 피가
준마의 무릎까지 찼네.
영예로운 키내스의 군대는
절반이 죽었네.
육천 용사도
절반이 죽었네.
알탄 체지, 굄베, 질간은
치명적인 부상을 입고,
불같이 붉은 준마들로부터
멀리 (떨어진 채) 싸우다 쓰러져 가네.
바위만 한
하라 보랄을 탄
임금 키내스가

영예로운 통치자 성주 장가르를 보고서,
열아홉 길 차가운 검은 군도를
쑥 뽑아 들고,
여러 군영 군대 가운데서
단독으로 돌진해 왔네.
(장가르가) 긴 백단향나무 창을
장대올가미처럼 끌고,
넓은 벌판 가운데를 향해
단기필마로 달음질쳤네.
바위만 한 하라에
맞서 따라잡으러 간 것이네.
아가르 백단향나무 창을
당겨 잡고 비스듬히 비껴 놓았네.
아란잘 제르데가
잿빛 푸른 흰 앞가슴으로
앞으로, 땅을 두드리며, 무너져 갔네.
바위만 한 하라가
제 재갈에 힘을 주기도 전에,
(키내스가) 임금 장가르의 위로,
헛되이 세 곳을 베고[156]
지나갔네.

156 헛되이 세 곳을 베고(Ки һурвн әңг һазр чавчад): '세 군데를 베려고 하였으나 모두 헛손질로 끝나고'.

지나간 키내스의 뒤에서,
(장가르가) 여러 군영의 군대로 들어갈 때,
한 발로는
은으로 된 둥근 안장방석을 밟고 갔네.
한 발로는
제르데의 온전한 배내 갈기를 밟았네.
영예로운 키내스의
목숨의 붉은 대동맥을 겨누고,
아가르 백단향나무 창으로 찔러 버렸네.
창에 달린 세 개의 은제 회초리 소리와 함께
바위만 한 하라를 탄
임금 키내스를
(말과) 함께 (꿰어) 찔러 버렸네.
평평한 두 주걱뼈 사이를 맞혀 관통하고,
쾨케의 검은 힘살로 뚫고 나와,
말의 배내 갈기로 들어와,
가슴가리개를 뚫고 나갔네.
수만 용사가
들어와 막고 붙들자
불꽃같은 제르데가
숲의 흰 불꽃처럼 튀어 올라,
창의 부드러운 비단 손잡이 끈에
성주 장가르를 데려다주었네.
신성한 제르데 위로

들어 올리려 세 번을 시도했으나 하지 못했네.
사와르가 빠른 쿼렝의 거센 힘으로,
칠십오 군영의 정면에 이제까지 낸 적이 없는
"황금 어머니의 붉은 외침"으로
함성을 지르자, (마침내 들려서) 들어 올리고 갔네.
바위만 한 하라가
바위를 뒷발질로 걷어차고 갔네.
긴 백단향나무 창이
구부러지며 부딪히며 갔네.
열두 용접 이음매를 따라
동강이 나서 흩어지고
아가르 백단향나무 자루만
영예로운 장가르의 손에 남았네.
금강 강철로 끝을 낸,
불린 강철로 새겨 넣은,
차가운 검은 가시는
키내스를 준마와 함께 뚫고 뽑혀 나갔네.
임금 키내스의 몸은
바위만 한 하라의 갈기를 끌어안고,
수백만 군대 안으로 들어가 쓰러졌네.
아가르 백단향나무 창을 모아 가지고,
아란잘 제르데 위로 가로로 비껴 잡았네.
광천수 같은 검은 눈물을 흘리며 울고서,
수백만 군대를

자세히 보니,
검은 키내스의 군대가
줄어든 채로 간 것이네.
사랑하는 육천열둘도
줄어든 채로 온 것이네.
퀸데 가르타 사와르의
사나운 퀴렝 말이 따라잡으며,
이천 곳의 상처를 입은
측면에서부터
푸른 백단향나무 질왕 화살이 관통해 맞아,
무거운 노란 큰 도끼의 손잡이 끈을 팔꿈치에 걸고,
퀴렝의 갈기를 끌어안고,
강력한 망가스의 가운데서 뼈를 주는 법 없이[157]
퀸들렝 차간 산의 꼭대기를 향해
퀴렝 말을 데리고 올라갔네.
뒤쪽을 보니
올란 보랄을 타고,
긴 백단향나무 창을 손에 잡고,
남은 십만 군사를
봄바 멩쉬르 황금 다리의 어귀에서
벗어나게 하는 법 없이 혼자서 몰아붙이니,

---

157 뼈를 주는 법 없이(ясинь өгл уга): 직역이다. 그 뒤에 있는 뜻은 사전이나 연구서들을 통해 확인되지 않는다. 아마 '죽지 않고'라는 뜻이 아닌가 한다.

나라에서 뛰어난 창잡이도
제 창을 지키지 못하고,
세상에 없는 활잡이도
제 화살을 지키지 못했네.
에르게드 돔바의 (아들) 사날
단 한 명이 남았네.
주군 장가르가 보고
부드러운 붉은 간을
부여안고 갔네.
“자! 이제, 사날은 어떻게 하겠느냐?”라고 했네.
사날이 말하며 가네.
“나의 영예로운 통치자 성주여,
창을 만들어 오소서!” 하고 말했네.
“어느 고장으로 가야 하겠느냐, 내가?” 하고 물었네.
“국권을 가진 네 임금의
쾨케 대장장이에게 이르러 만들게 하소서.
여기서 넉 달 걸리는 곳이 아니면,
다른 고장에서는 정교하게 만들 수 없습니다.
걱정하실 것 없습니다.
서둘러 가서 만들게 하소서!
나의 빠른 붉은 보랄의
네 발굽이 빠져 달아나지 않으면,
나의 긴 백단향나무 창이
딱 부러져 달아나지 않으면,

실낱같은 나의 붉은 대동맥이
탁 하고 끊어지지 않으면
이것들을 몰고 있으면서, 아무것도 벗어남 없이,
여자보다도 밑으로 만들겠습니다, 제가![158]" 하고 말했네.
"목숨 같은, 나의 사날이여!
방법이 없다.
나의 국권과 종교를 네게 (맡긴다)!" 하고
말씀을 내렸네.
국권을 가진 네 임금의 나라를 향해 출발하자,
크나큰 여의보주의 신통력으로
넉 달 걸리는 곳을
네 이레 걸리는 곳으로 줄여,
원기 왕성한 빠른 제르데가
네 이레 만에 도달했네.
너른 대궐 하인 마을
안으로 들어와서
원기 왕성한 제르데를 두 살짜리 망아지로 만들고,
영예로운 장가르의 몸은
열두 살짜리 소년이 되어 변신하고,
파도에 밀려온
기슭의 퇴적물 속에 창을 감추고

158 여자보다도 밑으로 만들겠습니다, 제가!(Эм күүнэс дор кехв би!): 직역이다. 토다예바(1976: 503)는 '그들은 제게 여자처럼 고분고분할 것입니다!(Они у меня будут смирнее женщин!)'로 풀이하였다.

쾨케 대장장이의 집 밖에
이르러, 보아하니,
무거운 검은 풀무에는
사람이 아무리 힘이 세도 견딜 수 없어,
하루 백 명이 함께 울고,
나와서 가네.
명령 없이 들어간 사람은
가장 흉한 벌을 받게 되네.
기다릴 수 없어,
소년이 달려 들어갔네.
들어가, 백 명의 대장장이들 가운데서
무거운 검은 망치를 잡았네.
“얼굴에는 불이 있고,
눈에는 불꽃이 있는
무슨 소년인가, 너는?
무거운 검은 망치로
네 목을 탁 때리겠다, 내가!
내 집에 명령 없이
들어온 사람은
가장 흉한 벌을 받게 되는 것을
몰랐더냐?”
“아이고, 어르신!
미리 이런 말을
듣지 못했습니다, 저는!”이라고 하자,

망치를 놓고 섰네.
"한 번 누를 때
스물다섯 사람이 들어가는
이글대는 붉은 풀무를
눌러라, 소년아!" 하고 말했네.
소년이 일어나며
앉은 스물다섯을 일으켜 세우고,
혼자서 앉았네. 앉으며 눌렀네.
누른 뒤에는
무지막지하게 큰 검은 돌집 안에
그릇만 한, 그릇만 한 붉은 불꽃이
퍼져 갔네. 누르게 한 대장장이들이
비틀비틀하며 도망쳐 나가네.
"소년아, 이제 멈춰라!" 하고 말했네.
쾨케 대장장이가 말하기를,
"공중을 보고 날고,
산을 보고 앉는
공격자 해동청의 눈을 가진,
너를 아래위로 살피자니
흉맹한 부처님의 상을 갖추었고,
놓치지 않고 살펴보자니
살아 있는 여의보주의 화신이다, 너는.
마른 소똥, 쓰레기 줍는 아이를 데리고 간다, (나는)[159]
(그동안에) 너는 (네) 창을 가져오너라!" 하고 말했네.

"맨 처음에, 네가 세 살 적에,
네 아버지 위젱 말 영예로운 임금이
네 창을 나에게 만들게 했을 때,
열두 곱
곱솔 용접에 바람이 들어간 것이었다.
마흔다섯 해가 되어
힘센 검은 키내스와 전쟁을 할 때
가운데 이음매가 탁 부러져 나간 것이었다." 했네.
창을 가져왔네.
주군 장가르가 직접 누르고,
내리 백한 명의 대장장이가
쪼고, 두드려 만들어 주었네.
영예로운 성주가
자기 창을 안장 앞에 가로로 놓고 나가서 갔네.
네 이레 지나,
영예로운 키내스의 군진으로 들어왔네.
앞을 보니,
십만에 달하는 (적의) 군대를
봄반 멩쉬르 황금 다리 어귀에서
(사날이) 보르한 보랄로 몰아 가두고 있었네.
영예로운 통치자 성주가

159 '내가 다른 아이를 데리고 가서 풀무의 땔감이 될 만한 것들(마른 소똥, 쓰레기)을 가져올 테니, (너는 가서 네 부러진 창을 가져오너라!)'라는 뜻이다.

불러 분부를 내리며 가네.
"낮의 이야기가 된,
밤의 꿈이 된,
혼자 자란 낙엽송의 싱싱한 나뭇가지인,
공격자 해동청의 눈을 가진
우뚝한 나의 사날이여!
나의 국권과 종교를
네가 평온케 해 주었다!" 하고
아란잘 빠른 제르데의 거센 힘으로
(적의) 군대로 돌진해 들어갔네.
뒤에서 앞에서
여섯 번을 돌격해 들어갔네.
들어갈 때는 칠십여 아르슬랑을
준마에서 떼어내 떨어뜨리고 갔네.
퀸들렝 차간 산 쪽으로
사나운 제르데의 거센 힘으로
공격해 나오려 할 때,
단단한 검은 돌을 베고
퀸데 가르타 사와르가
분노의 검은 피를 토하고는
어지러워 드러눕네.
뛰어 내려오며
관통해 맞은 푸른 질렝 화살을
쑥 당겨 뽑아 버리고,

석가모니 부처님이 정화(淨化)하신
적절하고 아름다운 약을
노란 비단 올와의 주머니에서 꺼내
상처와 궤양 위에 뿌리자
순식간에 아물었네.
멋진 퀴렝 말은
차가운 샘물,
푸른 녹색의 풀에
완전하게 살이 오르고 있었네.
자신의 아란잘 퀴렝을 타고,
노란 반달형 큰 도끼를 어깨에 지고,
영예로운 통치자 성주를 따라 출정했네.
흉맹한 검은 키내스의
진영 안으로 들여보냈네.
"자, 나의 목숨 같은 두 용사여!
실수 없이 몰아 가두고 있도록 하라!
대단한 붉은 홍고르의
어디에선가 죽은 유골을
찾아오겠다, 내가!" 하고
불러 분부를 내리고 갔네.
백만 십억[160] 대궐 하인의 마을 안으로
납시어 분부를 내리고 가자니,

---

160 백만 십억(Сай жува): 어마어마하게 많은 수를 가리킨다.

열두 나라에 이름난
신성한 흰 무녀가 도움이 되었네.
뛰어 내려오며
무녀의 집으로 들어가 앉았네.
“영예로운 키내스를 내 권능에 들게 해
잡으면,
신어머니, 그대에게 무슨 말을 하랴, 내가!” (하자)
“기탄없이 나에게 점괘를 던져 주시오!” 하고 (무녀가) 말했네.
점괘를 던지자,
‘높은 산의 꼭대기 위에,
잿빛 푸른 사자의 배에’라고 나왔네.
다시 한 번 잡았을 때는
‘넓은 바다의 바닥에,
백 길 길이,
여섯 아름 굵기
옹호자 검은 창꼬치의 배에’라고 나왔네.
다시 한 번 점괘를 던졌을 때는
‘높은 백단향나무의 꼭대기 위에,
잿빛 푸른 가루라의 배에’라고 나왔네.
“이 셋 가운데 하나에 (있소이다).”라고 풀이했네.
“노파여, 건강하게 잘 계시게.” 하고 작별 인사를 했네.
백 베래 먼 곳을[161]

161 백 베래 먼 곳을(Зун берэ хол hазринь): 백 베래라면 고작 150-200킬로미터이므로

멈춤 없이
예닐곱 날 만에
줄여서 돌아왔네.
"적절한 여의보주의 화신
나의 성주여!" 하고
사자와 가루라가
입을 벌리고
맹세를 했네.
차가운 검은 바다를 기슭을 따라가다,
멈춤 없이 이레를 기슭을 따라가서,
잿빛[162] 흰 바다 기슭을 따라서 왔네.
오기를,
백 길 길이에
여섯 아름 굵기의
옹호자 검은 창꼬치가
황금 바다의 기슭에
입을 벌리고 숨을 헐떡이며 눕네.
준마를 버려두고,
푸른 백단향나무 창을 꽂아 두고,
황금을 입힌 군도를 빼어 들고 달려와서,

말을 타고 예닐곱 날씩 걸릴 먼 거리가 아니다. 주해의 원전으로 삼은 비트케예프들(1990b: 236)의 칼미크어 텍스트에 무언가 빠진 부분이 있지 않을까 싶다.

162 잿빛(Caaphʌ{Caapʌ}).

옹호자 검은 창꼬치를
죽일 생각으로 왔네.
아가리를 벌리고 세차게 토해 버리기를,
나이 먹은 세 마리 불친소의 가죽으로 겹겹이 만든
가죽 부대를 토해 던졌네.
옹호자 검은 창꼬치의 몸은
황금의 맑은 바다를 향해
물속으로 들어갔네.
(가죽 부대의) 아가리를 단단히 동여매고
봉인을 했네.
봉인을 풀고
안에 있는 것을 잡아당겨 꺼내려고 하자,
사람의 힘줄,
강력한 힘줄 결박으로
강력한 네 활개를
고정시켜 묶어 버린 것이었네.
겨우 숨만 쉬고,
겨우 목숨만 붙어 있었네.
영예로운 통치자 성주가
강력하고 단단한 결박을
힘껏 잘라내 던졌네.
가엾은 홍고르를 가슴에 안았네.
아란잘 멋진 제르데는
황금 세상의 나라를 덮도록 울부짖었네.

영예로운 통치자 성주 장가르는
축복받은 부처님이 내려주신
신성한 흰 약을
입과 코에
부어 넣어
순식간에 낫게 했네.
근사한 절따말 위에 올라,
열두 겹 로브차를 나누어
대단한 붉은 홍고르에게 주었네.
아란잘 제르데의
등과 궁둥이에 함께 타고,
낮이라고 해서 머물지 않고,
밤이라고 해서 묵는 법 없이 계속 갔네.
검은 키내스의 노랑 얼룩무늬 대궐의
문에 당도해 왔네.
단단한 바위 골짜기에서
기민한 쾨케 갈잔 준마가
자신의 생각으로 투레질하며 왔네.
이 두 마리 말이 목과 목을 엇갈리게 하고,
사람이 슬퍼하는 것처럼 변덕을 부렸네.
영예로운 통치자 성주 장가르의
창이 부러졌다는 소식을
(홍고르의) 아버지 식셰르게가 듣고,
아가르 백단향나무 지팡이를 짚고,

가공할 만한 동이에 든 술을
자신의 등과 어깨에 지고,
넓은 골짝을 두 걸음에 밟고,
좁은 골짝을 한 걸음에 밟아서
맞이해 왔네.
검은 기도깃발 술을 던져 버리고
"아이고! 홍고르가 맞느냐?" 하고
부르며 가네.
"온 땅에서 나의 하나뿐인 자식!
영겁 동안 나의 하나뿐인 혈육!
온 세상에서 나의 유일한 자식!
단단한 대지에서 나의 하나뿐인 혈육이여!" 하고 달리기를,
'옆구리 갈비가 부서질라!' 하고 (누군가가)
달리며 피하며,
은으로 된 둥근 안장방석을 쑥 당겨 빼서,
딱 두 사람의 사이에 채워 놓았네.[163]
(아버지가 제) 부드러운 붉은 간에다
(아들을) 꽉 껴안고 넘어졌네.
주군이신 지고의 통치자 성주가
가까스로 놓치지 않고 붙들었네.

163 어마어마하게 힘이 센 아버지와 아들이 너무 반가워서 서로 끌어안다가 갈비뼈라도 상할까 봐 둘 사이에 안장방석을 끼워 넣었다는 뜻의, 일종의 과장된 서사로 보인다.

안개 같은 검은 술을
열다섯 잔씩
내려놓지 않고 마시고,
목마른 것을 음료가 해소하고, 배고픈 것을 밥이 배불리고,
아버지의 로브차를 나누어 입고,
준족의 쾨케 갈잔 위로 뛰어올라 출발했네.
솟아오른 백단향나무를
뿌리째 쑥 뽑아 들었네.
가지를 다듬어 제 어깨 위로 던지고,
주군 장가르와 둘이 함께
검은 키내스의 전장으로 들어왔네.
앞을 보아하니,
십만에 이르는 군대를
(먼지가) 안개처럼 일도록 몰아 가두고
사날과 사와르가
죽일 것은 죽이며 가네,
살릴 것은 살리며 가네.
한 사람도 벗어나지 않게 몰아 가두고 가네.
가서 검은 얼룩무늬 둑(纛)의 대좌(臺座)에
산더미만 한 가라말을
탄 검은 키내스를
영예로운 통치자 성주 장가르가
눈여겨보고,
마지막 노란 어금니가 부서져라 깨물고

아가르 백단향나무 창을
목숨의 붉은 대동맥에 겨누고 돌진했네.
수만 군사 틈에서
혼자서 달음질쳐 나온 몸을
아가르 백단향나무 창으로
놓치지 않고 질러 찔렀네.
수만 군사를,
여러 마리 양에게 달려드는
꼬리 뭉툭한 푸른 이리처럼,
대단한 붉은 홍고르가
아가르 백단향나무로
열 조각으로 끊어 흩어 버렸네.
그러자 자부심이 충족되었네.
여유 있게 장사 차간에게 마주쳐 갔네.
태블게트 산[164]의 기슭을 향해 갔네.
휴식을 취한 두 준마의 세찬 힘으로
올라갔네.
부드러운 비단 손잡이 끈에
신성한 제르데가 데려다주었네.
바위만 한 하라와
검은 키내스를 들어 올리자

164 태블게트 산(Тэвлhт уул): 직역하면 '아구장나무가 있는 산'.

수만 군사가
불꽃처럼 튀어 키내스를 지키러 온 것을,
근사한 퀴렝 말이
부드러운 비단 고삐를 늦추자,
황금빛 노란 큰 도끼를
왼쪽 오른쪽에 번갈아 잡고,
팔만 군사를
영예로운 통치자 성주 장가르에게 도달할 것도 없이
열 조각으로 부수어 흩어 버렸네.
아가르 백단향나무 창으로
바위만 한 하라와 함께
찔러서 들어 올려 잡았네.
태블게트 산의 허리에서
휴식을 취한 두 준마의
발굽이 엇갈리며
곤두박질쳤네.
싸워 승부를 내지 못하고,
무성한 백단향나무의 뿌리에
불같이 붉은 두 마리 준마를 놓아 두고,
여러 겹 전투용 로브차를 벗어 버리고,
바다와 같이 하얀 몸들을 각자 가다듬고 나서,
아르슬랑의 (아들) 장사 차간에게
심홍색 붉은 홍고르가 말하며 가네.
"세상은 바뀌게 되어 있고,

여러 부처님들이 밝은 자비를 베푸실 테니,
이제 너의 위로
어찌 아니 오르겠느냐, 내가?" (하고)
우지끈뚝딱 돌진해 붙들었을 때는,
(원래의 제 힘에) 다섯 망가스 임금의 힘을 보태서 (돌진해) 갔네.
등을 잡고 내팽개치며,
흉맹한 강철 허리 위로
일고여덟 번 흔들어 잡았네.
상반하는 큰 힘으로
펄쩍 뛰어 나가려고 한 몸을
그냥 둘 수 없는 기민한 용사가
내팽개치며 때리고 가기를,
무성한 백단향나무의
가지가 다듬어지도록 때리고 갔네.
네발을 벌리고, 기대고 나오자,
네모난 근사한 어깨에
단단한 백단향나무 같은 팔꿈치를 놓아 버렸네.
굵고 흰 등허리 뼈가
부서져라 팔꿈치로 누르고 갔네.
강력한 네 활개를
펴서 팔꿈치로 누르고 갔네.
입이 세 마디 말을
놓쳐 말하고,
무성한 백단향나무의 뿌리에서

실수케 하여 쓰러뜨리고,
허우적대는 네 활개를
궁둥이 위에 고정시켜 결박했네.
밝고 근사한 가슴을
어두워지도록 밟았네.
근사한 올란 준마의
둑(纛) 같은 꼬리에 단단히 묶었네.
빠른 쾨케 위에 올랐네.
여러 겹 전투용 로브차를
정강이 밑에 넣었네.
바윗돌이
단단한 곳으로 끌고 갔네.
단단한 나무의 끝으로 끌고 갔네.
아름답고 근사한 몸을
인대(靭帶)를 끊으며 끌고 갔네.
앞쪽을 보아하니,
영예로운 통치자 성주가
노란 황금 둑을 일으켜
세워 고정시키고,
흉맹한 검은 키내스를 단단히 결박하고,
사날과 사와르는
검은 키내스의 군대를
함께 몰아 데리고 와서,
임금 장가르의 발바닥에

책임 있는 모든 자를 절하게 하고
백 년의 맹세를 받자,
(지난) 여섯 해의 잘못을 용서받기 바라며
들어와 주었네.
영예로운 통치자 성주 장가르의 곁에
대단한 붉은 홍고르가
아르슬랑의 (아들) 장사 차간을
데려와 던졌네.
주군이신 지고의 성주는
보석 지혜의 비를
내리 일곱 밤낮 내리게 하고,
(상처를) 낫게 하는 약비를
내리 사흘 밤낮 내리게 했네.
고름, 피, 상처를
밤낮없이 씻어 버리고,
육천열두 용사를
살아 있는 것처럼 모아 앉히고,
자비로운 부처님들이 지으신
신성한 흰 부적으로 축복했네.
살아 있는 여의보주의 축복으로
축복케 하여 치유했네.
육천열두 몸으로
검은 키내스의
노랑 얼룩무늬 대궐의 문에서

요란한 소리를 내며 (말에서) 내렸네.
버팀목이 되는 네 나라의 망가스에게는
네 패의 사자(使者)를 보냈네.
검은 키내스의 대궐 안에서
검은 기도깃발 술자리에
(집으로) 돌아가는 법 없이 앉았네.
아가르 백단향나무 창의 끝에
영예로운 키내스를 힘센 홍고르가[165] 앉혔네.
아르슬랑의 (아들) 장사 차간의
네 활개에
네 개의 말뚝을 박고,
배꼽에는 네모난 검은 강철 말뚝을
관통하여 박아, 땅에 고정시켰네.
밤에는 이 둘을
원기 왕성한 질간으로 두목을 삼아,
목숨 같은
사천 명의 용사로 지키게 하고,
열닷새를 묵었을 때
사방의 (키내스가) 의지하던
망가스들이

165 힘센 홍고르가(хавтр Хоңhринь): 'хавтр'은 사전들에서 확인되지 않고 2-4-1503, 2-5-137에도 같은 형태로 나온다. 비트케예프들(1990a: 156, 343)의 '역사 홍고르(Силач Хонгор)'를 따라 일단 위와 같이 옮겨 두었다.

영예로운 성주의 빛에 와서 직접 찾아뵙고
맹세를 바치고 돌아갔네.
황금 고삐를 돌려,
평화롭게 말을 타고 돌아왔네.
그의 큰 천막 모양의 궁궐을 부수게 했네.
“샤라의 네 나라를
굶주린 개,
고아 아이도 남기지 말고 옮겨라!” 하고
통역 케 질간에게 지시했네.
지시하니, 정예 육천
열두 몸으로
노랑 얼룩무늬 대궐을 향해 말을 타고 갔네.
영예로운 검은 키내스를,
아르슬랑의 (아들) 차간 용사를
산 채로 결박해 끌게 했네.
대단한 붉은 홍고르가 말하며 가네.
“세상은 바뀌게 되어 있으니,
네가 묶었던 대로 너를 묶겠다.
네가 끌고 다니던 곳으로 너를 끌고 다니겠다!
아! 방금 전 네가 가한 고통을
네 손에 쥐도록 하겠다!
해와 달처럼
아름다운 내 용모를
잿빛으로 만든 것을 네가 아느냐?

여덟씩, 여덟씩
내 열여섯 대의 갈비를
채찍질로 시들게 만든 것을 네가 아느냐?
어느 생에 내가 잊겠는가?
지옥의 처결에서도
겪지 않은 고통!
열이레 동안
내 입에
그릇의 아가리가 닿지 않도록 해서
죽도록 처결한 것을 네가 아느냐,
장사 차간아?!
바윗돌이
단단한 곳을 따라 끌어라!
이런 제기랄!
낙엽송 나무가 날카로운 곳을 따라
비뚤비뚤 끌어라!" 하고 말했네.
임금 장가르가 그 앞에 사자(使者)를 보냈네.
"자기 것을 만들어 가진
이 네 임금들에게
모욕을 준
이 검은 키내스를
내 것으로 만들어 가졌다, 내가!
기쁨과 행복의 잔치를 하자,
자랑스럽고 확실한 잔치를 하자!

아르자 술, 애르케 술, 술의 최상품을 가지고,
나의 노란 순 황금 문의 어귀에
한 사람도 빠지지 말고
모여라!" 하고
네 방향으로 사자를 놓아 버렸네.
조용하고 근사하게 말을 타고 왔네.
열두 달 걸리는 거리를
살아 있는 여의보주의 신통력으로
열이틀 거리로 줄여
행군하여 말을 타고 왔네.
여름의 아름다운 숲에서
그림 같은
노랑 얼룩무늬 대궐에서
요란한 소리를 내며 내렸네.
쾨케 삼바의 비탈에
준마들을 놓아 버렸네.
쉰두 동아리를 이루고
편하게들 앉았네.
에르치스 봄바의 십만 줄기의 강 상류에서
주군 장가르 자신이 통치하는
일흔 언어의 수많은 속민들에게,
잔치를 베풀어
부자 송그라브가 바치게 한 술을
붉은 하삭[166] 수레에

오백 마리 잿걸음 검은 말을 매어,
오천여 가호를 관장하는 통치자의 아들들로 하여금
노랑 얼룩무늬 대궐의 문에서
멈추지 않고
하루에 오백 경로를 이루고
나르게 되네.
여름의 아름다운 숲에서,
그림 같은 노랑 얼룩무늬 대궐에서
멈추지 않고 마흔아홉 날을
아르자 술자리에 앉았네.
백 나라의 통치자들과 용사들이
그림 같은 노랑 얼룩무늬 대궐의 문에
멈추지 않고 모였네.
여섯 (나라의) 임금들이
그림 같은 노랑 얼룩무늬 대궐의 문에
최상품 술을 가지고 와서
마음껏 즐겼네.
죽음 없이 영원하게 되었네,
걱정 없이 안온하게 되었네,
고아 없이 번성하게 되었네.
금란(金蘭)빛 해가 솟았네.

---

166 하삭(xacr): 바퀴의 살을 둥글게 만들어 강화한 대형 수레의 일종으로, '카자흐'를 가리킨다.

매와 종달새가
밝은 틈새에서 지저귀며 놀았네.
세속의 국권을 바위처럼 세웠네.
부처님의 종교를 해와 같이 떠오르게 하며 즐겼네.

2. 용사 붉은 홍고르가 아왈랑가 임금과 싸운 마당

푸르고 푸른 은빛 창공의
급격한 돌출부 아래
실태 강[1]의 발원에
시캐 바다[2]의 기슭에
죽음이 없는 영원의 시간에
겨울이 없는 여름의 시절에
늘 장가르네가
있다고 하네.
즐거움을 누리며
있다고 하네.
키튼 돔보라는
강이 있다고 하네.

---

1 실태 강(Шилтә hол): 지초(芝草)가 있는 강.

2 시캐 바다(Шикә дала): 『장가르』의 다른 부분에서는 '시케르 바다(Шикр дала)'로 쓰였다.

강에는
외뤼와 쇠뤼[3] 두
흐름이 있다고 하네.
흐르기를, 산호와 진주로
흐른다고 하네.
얼기를, 황금과 은으로
언다고 하네.
십만에 달하는 보동들과
만 명에 이르는 관원들과
백만에 달하는 대궐 하인들과
서른다섯 용사들과
지낸다고 하네.
주군 성주 장가르가
짓도록 한 대궐은,
거대한 흰 돌로
어깨 높이까지
짓도록 한 것이었다고 하네.
어깨보다 위로는
사나운 흰 돌로
짓도록 한 것이었다고 하네.
조화를

3 외뤼와 쇠뤼(Өрүү-сөрүү): 거슬러 올라가는 물과 흘러 내려가는 물.

찾아 짓도록 한
문에는
솔개와 호랑이가
서로 움켜잡은 모양을 장식해 만들고,
가장자리를 찾아 지은
출입문에는 코끼리와 사자가
서로 움켜잡은 모양을 장식해 만들고,
그 지붕마다 금강저를 세운,
그 금강저를 보병(寶甁)에 넣은,
그 보병을 조각한,
그 조각을[4] 술로 장식한,
그 술이 꽃 피게 한
대궐을 지었다고 하네.
옆면에는
아르자 술자리를 받드는 부속
궁장이 있다고 하네.
부속 궁장으로 말하자면
마흔네 장의 그물 벽이 있고
사천 개의 서까래가 있고
검은 백단향나무 도리가 있고
흰 백단향나무 지붕창틀이 있고

---

4 그 조각을(Си{Сиилвр}).

불같이 붉은 새로 만든 문이 있고
강철 나무 덧창이 있고,
앞쪽에 있는
술상으로 말할 것 같으면
암발-잠발 산의
중턱에서 만들게 한 것이었네.
빛깔이 아름다운
특수한 비단으로 장식케 하고,
잿빛 푸른 사슴의 가죽으로
겉을 싼
것이라고 하네.
바른쪽에 있는
술상으로 말할 것 같으면
밤발-잠발 산의
중턱에서 만들게 한 것이었네.
역시 아름다운
특수한 비단으로 장식케 하고
호랑이 가죽으로 겉을 싼
것이라고 하네.
뒤쪽에 있는
술상으로 말할 것 같으면
밤발-잠발 산의
중턱에 보내 만들게 한 것이었네.
가장자리를

특수한 비단으로 장식케 하고,
사자 가죽으로 겉을 싼
것이라고 하네.
왼쪽에 있는
술상으로 말할 것 같으면
줨벨-잠발 산의
중턱에 보내 만들게 한 것이었네.
모든 색깔, 모든 종류의
특수한 비단으로 장식케 하고
영양 가죽으로 겉을 싼
것이었다고 하네.
아르자 술자리를 받드는
부속 궁장은
그와 같은 모양이었네.
십만에 달하는 보동들과
백만에 이르는 대궐 하인들과
만에 달하는 관원들과
서른다섯 보동들과
주군 성주 장가르가
먼저 와서 술을 마시네.
주군 성주 장가르가
앉을 것이다 하면,
다리 여덟 개 달린
황금 보좌를 가져와

놓았네.
일곱 겹 쉬르퀴르[5]
장막을 치네.
그 장막 안에
주군 성주 장가르가
이 보좌 위에 납시네.
황금 카란[6]을
가져와
입히네.
주군 성주 장가르의
옆에 앉은
하탄으로 말하자면
눈썹은 초사흗날의
달 같은 눈썹에,
길고 낮은 코에,
열닷새의 달같이

5 쉬르퀴르(шүркүр): 사전들이나 연구서들에서 확인되지 않는다. 문맥으로 보아 휘장을 만드는 고급 천의 일종이거나 특수한 휘장의 종류로 짐작된다. 두게르수렝(2000: 617)의 할하몽골어 번역에서 이 부분이 우리의 원고와 내용이 비슷하지만 똑같지는 않은 원고를 텍스트로 삼은 것임을 알 수 있다. 두게르수렝(2000: 618)의 '일곱 겹 떨림 휘장(Долоон давхар Чичигнүүр хөшиг)'의 '떨림(Чичигнүүр)'도 이 부분을 해결하는 데 직접적인 도움이 될 것 같지는 않다.

6 카란(каран): 사전들이나 연구서들에서 확인되지 않는다. 동사(110행 Өмскдг의 өмск- '입히다, 씌우다, 걸치게 하다')로 미루어 옷가지로 짐작된다. 바로 위에서 언급한 것처럼 이 부분의 두게르수렝(2000: 617)의 할하몽골어 번역은 우리의 원고와 내용이 비슷하지만 똑같지는 않은 원고를 텍스트로 삼은 것이다.

떠오른 (얼굴을 한)[7]
샤브달이라는 이름을 가진
하탄이라고 하네.
그 하탄이
앉을 것이다 하면,
다리가 여덟 개인
황금 보좌를 가져와
놓네.
보좌 위에는
샤브달이 납시네.
십만에 달하는 보동들,
백만에 이르는 대궐 하인들,
만 명에 달하는 관원들,
서른다섯 보동들은
그 궁장에서
둘러앉네.
만 동이가 들어가는
시뻘건 통이
눈앞에
가득히 있네.
오른편의 용사들을

7 얼굴을 한(чирәтә): 비트케예프들(1990b: 249)의 보충이다.

이끌고 앉은
용사로 말하자면,
마잔 톡의 아들
퀸데 가르타 사와르 통치자[,]
닭의 눈
만 한 꼬리를 가진
장딴지 힘줄이 없는 뒷다리를 가진,
사납고, 갈색 몸통에 얼굴에는 흰 털이 난 말을 가진
이라고 하네.
다음에 앉은
용사로 말하자면,
돔보 잔의 아들,
다라-다라 셀뎅 통치자로,
기민한 갈색 수말을 갖고
있다 하네.
왼편의 용사들을
이끌고 앉은
용사로 말하자면,
퇴베드 밤바의 고손이자
퇴베크 임금의 증손이고
퇴멜트 임금의 손자이며
점잖은 장사 뫙겐 식셰르게의
맏자식
맨 앞의 붉은 홍고르

라고 하네.
주걱뼈는
일흔다섯 길,
단지 두 옆구리로만
여든다섯 길,
편안히 앉으려면
오백 사람의
자리를 차지하고,
좁혀 앉아도
마흔네 사람의
자리를 차지하네.
세상을 돌 만한
오촐 쾨케 잿빛 말을 가지고
있다 하네.
다음에 앉은
용사로 말하자면,
지나온 아흔아홉 해부터
낱낱이 말할 수 있는,
오지 않은 아흔아홉 해부터
예언할 수 있는
킹캔 알탄 체지가
앉은 것이라고 하네.
바로 다음으로 말하자면,
'안장 없은 말을 타고

편안하게 다니소서!
하시는 말씀이
솜씨 있게 되소서!' 하고 나서,
담뱃대에 담배를 담는 사람들에게
술 항아리를 나르는 사람들에게
직의 (아들) 질왕[8]
차간 만지[9]를
내보내네.
잔치를 시작하네.
일만 동이가 들어가는
시뻘건 통에서
일흔 명이 지는
뚜껑 없는 커다란 노란 잔으로
하나씩 술 항아리를 보내고,
두 번째 술 항아리,
세 번째 술 항아리를 보내고
올 무렵,
왼편의 용사들을
이끌고 앉은

---

8 직의 (아들) 질왕(Жиигин Жилвн): 사람의 이름이거나 별명일 가능성이 있다. 다음 행의 차간 만지(Цаһан Манж)와 함께 붙어 다니는 것으로 보인다. 억지로 뜻을 맞추어 보자면 '두 살짜리 사슴의 붙임성' 정도가 가능하다.

9 차간 만지(Цаһан Манж): 직역하면 '흰 초발심'. 사람의 이름이거나 (질왕의) 직분일 가능성이 있다.

퇴베드 밤바의 고손이자
퇴베크 임금의 증손이고
퇴멜트 임금의 손자이며
점잖은 장사 묑겐 식셰르게의
맏자식인
맨 앞의 붉은 홍고르가
말하네.
"나와 같은 사내가
있기는 한 것인가?
내 말과 같은
말이 있기는 한 것인가?" 하고 나서,
오른손으로 (땅을) 찔러 대자,
손은 손목 깊이까지
땅 속으로 들어가네.
바로 다음에 앉은
쿵캔 알탄 체지가
말하네.
"얘야, 얘야,
너무 크게 흥분하지 마라.
밖에서 무거운 다리를 가진
사람이 온다고 한다.
'사람에게서 사람이 나오고,
말에게서 말이 나온다'
하는 말이 맞구나."라고 하네.

그러자 홍고르가
“이 재수 없는 인간이
무슨 말을 하는 거야?
자, 어서 직의 (아들) 질왕
차간 만지여,
볼자틴 보르 산 위로 올라가
이곳저곳
둘러보고 오거라!” 하고 말하네.
만지가 말을 빨리 달려
볼자틴 보르 산 위로 올라가,
이곳저곳
둘러보네.
해가 저무는 쪽에서
하늘의
거대한[10] 흰 구름과
가느다란 검은 먼지가
서로 섞여서 가는 것이네.
그 먼지를 보고
‘이것이 무슨 먼지인가?’ 하고
보고 있다가, 산에서 내려와,
(대궐 문에) 완전히 기대어 땅을 딛고,

---

10 거대한(Opxrp{Opxhp}).

(몸을) 뒤로 한껏 젖히고,
먼지를 마주하고 서네.
(먼지가) 하늘의 거대한
흰 구름과 섞여서
닿아 오네.
획획 끌리며,
붉은 거품으로 덮여
이르러 왔네.
(온 사람이) 말하네.
"얘야, 얘야,
여기 말고삐를 잡아라."
만지가 그 앞에서
"배회하는 씨수소,
빗나간 고도리살이 된,
네 고삐를
잡기는 고사하고
주군 성주 장가르의,
사람의 손에
끌리지 않는,
아란잘 제르데 말의 고삐도
잡아 보지 않았다, 나는!"
"흥, 재수 없이
지껄이는 말이라니." 하고는
뛰어내려,

오른뺨을 갈겨
옆으로 돌아가게 만들고,
왼뺨을 갈겨 똑바로 돌아오게 만들고,
신성한 은제 후릿고삐를[11]
덮이게 감아
오른쪽 팔꿈치에 거네.
사내가 뛰며 걸으며
궁장에 들어가네.
열 대신을 밟고,
다섯 대신을 박살 내고,
한가운데
앉았네.
채찍을 부러져라 잡고,
무릎 밑에 누르고,
모자를 눌러 쓰고,
푹 숙이고,
중얼거리며
앉았네.
왼편의 용사들을
이끌고 앉은

11 신성한 은제 후릿고삐를(Буһ мөңгн цулвран): 비트케예프들(1990b: 465, 주 46)은 '팔찌 은제 후릿고삐(Буһу мөңгн цулвр)'라고 하고 '흰 은제 장식품으로 장식한, 팔찌를 차고 감은(цаһан мөңгн цокарар кеерүлсн, буһулад эвкчксн)'이라고 풀이하였다.

퇴베드 밤바의 고손이자
퇴베크 임금의 증손이고
퇴멜트 임금의 손자이며
점잖은 장사 뫙겐 식셰르게의
맏자식인
맨 앞의 붉은 홍고르가
말하네.
"너, 화근 덩어리가
집 안에 들어와
앉아 있다니.
집에 와서는,
출입 계단에서[12] 축복을 받고
떠나가야 될 것이야, 너는.
너는 사 년 동안 고통을
겪어야 할 것이야!" 하고
홍고르가 일어나네.
입을 벌리고,
손바닥을 펴고,
"안장깔개 같은 네 궁둥이에
십만, 십억 채찍을 올리고,
네모 반듯 근사한 네 등허리에

12 출입 계단에서(Кирлцәс): '출입 계단(кирилц)'은 러시아어 крыльцó의 차용으로 추정된다.

사십만 채찍을 올려,
사 년의 고통을 겪게 하고 나서
놓아주겠다!" 하고
홍고르가 고함치며 일어나네.
주군 성주 장가르가
말하네.
"얘야, 얘야, 서두르지 마라.[13]
온 사람에게
마실 것을 주고
사연을 물어라들."
그러자 홍고르가,
"예, 예, 그렇게 하소서!" 하고
뒤로 물러나 앉는 것이네.
술 항아리를 돌리는 만지가 일어나
일흔 명이 져 나르는
뚜껑 없는 커다란 노란 잔에
일만 양동이가 들어가는
시뻘건 통에서 따라
흔들거리며 사내에게 주네.
사내가 (잔을)
엄지와 검지로

13 서두르지 마라(тодх{тотх}).

집어 들고,
어금니에 갖다 대고,
태키 들말 같은 흰 어금니에서 덜거덕 소리를 내며,
입천장과 혀로
빨아 잡고,
표식 같은 혀의 윗부분으로[14]
글 같은 입천장의
아랫부분으로 흘려내려[15]
독한 술을
밥통의 바닥으로 흘러내리게 했네.
흘려내려 버리고 잔을
돌려주네.
만지가 다시 따라
가지고 오네.
두 잔을 거듭
사내가 받아
그 모양으로 마셔 버리네.

---

14 표식 같은 혀의 윗부분으로(Белг болсн келнә деед бийәр): 직역하면 '표식(징조/선물이라는 뜻도 있음)이 된 혀의 윗몸으로'인데, 무슨 뜻인지 불분명하다. 두게르수렝(2000: 623)의 할하몽골어 번역(Бэлэг болсон хэлнийхээ дээд биеэр)도 도움이 되지 못하는 것 같다.

15 글 같은 입천장의(Бичг болсн таңнан) 아랫부분으로 흘려내려(Дорд бийәр гүүлгәд): 직역하면 '글이 된 입천장의 아랫몸으로 달리게 해'인데, 무슨 뜻인지 불분명하다. 두게르수렝(2000: 340)의 할하몽골어 번역(Бичиг болсон тагнайнхаа Доод биеэр гүйлгээд)도 도움이 되지 않는 것 같다.

만지가 다시, 세 잔을 거듭
채워 가지고 오네.
앞서 모양으로 (사내가) 마셔 버리네.
씨 수낙타의 머리만 한 담뱃대에
보드모르[16]라는 이름의 담배를 쑤셔 넣고,
개의 머리만 한
불씨를 놓아,
멧돼지의 송곳니 물부리를
끼워[17] 주는 것이네.
사내가 받아
어금니에 갖다 대고,
태키 들말 같은 흰 어금니에서
덜거덕 소리를 내며,
입천장과 혀로
빨아 잡고,
표식 같은 혀의
윗부분으로 빨고,
글 같은 입천장의

16 보드모르(Бодмр): 이 마당의 758행에는 보드마르(Бодмар).

17 끼워(Нолилhəд): 칼미크어를 비롯한 몽골어 사전들과 『장가르』 연구서들에서 확인되지 않는다. 이 부분에 해당하는 두게르수렝(2000: 624)의 할하몽골어 번역 "Сунийлган"도 몽골어 사전에서 확인되지 않는다. 우리말 번역 '끼워'는 주해자가 짐작으로 만들어 넣은 것이다. 이 마당의 761행에서도 нолилhəд이다. 1125행에서는 hолилhəд인데 '뚱뚱해지다'라는 뜻의 이 동사 역시 문맥에 어울리지 않는 형태다.

아랫부분으로 빨아,
연기를 풀풀 하고 내고,
물부리를 꺼내 닦고,
담뱃대를 돌려주었네.
홍고르가 말하네.
“네게 음식을 주었고,
네게 사연을 묻게
되었다.”
그러자 사내가 말하네.
“악마 임금의
우두머리 용사다.
엄지 있는 사람에게 잡혀 보지 않았다.
산 사람에게 눌려 보지 않았다.
갈색 수말을 갖고 있다.
우리 (악마) 임금은
장가르네서 네 가지
좋은 것을 요구하게 했다.”
“그것이 무엇인가?” 하자,
“주군 성주 장가르가
대단히 예의 바르다니,
외방 손님이 오면
사랑스러운 음식을 나르고,
술 항아리에 술을 따르게 하려고 (장가르를) 요구하라고 했다.
장가르의 옆에 앉은,

해처럼 솟아오른
(장가르의 부인) 샤브달 하탄이
대단히 아름답다는 말을 듣고
시녀의 우두머리로
삼겠다고 우리 임금이 요구하라고 했다.
장가르가 타는,
사람의 손에
고삐와 후릿고삐가 닿지 않은
아란잘 제르데 말이 있다고 한다.
말이 대단히 좋으니
영지로 (타고) 다니며 술을 마시겠다며
요구하라고 했다.
퇴베드 밤바의 고손이자
퇴베크 임금의 증손이고
퇴멜트 임금의 손자이며
온화한 장사 뫙겐 식셰르게의
맏자식인
맨 앞의 붉은 홍고르가
주걱뼈로
일흔다섯 길,
단지 두 옆구리로
여든 다섯 길,
편안하게 앉으려면
오백 사람의

자리를 차지하고,
좁혀 앉아도
마흔네 사람의
자리를 차지한다.
세상을 돌 만한
오촐 쾨케 갈잔 말이 있다고
하는 소문이 있다.
사내는 대단히 용감하고 강력하다.
(데려다가) 잘 하고 있으면,
악독한 적의 쪽에
울타리를 삼겠다고
요구하게 했다." 했네.
그러자 홍고르가 일어나네.
"안장깔개 같은 네 궁둥이에
사십만 채찍을 올리고,
네모 반듯 근사한 네 궁둥이에
사십만 채찍을 올리고,
사 년의 고통을
겪게 해 주겠다, 내가!" 하고,
입을 벌리고,
손바닥을 펴고,
땋은 머리를 흩트리고,
수염을 곤두세우며 갔네.
"잡아라, 젊은이들아.

묶어라, 젊은이들아!" 하고
일어나네.
그러자,
사내가 모자를 눌러 쓰고,
채찍을 부러져라 잡고,
열 대신을 밟고,
다섯 대신을 박살내고,
단지 홍고르에게 잡히지 않고,
이쪽에 있는 사람들을 공격하여
쓰러뜨리고 쓰러뜨리면서
나가서 갔네.
사람이 닿은 적 없는
청동 은 발걸이에
닿을 듯 말 듯한 모양으로
요 같은 안장방석 위로[18]
불꽃처럼 튀어
발굽 소리를 탁 하고 내고,
다섯 베래 거리로
나와서 계속 가네.
해 저무는 쪽으로

18 요 같은 안장방석 위로(Олва{Улв} болсн көвцг деер): 'Олва'는 칼미크어 사전들이나 연구서들에서 확인되지 않는 형태다. 이 마당의 769행 '요 같은 안장방석 위로(Улв болсн көвцг деер)'를 참고하여 위와 같이 고쳐서 옮겼다. 두게르수렝(2000: 626)은 이 행 전체를 '방석 두터운 안장방석 위로(Олбог зузаан мааюуз дээрээ)'라고 옮겼다.

하늘의
거대한 흰 구름과
가느다란 검은 먼지가 서로 섞이고,
나와서 계속 가네.
뒤에서 홍고르가 말하네.
"또 다른 술꾼,
가짜 망명객이
취해 돌아다니다
한잔 술을 찾아
왔다가 난처해지자,
무슨 말을 할까 하다가
아무 말이나 해 버리고 가 버렸네." (그러자)
컹캔 알탄 체지가 말하네.
"어허, 해 지는 쪽에서 풀을 뜯던
얼룩무늬 말이 많은 말 떼에서
한 소중한 목숨을 데리고,[19]
자취를 감추어 버렸네, 이자는." 하고 말했네.
그러자 장가르가
"지금 그자를 따라잡아,
들여서, 데리고 올

---

19 한 소중한 목숨을 데리고(Нег хәәртә әм авад): 두게르수렝(2000: 627)의 할하몽골어 번역은 '한 사랑스러운 말을 데리고(Нэг хайртай морь аваад)'인데, 오히려 문맥이 더 자연스러워 보인다.

사람이 있느냐, 우리 중에?" 하고 물었네.
"제가 할 수 있습니다." 하고
오른편의 용사들 중에서
돔보 잔의 아들
다라-다라 셀뎅 통치자가
기민한 갈색 말을
솜씨 있게 찾아
말갖춤을 지우고 출발하네.
해가 지는 쪽으로,
하늘의 거대한 흰 구름과
가느다란 검은 먼지를
섞으며
나와서 계속 가네.
한동안,
칠칠은
사십구 일 밤낮을
달리게 해
따라잡아 가네.
"젊은이, 멈추시게!" 하고 외치네.
앞에서
"내가 멈추는 것이 옳지." 하고
멈추네.
"쫓아온 내가 쏘리까?
무례하게 굴고 온 그대가 쏘실까?" 하고 묻자,

"쫓아온 그대가 쏘시오.
사내는 휘두른 채찍을
도로 당기지 않는다 하오."라고 말했네.
"내가 쏘겠소." 하니,
다라-다라 셀뎅 통치자[에게][20]
창꼬치 같은 흰 가슴을 가리고,
참새만 한
잿빛 심장을 펴 주네.
활을
아침부터
한낮까지 벌려서 (당겼다가)
쏘아 버렸네.
화살은
바윗돌을 맞힌 것처럼
'텅!' 하는 소리를 내고,
돌아와 몸 위로
비와 우박처럼
퍼붓고 가네.
"내 차례가 왔소!"
"왔소, 왔소." 하고,
창꼬치 같은 흰 가슴을 가리고,

20 앞뒤 문맥이나 이치로 보아 아왈랑가 임금의 사자가 다라-다라 셀뎅 통치자(Дара-Дара Селдң нойн)에게 가슴을 펴 주는 것이 맞다.

"심장과 가슴이 준비되었소!" 하고,
펴 주었네.
(악마 임금의 사자가)[21]
(활을)[22] 한낮에 벌려서
저녁까지 벌리고는
쏘아 버리네.
(화살이)[23]
빗장뼈를 찾아 맞히고,
견고한 갈비를
강하게 때려 동댕이쳐 버리네.
말에 태운 채로
둘을 간지개에 묶고,
출발하여 계속 가네.
아르자 술 앞에 있던
큉캔 알탄 체지가 (짐작하여)[24]
말하네.
"어허, 세 목숨[25]이 가네." 하고 말하네.
장가르가 다시

21 악마 임금의 사자가(Шулм хаана элч): 비트케예프들(1990b: 258)의 보충이다.

22 활을(Саадган): 비트케예프들(1990b: 258)의 보충이다.

23 화살이(Саадгин сумн): 비트케예프들(1990b: 258)의 보충이다.

24 짐작하여(таahад): 비트케예프들(1990b: 258)의 보충이다.

25 세 목숨(hурвн əмн): 셀뎅 통치자와 그의 말, 그리고 480행의 '한 소중한 목숨(Нег хəəртə əм)'을 가리키는 것으로 보인다.

호소하네.
“내게 지금 한 명
좋은 사내도 없는가?”라고 하네.
오른편의 용사들 가운데
마잔 톡의 (아들)
퀸데 가르타 사와르 통치자가
닭의 눈만 한 꼬리를 가진,
장딴지 힘줄이 없는 뒷다리를 가진,
사나운 쿼렝에게
솜씨 있게 말갖춤을 지우고,
“제가 할 수 있습니다!” 하고
출발하네.
해가 지는 쪽을 향해
가느다란 검은 먼지를 일으키며,
나와서 계속 가네.
그 모양으로
한동안 달리게 해서,
따라잡아 닿아 오네. (그러자 앞에서)
“준마를 서로 빼앗았지만,
목숨을 서로 죽였지만,
중생의 도리를 서로 잊은 것은 아니다!”
하고 외치네.
얘야, 멈춰라!
참새만 한

잿빛 심장을
똑바로 되는대로 펴라.
사내라면
휘두른 채찍을
도로 당기지 않는다!"
하고 외치네.
그가 흰 가슴을 가리고,
참새만 한 잿빛 심장을
펴 주네.
이쪽에서는 (활을)[26]
새벽까지 벌리고,
한낮까지 벌렸다가
쏘아 버리네.
(활의)[27] 화살은
바윗돌에 맞은 것처럼
'텅!' 하는 소리를 내고,
돌아와 몸 위로
비와 우박처럼 퍼붓네.
저쪽에서는 "이제 내 차례가 왔다." (했네.)
"왔다, 왔다." 하고,
참새만 한

---

26 비트케예프들(1990b: 259)의 보충이다.

27 비트케예프들(1990b: 259)의 보충이다.

잿빛 심장을 펴 주네.
흰 가슴을 가렸네.
그러자, 그는
한낮에 (활을) 벌리기 시작하여
저녁까지 벌렸다가
쏘아 버리네.
(활의 화살은)[28]
빗장뼈를 찾아 맞히고,
견고한 갈비를
같이 때려 버리네.
말에 사람을 태운 채로
다섯 목숨[29]을 데리고,
출발하여 계속 가네.
(아르자 술의) 뒤에 있던[30]
쿵캔 알탄 체지가
"어허, 다섯 목숨이
나와서 가네!"라고 하네. (그러자 장가르가)
"벗어난 것을
데리고 오는

---

28 비트케예프들(1990b: 259)의 보충이다.

29 다섯 목숨(тавн әм): 546행의 세 목숨에 사와르와 그의 말을 합치면 다섯 목숨이 된다.

30 (아르자 술의) 뒤에 있던((Арзин) арднь бәәгсн): '아르자 술의(Арзин)'는 비트케예프들(1990b: 259)이 보충한 것이다. 사람이 앞에 술을 놓고 앉아 있는 모습을 묘사한 것으로 아르자 술이 앞에, 사람이 그 뒤에 있는 것으로 본 것이다.

장난스러운 누렁이 (양치기 개) 네가
진압하지 않으면
일은 진압할 수 없이 되어 있었다.
만 마리 양 떼에 들어간
검은 몸통에 얼굴에는 흰 털이 난 이리 같은
나의 악동,
네가 누르지 않으면
다른 것에는 눌리지 않게 되어 있었다.
만 명 적의
앞으로 가는,
창의 끝이 된 홍고르가
누르지 않으면
다른 것에는 눌리지 않게
되어 있다." 하고
장가르가 울고 있네.
그러자 홍고르가
"세상을 돌 만한 능력이 있는
오촐 쾨케 갈잔을
푸른 초장의 풀에,
차가운 샘의 물에
데리고 가서
이레 동안 발길질하게 하도록!"
하고 말하네.
말치기 만지가

쾨케 갈잔을 데리고 가서
풀어놓는 것이네.
이레 동안 발길질을 하게 하자,
쾨케 갈잔이
목덜미 비계로 하늘을 스치고,
뱃구레로는 땅을 스치고
있는 것이네.[31]
만지가 데려와,
너른 흰 모래 위에서
나흘을 발길질하게 하고,
좁은[32] 흰 모래 위에서
사흘을 발길질하게 하네.
오촐 쾨케 갈잔은
날카로움을
두 눈에 지니고,
빠른 몸을
네발 쪽에 지니고,
복슬복슬 털이 난 네 발굽으로는

31 640-642행은 잘 쉬고 잘 먹어서 목덜미를 비롯한 몸 곳곳에 기름이 쌓이고 배가 늘어진 모습을 묘사한 것이다.

32 좁은(һош): 칼미크어를 비롯한 몽골어계 사전들이나 연구서에는 '큰소리로 웃다, 껄껄 웃다(һош инәх)'로만 나오는 형태다. 644-645행의 Дөш(① 모루, ② 넓은)와 Дөрвн(넷)처럼 운을 맞추기 위해, 그리고 Дөш에 대응하면서 һурвн(셋)에도 대응하는, 의미 없는 һош를 만들어 낸 것일 수도 있다. һош와 유사한 Гош, Гөш, һуш 등도 그 의미가 확인되지 않는다.

남섬부주(南贍部洲)를 어우러지게 하며 놀고,
앞 머리털로는
달과 해를
섞으며[33] 엇걸며 놀고,
한 살짜리 망아지 적 모습을
궁둥이 쪽에 지니고,
두 살짜리 망아지 적 모습을
어깨 쪽에 모아 버리네.
만지가 끌고 와서,
단단한[34] 은제 굴레를
재빨리 물려 씌우고,
부드러운[35] 은제 다래를
재빨리 앞발질시키며 얹었네.
조화로운 은제 안장을
재빨리 조화롭게 얹어 버리네.
오출 쾨케 갈잔이
신성한 머리로

33 섞으며(Ольвн): Ольвн 또는 ольвх는 칼미크어를 비롯한 몽골어계 사전과 연구서에서 확인되지 않는 형태로, 우선 위와 같이 옮겨 두었다.

34 단단한(Хав): '은(제)(мөңгн)'의 수식어로 어울리는 뜻을 가진 хав 혹은 хаб은 몽골어계 사전에서 확인되지 않는 형태다. 비트케예프들(1990b: 476)은 хаб мөңгн을 '완전하게 된 단단한 은(таг болсон бат мөңгн)'으로 풀이하였다.

35 부드러운(Тоб): '은(제)(мөңгн)'의 수식어로서 합당한 의미를 갖는 тов 혹은 тоб은 몽골어계 사전과 연구서에서 확인되지 않는 형태다. 위에서 хав 또는 хаб을 '견고한, 단단한'으로 옮김에 따라 тоб을 이와 상반되는 뜻으로 옮겼다.

십만 십억 번 절하고
들어오네.
말갖춤[36] 지우기를 전부 마쳤다고
말치기 만지가 말하네.
그러자 홍고르가
벌떡 일어나서 보네.
준마의 앞에는
사람의 가슴만 한
청동 은 걸쇠가 놓였네.
그것을 집어서
청동 은 궤의 정면에
우지끈 철퍼덕 소리가 나게
놓는 것이네.
궤를 열어 보니
솜씨 있는 어머니가 엮으시고
꼼꼼한 어머니가 마르신
부드럽고 튼튼하게[37] 바느질된
편안한[38] 흰 비제[39]가 있네.

---

36 말갖춤(Мөрнә зәд): зәд는 칼미크어 사전과 연구서에서는 확인되지 않는 형태다. 비트케예프들(1990b: 475)은 '치장한 안장의 깔개, 굴레, 가슴걸이, 후걸이(кеерүлсн эмәлин җову, хазар, көмлдрһ, худрһ)'라고 풀이하였다.

37 부드럽고 튼튼하게(Миимән-шиимән): 칼미크어 사전과 연구서 등에서 확인되지 않는 형태다. 정확한 뜻을 파악할 수 있을 때까지 이와 같이 옮겨 두기로 한다.

38 편안한(Дард): 칼미크어 사전과 연구서 등에서 확인되지 않는 형태다. 정확한 뜻을 파악할 수 있을 때까지 이와 같이 옮겨 두기로 한다.

집어서
어깨의 빛을 따라
눌러 버리네.[40]
꼭 맞는 것이네.
저쪽을 보네.
엘웽[41]이라는 이름의 모자에
달왕[42]이라는 이름의
장식 술을 박은 것이네.
그것을 집어
써 버린 것이네.
꼭 맞는 것이네.
몸을 숙이면 (장식 술이)[43]
무릎을 치고,
몸을 젖히면
오금을 치네.
반대쪽을 보네.
부드럽고 튼튼하게 바느질된

---

39 비제(бииз): 겉에 입는 민소매 옷.

40 어깨의 빛을 따라(Далын герл дахулад) 눌러 버리네(Дарад оркна): '어깨의 빛'을 포함하여 전체적으로 정확한 의미는 미상이나 '어깨에 걸쳐 입었다'라는 뜻에서 크게 벗어나지는 않을 것으로 보인다. 어깨에는 빗장뼈 부위와 주걱뼈 부위가 있는데, 원문의 '어깨'는 후자를 가리킨다.

41 엘웽(Эльвң): 칼미크어 사전과 연구서 등에서 확인되지 않는 형태다.

42 달왕(Далвң): '폭이 넓은'.

43 장식 술이: 주해자가 보충해 넣은 것이다.

부드러운 붉은 가죽 장화가 있네.
장화 목은
만 명 임금의 아이들이 검사하고,
뒤축은
백 명 임금의 아이들이 검사한
탐바[44]라는 이름의 징을 댄 것이네.
징으로 말하자면
다섯 부족의 젊은이들이
의논해서 만든[45] 징
이라고 하네[.]
그것을 가지고 와서, 앉아서
시뻘건 발을
밀며, 찌르며
신었네.
꼭 맞는 것이네.
사나이[46]가 일어나, 가 버리네.
사나이의 발아래서
청동 은 방울 소리가
딸랑딸랑 하고

44 탐바(Тамба): 의미는 미상.

45 만든(жикгсн): 칼미크어 사전과 연구서 등에서 확인되지 않는 형태다. 우리말 번역 '만든'은 문맥이 어느 정도 통하도록 주해자가 임시로 보충해 넣은 것이다.

46 사나이(Көвүн): '아들, 소년, 젊은이, 사내, 사나이' 등으로 번역할 수 있는 어휘로, 문맥상 홍고르일 수밖에 없다.

나는 것이네.
저쪽을 보니
코치[47] 검은 군도가
있네.
집어서
왼쪽 옆구리에
차니
딱 맞는 것이네.
저쪽을 보니
아가르 백단향나무 창이 있네.
집어서 바른쪽 옆구리 위에
차니
딱 맞는 것이네.
저쪽을 보니
세 살짜리 불친 수송아지의 가죽으로 안을 덮고,
네 살짜리 불친 수소의 가죽으로 씌워,
다섯 살짜리 불친 수소의 가죽으로 테두리를 싸고,
열 살짜리 불친 수소의 가죽으로 고들개를 만든,
백단향나무는
가장자리에서 (따로 떨어져) 자란,
젊은 백단향나무로 자루를 만든,

---

47 코치(Кууц): 칼미크어 사전이나 연구서 등에서 확인되지 않는 형태로, 우선 발음대로 표기하였다.

가죽을 단단하게 감은 검은 채찍이
있네.
위용(偉容)에 빛나는 붉은 홍고르가 집어,
오른손에
쥐어 버리네.
이리저리 돌아다니다가,
휘둘러 버리네.
기슭에 누운
늙디 늙은
악마들의 머리부터
우지끈 철퍼덕 하고 가네.
사나이가 씨 수낙타의 머리만 한 담뱃대에
보드마르라는 이름의 담배를 쑤셔 넣고,
개의 머리만 한
불씨를 놓고,
멧돼지의 송곳니로 만든 물부리를 끼워
입에 물고
출정하네.
출정하기를,
사람이 닿지 않은
청동 은 발걸이에
발끝이
닿을까 말까 한 모양으로
요 같은 안장방석 위로

불꽃처럼 튀어 오르네.
말 위에 올라서는,
열 개의 흰 손가락을
뒤쪽 말의 궁둥이 위에
철썩 소리 나게 펴서 얹고
“안녕히 계십시오!” 하고는 떠나가네.
엄청나게 멀어,
소리도 들리지 않네.
해가 지는 쪽으로
가느다란 검은 먼지를
하늘의
거대한 흰 구름과
섞으면서 가네.
획획 당겨지고,
붉은 거품으로 덮여,
뒤에 있는 사람들을 생각하게 하고,
잠시 동안,
잠시 동안 달리게 해서
가고 또 가네.
제 똥에 놀라 달리게 하고,
그림자에 놀라 달리게 해서
칠칠은
사십구 일을 달리게 하고,
내리 일 년

열두 달을 달리게 하네.
볼자틴 보르 산 위에 올라
둘러보네.
남쪽에는 아무것도 보이지 않고,
북쪽에는 어깨높이의
커다란 흰 돌로
조화롭게 지은,
솔개와 호랑이가
움켜잡은 모습으로 지은,
갈피를 찾아 지은,
코끼리와 사자가
서로 움켜잡은 모습으로 지은,
노랑 얼룩무늬 대궐이
거대하게 보이네.
"나의 이 말의 달음질이 이 정도인가,
(아니라 하고 장가르의 대궐의)[48] 높이가 이 정도인가?" 하고,
거기서 더 나아가
달리게 하네.
(고삐를) 귀까지 잡아당기고,
뼛속까지 채찍질하고,
긁어 대며 달려,

48 아니라 하고 장가르의 대궐의(Эс гиж Җаңһрин бәәшңгин): 비트케예프들(1990b: 263)의 보충이다.

잠시 동안,
잠시 동안 달리게 하네.
달리게 놓아두고 보네.
말은 두 앞다리를
하루 거리에 던지고,
두 뒷다리를
하루 밤낮 거리에
던지고 가네.
활로 쏘아 버리고,
화살과 경주를 하네.
활의 화살은
둑 같은[49] 꼬리를
따라오다 떨어지네.
잠시 그렇게 달리게 놓아두고,
예의 볼자틴 보르 산 위로
올라가서 보네.
뒤에는 아무것도 보이지 않고,
앞에도 아무것도 보이지 않네.
"어째서 아무것도
보이지 않나?
내 눈이

49 둑 같은(тγг{туг}).

멀었구나!" 하고
옆을 보네.
산머리의 기슭에서 자란
두 그루 은사시나무가
하늘에 닿은 것이었네.
그 은사시나무를 뿌리째 뽑아 잡고,
가지를 쳐서 버리고,
두 눈을
크게 뜨고 앞을 보네.
윤곽은 제비만 하고,
모습은 파리만 한 것이
아물거리며 보이네.
그 모습을 보아하니,
예순아홉 해 걸리는
곳임을 알게 되네.
예순아홉 해 걸리는 곳을
한 해의 열두 달 거리로 줄이네.
한 해의 열두 달 걸리는 곳을
하루 밤낮 거리로 줄이네.
"이 대상에 내일
한낮에[50]

50 한낮에(һал үдин чигт): 직역하면 '불 오정의 시간에'.

쥐르켄 다리 건너
줨벨 다리의 이편에서
슬픔의 한낮에[51] 따라잡아
내가 세 번을 돌게 하지 못하면,
차지 만지가 준
흰 자루가 달린 작은 칼로
저쪽으로 한 번 합치고[52]
이쪽으로 두 번 돌려서
네 울대뼈에다 놓아 버리고,
안장을 지고 간을 끌어안고
다른 임금의 나라로 향하겠다, 내가!" 하고 말에게 말하네.
말이 앞에서
"내일 슬픔의
한낮에 따라잡아,
세 번 돌게 할 때
안장깔개 같은 내 궁둥이 위로
네가 펄쩍 튀어 올랐다 떨어지면,
내 주인이 어리석다 해서,
강철 은[53] 같은 송곳니로

---

51 슬픔의 한낮에(һаслңта һал үдин чигт): 직역하면 '슬픔이 있는 불 오정의 시간에'. '슬픔이 있는, 비통한(һаслңта)'은 얼핏 문맥에 어울리지 않는 것 같지만 진의가 무엇인지 더 연구해 볼 필요가 있다.

52 합치고(ниилəд): '(푹) 찌르고'.

53 강철 은(Болд мөңгн): 현실에서는 불가능한 물질로, '강철같이 단단하고 은처럼 빛

도로 돌아가 주워 올리지 않을 것이다, 나는.
주인아, 확실하게 잡아라!
단단히 앉아라!"라고 하네.
그렇게 말하고는, 말에 올라 속력을 내게 하네.
속력을 내게 한 그대로,
이튿날 슬픔의 한낮에,
쥐르켄 다리 건너
줨벨 다리의 이편에서
따라잡아 한 번 돌게 할 때,
안장깔개 같은 궁둥이 위로
홍고르가 펄쩍 튀었다가 떨어졌네.
"어이, 여기!
어제 한 말은 뭐였어?" 하고
들말(처럼)[54] 뛰어올라,
배내 갈기를 잡고,
첫 번째 목뼈로 (홍고르가)[55] 튀어 오르네.
한 번 돌리게 해 버리고,
두 번째 돌리기에서
(악독한 것의)[56] 정면에서 돌진케 해서,
코치 검은 군도로 살육전을 벌이네.

나는'이라는 뜻으로 봐야 할 것 같다.

54 처럼(мэт): 비트케예프들(1990b: 266)의 보충이다.

55 홍고르가(Хоңhр): 비트케예프들(1990b: 266)의 보충이다.

56 악독한 것의(Хортна): 비트케예프들(1990b: 266)의 보충이다.

코치 검은 군도의 날에서
불이 나와 튀네.
누구도 불구가 될 부상을 입지 않았네.
돌아서 백단향나무를 뿌리째 뽑아다,
아가르 백단향나무 다발로 서로 찔렀네.
산 사람에게는 잡힌 적 없는,
집 있는 사람에게는 눌린 적 없는
갈색 수말을 가진 사내를 거네.
걸어 잡으려는데, 창의 자루는
감당할 만했지만,
제 몸은
감당할 수 없어 놓치네.
홍고르가 와서, 걸어 잡네.
감당할 만했지만,
창 자루가 부러져 놓치네.
그렇게 하고 지나갔다가
다시 돌아와 보고는,
홍고르가 말하네.
"창꼬치 같은 흰 가슴을 가리고,
참새만 한 잿빛 심장을
펴 다오."라고 하네.
그러자, 그가
펴 주네.
홍고르가 아침부터 벌려서,

한낮까지
활을 딱 벌려 버리네.
바윗돌에
맞은 것처럼 '텅!' 하고
돌아와 몸 위로
(화살을)[57] 쏟아붓네.
상대가
"내 차례가 되었나?" 하네.
"되었다, 되었다." 하고
홍고르가 창꼬치 같은 흰 가슴을 가리고,
참새만 한 잿빛 심장을
펴 주네.
펴 주자, 그가 겨누고 쏘네.
(화살이)[58] 바윗돌을 맞힌 것처럼
'텅!' 하고,
돌아가 몸 위로
비와 우박처럼
쏟아지네.
"너와 내가 이렇게 해서는
누구도 이길 수 없을
것이다." 하고

57 비트케예프들(1990b: 267)의 보충이다.

58 비트케예프들(1990b: 267)의 보충이다.

"우박이 달라붙을 수 없는
얼음산 위에[59] 올라
싸우자!" 하고 올라가네.
어깨와 어깨를 서로 기대고,
외마치장단으로 아름다운 노래를 부르고,
발걸이를 구부러져라 밟고,
앞니를 부서져라 물고,
상대편 등살을
한 움큼, 한 움큼씩 당겨 쥐고
상대를 서로 집어던지며 가네.
그 모양으로 가서,
계속 그 모양으로 가서,
우박이 달라붙을 수 없는
얼음산에 이르러 왔네.
이르러 와서
각자의 말들에 강철 보그찬[60]을 씌우고,
쇠 끈고리를 채우고,
씨수소 가죽 바지를
장딴지까지 걷어붙이고,
태키 들말의 가죽 바지를

---

59 위에(де[е]р).

60 칼미크어의 보그찬(бohчан)과 할하몽골어의 보고치(богоч)는 말이 날뛰거나 달아나는 것을 막기 위해 앞다리 가운데 하나를 굽혀 느슨하게 묶는 도구로, 가죽이나 금속 등 다양한 재료로 만든다.

오금까지 걷어 올리고,
씨 수낙타처럼 맞서고,
씨수소처럼 서로 곁눈질하고,[61]
씨숫양처럼 쿵쾅거리며 와서
싸우네.
싸운 서슬에
산이 없어지도록 싸우고,
산 없는 곳에
산이 생기도록 싸우고,
물 있는 곳에
물이 없어지도록 싸우고,
부러질 수 없는 굴대 같은 낙엽송이
부스러기가 되도록 싸우네.[62]
누구 하나도 이길 수 없네.
그러자 온 사람[63]의 애마가,

---

61 서로 곁눈질하고(һалылдад{һалилдад}): 람스테트(1976: 142)의 'g̜ɑlixɒ 곁눈으로 보다(schielen), 옆으로 애쓰다(seitwärts streben)'.

62 부스러기가 되도록 싸우네(Шибкә болтнь ноолдад оркна): шибкә는 칼미크어를 비롯한 몽골어계 사전들에서 확인되지 않는 형태다. 비트케예프들(1990b: 476)은 Шибкә болтл까지를 '부러지고 부러져서 짤막한 부스러기처럼 된(хуһрад-хуһрад ахрхн тәәрц мет болсон)'이라고 풀이했으나 그 근거는 알 수 없다. тәәрх(베다, 깎다, 자르다)의 명사형으로 짐작되는 тәәрц도 칼미크어 사전들에서 확인되지 않는다. 물론 /-ц/는 칼미크어에서 동사 어간의 뜻이 이루어진 결과를 나타내는 명사로 만드는 역할을 한다. 예를 들어 йов-(가다, 다니다) : йовц(과정, 운행), урһ-(자라다) : урһц(수확) 등.

63 터무니없는 요구를 하고 돌아가면서 추격하던 셀뎅과 사와르를 그들의 말과 함께

"아왈랑가 임금의 형제
용사 아니었는가, 너는?
갈색 수말을 갖고 있지 않은가, 너는?" 하고
주인을 꾸짖네.
"나쁜 놈을[64]
잡고 때려 버려라!" 하고,
만세를 부르며 고함치네.
그러자 주인이 "만세!" 하고
고함치며 용을 쓰네.
그랬지만
무엇을 하지는 못하네.
그러고 있는데 홍고르의 말이,
"퇴베드 밤바의 고손이 아니었는가, 너는?
퇴베크 뮝겐 식셰르게의
맏자식인
맨 앞의 붉은 홍고르가 아니었는가, 너는?
어깨로 일흔다섯 길,
오직 두 옆구리로
여든다섯 길이 아니었는가, 너는?
옛날 네 조상들은
사람이 닿은 적 없는

잡아간 아왈랑가 임금의 사자로 보인다.

64 나쁜 놈을(Эльмриг{Элмриг}).

청동 은 같은 옆구리에
닿을 수 없는 몸이었지만,
힘이 아닌 것으로
무너뜨리고 깨뜨려서,
닿게 해 잡아와서 때리기를
일곱 대동맥을 싸잡아 때려 버린
것이었다.
조상들을 기억하지 못하느냐, 너는?
어떻게 하자는 것이냐, 이것은?" 하고,
"만세!" 하고
포효해 버리네.
홍고르가 만세를 부르고,
사람이 닿은 적 없는
갈색 은 같은 옆구리 위로
닿은 적이 없는 몸을
힘[65] 아닌 것으로 무너뜨리고 깨뜨려서,
데리고 와서
일곱 대동맥을 싸잡아 때리고,
넓적다리뼈가 부러지도록 때리고,
일곱 척 깊이까지 들어가도록 때리고,
대동맥의 피가 세 언턱 너머[66]

65 힘(Кучм{Кучн}).

66 너머(hацц{hатц}).

세차게 흘러나오도록 때리고 말하네.
“목숨이 있느냐, 수가 있느냐?
무자비한 사람의 후손이다.
무자비한 심장이
내 목숨 위에서 빠르게 뛰다가
나왔다.”(고 했네.)
“네 목숨은 없다,
수도 없다, 어떤 것도.” (하고 홍고르가 말했네.)
“죽어도 내 뒤에서 찾아서 데려갈
단 한 명의 아들도 없다, 내게는.
쏟고 누울 것은 한 사발 피,
말라 누울 것은 한 움큼 뼈다!”라고 (그가 말)하네.
그러자, 홍고르가
차지 만지가 준
흰 자루가 달린 작은 칼을
울대뼈에다 놓네.
수레를 끌고 간 말을
부시의 불로 구워
익혀 먹네.
홍고르가 말에 올라 출발하네.
앞으로 나아가,
달려가게 하다가,
몸을 날려 뛰어내려,
말에 강철 보그찬을 씌우고,

쇠 끈고리를 채워,
만 명이 들어갈
생가죽 붉은 차차르[67]를 치고,
김 없는 차를 끓이고,
연기 없는 불을 지피고,
수사슴과 암사슴을
장난치듯 엇걸어 구워 버리고,
가죽끈처럼 늘어져
소하나무처럼
빨개져서 자네.
누워 자고 있을 때,
이케라는 검은 군대(적군)가 와서,
세 겹으로 에워싸 버린 것이네.
그러자, 말이 안절부절못하면서[68]
제 주인에게 와서
(앞)다리로 (땅을) 차고 있네.
홍고르는 그래도 깨지 않네.
그러고 있을 때,
말의 눈에서 나온

---

67 차차르(чачр): 벽에 해당하는 부분이 없는 천막, 차양.

68 그러자, 말이 안절부절못하면서(Тиигхләг, мөрнь түгчәд, төгчәд): түгчәд, төгчәд는 칼미크어 사전들에서 확인되지 않는 형태다. 두게르수렝(2000: 642)의 түгчин төгчин 역시 할하몽골어 사전들에서 확인되지 않는다. 위의 '안절부절못하면서'는 주해자가 문맥이 통하도록 임시로 넣어 둔 것이다.

뜨거운 눈물이
훙고르의 뺨 위로
떨어지네.
'이게 뭐냐?' 하고
훙고르가 놀라 깨네.
깨서, 여기저기를 둘러보네.
세 겹으로 에워싸[69] 버린
적이 서 있네.
"에이, 재수 없는 것,
풀내 나는 숨을 쉬는 짐승이
한 두어 마리 파리를 보고는
사람 위에서 울고 늘어져서
완전히 잠을 달아나게 하다니!" 하고
말을 때려
쫓아 버리네.
완전히 쫓아 버리네.
다시 와서 자네.
자고 있을 때 (군대가)[70]
여섯 겹으로 에워싸[71] 버리네.
말이 다시 와서

---

69 에워싸(томлад{тумлад}).

70 군대가(цэрг): 비트케에프들(1990b: 271)의 보충이다.

71 에워싸(томлад{тумлад}).

(앞다리로 땅을) 차서 깨우네.
홍고르가 한 대 때리고,
'파리가 꼬이는 모양이군' 하고는
비틀거리며 일어나네.
일어나서, 차를 마시고,
고기를 먹고, 말에 말갖춤을 지우고,
물건을 간지개에 매달고,
말에 올라 떠나네.
말에 올라 떠날 때
적이 아홉 겹으로 에워싸[72] 버리네.
말이 말하네.
"자, 홍고르, 꽉 잡아라.
단단히 앉아라.
내가 날아서 이것을 넘어 나가겠다."
홍고르가 앞에서,
"쓸데없는 짓 하지 마라!
나는 그리하지 않는다.
장가르의 한 용사가 기껏 가서,
적에게서 도망쳐 나와서 간다면,
천년이 갈 것은 나쁜 이름,[73]
나와 같은 사람이

72 에워싸(томлад{тумлад}).

73 천년이 갈 것은 나쁜 이름(миңһн жилә му нерн): '더러운 이름이 천년을 갈 것이다'.

어디에서인들 아니 죽겠는가?
죽겠다, 내가!"라고 하네.
그렇게 하고, 세 번 빌고,
세 번 절하고,
만세를 부르며 고함을 지르며 들어가네.
(적을) 베기 시작하네.
벤 쪽으로
뒤에서 몰아서 베고,
두 측면에서 모아서 베고,
돌게 해서 베고,
한 곳으로 몰아서 베고, 기진맥진해 버리네.
사람의 피에 말은
완전히 나가떨어져 헤엄치고 있네.
그렇게 나와서, 내려서,
말의 (몸에 묻은) 피를 긁어 주고,
자신의 (몸에 묻은) 피를 긁고 있네.
검댕 같은 갑옷의 단추를 풀고,
털어 버리네.
(그러자 갑옷에 박혀 있던) 세 활줄 화살[74]이
우수수 떨어지네.
씨 수낙타의 머리만 한 담뱃대에

74 세 활줄 화살(һурвн көвч сумн): 여기서 '활줄(көвч)'은 활을 세는 단위로, 하나의 활 시위 끈으로 묶을 수 있는 분량으로 짐작되나 정확한 의미는 확인되지 않는다.

보드마르라는 이름의 담배를 채워,
개의 머리만 한 불씨를 놓고,
멧돼지 어금니 물부리를 끼워,[75]
입에 물고 홍고르가 출발하네.
한낮에 쉬는 것이 마땅했네.
말에서 내려, 말에 강철 보그찬을 씌우고,
쇠 토샤를 채우고,
연기 없는 불을 피우고,
김 없는 차를 끓이고,
수사슴과 암사슴을
엇갈리게 걸어놓고 구워 버리고,
가죽끈처럼 늘어져,
소하나무처럼 빨개져 잠이 드네.
그렇게 잠깐 동안
잠이 들었네.
그렇게 자고 있는 동안
아왈랑가 임금네 사람들이
악마의 임금에게서 지원을 받아,
개미보다 촘촘하고
흙보다는 성긴
이케라고 하는 적[76]이 와서,

75 끼워(holилhəд): 363행의 각주 참고.
76 이케라고 하는 적(Ик гидг дэн): 직역하면 ‘크다고 하는 적’.

둘러싸고 서 있었네.
홍고르가 잠에서 깨었네.
홍고르가 그 모양으로 일어나,
음식을 (먹고) 마시고,
옷과 무구를 착용하고,
물건을 간지개에 매달고,
말에 올라 출발하네.
출발하려는데, 말이 무서워하며
벌벌 떨고 있다가
주인에게 말하네.
"자, 이 모양대로
도망쳐 나가자." 하네.
"나는 달아나지 않는다.
서둘러 (돌진해) 들어가 죽겠다." 하고,
빌고 절하고는
"만세!" 하고 고함을 지르고
싸우기 시작하네.
싸우고, 또 싸우면서 갈 때
베고 쓰러뜨린 중생
두셋이
뒤에서 일어나 돌아다니네.
그들이 그렇게 일어나 돌아다니자
죽은 살과 피가
살아나 일어나 돌아다니는 것이네.

그 모양대로
코치 검은 군도로
서로 베며 돌아다니네.
잠시 동안 서로 베어 버리네.
서로 베고 돌아다니는데,
코치 검은 군도가
사람의 살과 피에 닳아 없어지고
오직 자루만 남았네.
그것을 버리려 하다가,
아끼는 것이 아니었던가 하고
주머니 깊숙이 넣어 두고,
아가르 백단향나무 다발을
뽑아 잡았네.
그 다발로
오백 명 말 탄 사람을
찌르고
꿰뚫어 던지고 가네.
그렇게 가다가
그것도 닳아 없어져
단지 한 뼘만 남았네.
그것을 주머니 속에 넣어 두고,
가죽을 단단하게 감은 검은 채찍으로 때리네.
때리고, 또 때리면서 가는데,
그것이 닳아 없어지고, 끊어지고, 튀어 없어지며 가네.

수가 없어, 그것을 주머니에 넣어 두고,
안장과 굴레로
때리기 시작하네.
때리고, 때리며 가는 동안,
안장과 굴레가 닳아 없어지고,
오직 하나
바굴레와 안장 없는 말만 남네.
몸은 지치고,
검은 눈의 시력은 끊어지고,
널찍한 가슴은 의식이 흐려지고,
(상태가 계속) 나빠지네.
수가 없게 되자,
말에게 말하네.
"똑바로 달려서 돌아가라!
내가 이렇게
적진에 들어가 돌아다닌다고
말하지 말아라. 그들이 모두
위력을 발휘해 함께 나오려 들 것이다.
'여기서 떠난 이래로
물 한 그릇도 없고
풀 한 줌도 없이
집집마다 밖에 매어 놓아서,
아왈랑가 임금의 계략이
엄청나게 대단해서,

주리고 기진맥진해서 다니다가
수가 없어 버리고
돌아왔다'고 해라!"
(오촐 쾨케 갈잔이)[77]
꼬리와 갈기로 날개를 삼아,
집을 향해 날아올라 가네.
(홍고르)[78] 자신은 뒤에 남아서,
무엇이든 육박해 온 것을 찌르고 날리고,
하나를 들고, 다른 것을 때리고,
일부는 발로 차고,
가운데로 가고 또 가네.
그렇게 가고,
굶고, 주리고, 고통을 겪고,
힘은 소진되어,
배와 머리로 꽝 하고 쓰러지네.
눈으로는 '마지막, 마지막' 하고 눕네.
헛되이 죽을 수는 없지만,
목숨은 몸에 없었네.
그 적의 대군은
죽은 가축의
시체 위에 모여드는

77 비트케예프들(1990b: 274)의 보충이다.
78 비트케예프들(1990b: 274)의 보충이다.

바크라[79] 모양으로 위에서
깍깍거리고 있네.
그렇게 하고 있었지만
그들이 모두 합쳐도
팔 하나, 다리 하나
들어 올릴 수가 없네.
마지막으로 하나하나씩 사다리를 만들었어도,
배와 머리로 엎어진 사람의
등 위로 올라가지 못하네.
그때 마침
아왈랑가 임금의 한
아라-사라가 된[80]
정수리 위에 외눈을 가진
옹크르-샤라[81]라는 이름의 악마가,
꼬리 뭉툭한[82] 산더미만 한
노랑 얼룩무늬 말을 탄
한 용사가
다른 부족을

79 바크라(Баакра): 까마귀 같은 새로 짐작되나 확인되지는 않는다.

80 아라-사라가 된(Ара-сара болсн): Ара-сара는 사전이나 연구서들에서 확인되지 않는다. 두게르수렝(2000: 647)의 할하몽골어 번역에서는 'Араа-зараа баатар(어금니-고슴도치 용사)'로 옮겼다.

81 옹크르-샤라(Оңкр-Шар): 직역하면 '쑥 들어간 눈-노랑'.

82 뭉툭한(охтр{оһтр}).

굴복시켜 데리고 가는 길이었네.
홍고르가 그렇게
이리로 다닌다는
소식을 듣고는,
다짐을 하고
속력을 내어 접근하네.
'홍고르라는 사람에게
닿아 가게 되었을 때
이것을 뒤로 잡아 때리고,
배를 한 번 걷어차고 나올 때
고삐이음쇠에 쇠사슬로
재갈을 물려 묶어 잡고,
꼬리 뭉툭한 산더미만 한 노랑 얼룩무늬
말의 꼬리에 매달고,
아니 나오나 봐라!
땅의 울퉁불퉁한 데로 끌고,
땅의 들쭉날쭉한 데로 끌고,
아니 나오나 봐라!' 하고,
다짐을 하고 가네.
옹크르-샤라가 닿아 와서
/홍고르를/[83] 뒤로 잡아 때리고,

83 비트케예프들(1990b: 275)의 보충이다. 무슨 일인지 괄호 대신 빗금을 사용하였다.

가느다란 고삐이음쇠에 쇠밧줄로
묶어 잡고, 끌고 나가네.
땅의 울퉁불퉁한 데로 끌고,
나가서, 가고 또 가네.
그 아왈랑가 임금의 나라에는
엄청난 독으로 끓어오르는
한 바다가 있었다고 하네.
그 바다에 눈이 먼 커다란
검은 창꼬치 한 마리가 있었네.
무엇이든 접근해 오는 것을 물어뜯고
있었다고 하네.
그 창꼬치의 입에
데리고 가서 삼키게 하려고[84]
끌고 나가네.
홍고르가 찬미가를 부르고,
조상을 언급하고, 모든 곳의
기도문을 외며 가네.
그 찬미가에 슬퍼져서
사냥감, 맹수, 개,
새, 사람, 가축 할 것 없이
모두 뒤에서 따라
달려서 가네.

84 삼키게 하려고(өмкүлхəр{үмкүлхəр}).

일부는 배고프고 목이 말라,
떨어져서 죽어 가네.
그 눈먼 검은 창꼬치의 입에
/홍고르를/[85] 데리고 가서 주네.
옹크르-샤라가 "삼켜라![86]" 하고 말하네.
창꼬치가 보고,
"도대체 그대의 이 펴지고 뻗은 것은
무엇이오?
이자를 나는
삼킬 수 없소.
만일에 이자가 장가르인
것이면,
내 몸 안에서
내 옆구리와 갈비를
산산조각이 나도록 때릴 것이오, 이자가.
장가르네 사람일 것이오.
홍고르라는 힘센 용사가
있다고 하였소.
그로 말하면
내 몸 안에서
짓부수어지도록 때려 버릴 것이오, 이자는.

85 비트케예프들(1990b: 276)의 보충이다.

86 삼켜라!(Өмкчк{Үмкчк}!).

절대로 나는 삼킬 수 없소."라고 하네.
"이것을 어디로 데리고 갈 것인가?" 하고
같이 헤엄쳐서, 대단히
먼 곳에, 괴물에게로
빨리 움직이게 해서 데리고 가네.
하루 밤낮 거리에서부터, 괴물이 사납게 으르렁대고,
빨아들이고, 들이빨고
있었네.
그렇게 하고 있다가 끌고 나아가네.
"도무지 이것을 이대로는
그 누구도 받을 수가 없을 것이다." (하고)
이것의 위력이 두려워,
쇠 궤짝을 만들어, 넣어 버리고,
그것을 끌고 나아갔네.
괴물들 가까이에
이르러 오자,
괴물이 앞에서
빨아들이네.
빨아들이는 것을, 뒤에서 홍고르가 잡아당기고
앞에서는 괴물이 빨아들이고,
그 둘 사이에서 가던
옹크르-샤라 용사가 벗어나 날아가려고 하는데,
홍고르가 놓지를 않고,
앞에서는 괴물이 빨고,

양쪽에서 잡아당겨서
이리 날려고 하다가,
저리 날려고 하다가,
산 채로 고통을 겪고,
(상황은 점점) 악화되고 있네.
앞에 있는 괴물은
그렇게 하다가 잠이 들어 버리네.
홍고르를 밑에다 남겨두고
옹크르-샤라 용사가 달아나네.
괴물이 깨어나
앞을 보네.
방금 전에 빨아들이고 있던
것이 그 모양 그대로 있는 것이네.
'이 무슨 물건인가,
빨아들이고 빨아들여도 내 입에
들어오지를 않다니' 하고
빨고, 또 빠네.
아무리 빨아도
들어오지를 않네.
'도대체 이것이
어찌 이리 힘이 센 물건인가?' 하고
다가와서 보네.
쇠 궤짝이었네.
'이것이 무슨 궤짝인가?' 하고,

밟고 짓부수어 버리네.
보아하니, 안에는 /홍고르가 누워 있네/.[87]
(그 안에) 있는 몸이
붉은 몸통에 얼굴에는 흰 털이 난, 목숨이 겨우 붙어 있는
홍고르인 것을 보고는 /괴물이 말하네/.
"그대라는 것을 알지 못했습니다.
거짓말이 아니고 빨아들이고, 들이빨아
몸을 기르고 있습니다, 저는." 하고 말하네.
"자, 나를 놓아주시오, 이제.
그대라는 것을 알지 못했습니다." 하고
괴물이 청하네.
그러자 홍고르가
"스스로 죽고 있다, 나는.
저리 가라!" 하네.
괴물이 슬그머니 돌아서
조용히 나가서,
정신없이 달음질쳐 가네.
정수리 위에
외눈을 가진
옹크르-샤라 용사가
"자, 홍고르를 먹어 치웠을 것이다.

87 비트케에프들(1990b: 277)의 보충이다.

가서 보자." 하고
말에 올라, 닿아 오네.
와 보니,
홍고르가 그대로 있네.
'자, 이 재수 없는
것을 먹어 주지도 않고
있네' 하고,
앞서와 같이 끌고 나아가네.
한 커다란 돌출부 위로
데리고 와서 던져 버리고,
위에다 일곱 겹[88]
무쇠로 된, 문 없는 게르를 짓네.
네 구석에는
네 풀무를 만들어
석탄을 때네.
게르가 빨갛게 달아오르다 갈색이 되어 오자,
위에 구름이 모여들고
비가 내려 불은 꺼지고 있네.
(한편) 그 홍고르가 놓아 둔
쾨케 갈잔 말은 부족의
한 가장자리로 돌진해,

88 일곱 겹(долан давхр): '일곱 층'도 가능한 해석이다.

장가르가 있는 곳에 닿아 오네.
부족의 중생들이 그 말이
주인도 안장도 없이
달려가는 것을 보고는,
뒤에서 따라가며, 함께 울면서
소리치며 닿아 오네.
"홍고르는 어쩌고?" 하고,
말에게들 묻네.
말이 이야기하네.
"여기서 떠난 이래
물 한 그릇도 없고,
풀 한 움큼도 없고,
아왈랑가 임금의 계략이
엄청나게 대단해서,
집집의 밖에다 매어 두고,
/자기만/
술 취해 돌아다니기에
방법이 없어, 버리고
왔소."라고 하네, 말이.
그러자 장가르가
"아니다, 그렇지 않다.
그 애가
홍청거리기나 할 리가 없고,
틀림없이 그가 그곳에서

그렇게 말하라고 해서
보낸 것이 틀림없다, 그것은.
자, 그는 어디에선가
죽어 가고 있다." 하고,
십만에 달하는 보동들을 거느리고,
백만에 달하는 관원들을 거느리고,
서른다섯 용사들을 거느리고,
사람의 손에 스스로
이끌리지 않은
아란잘 제르데에 말갖춤을 지워 올라타고,
세상을 돌 만한 능력을 가진
오촐 갈잔을 끌고,
모두 함께 나와서 가네.
위력을 발휘해, 와글와글하면서
한동안 가서,
아왈랑가 임금의 부족의 가장자리로
들어오게 되네.
좀 있으니 한 젊은 아낙이
동이를 지고 물을 길러 가네.
"자, 그대들은 이렇게
가고 있도록 하라." 하고,
장가르가 그 젊은 아낙에게
모둠발로 달려오네.
"안녕하신가, 젊은 아낙. 안녕하신가?

자, 여기서 홍고르라는 사람
본 적 있으신가?
아니면, 소문을
들은 적이 있으신가?" 하고,
장가르가 젊은 아낙에게 묻네.
"홍고르라는 분이
당신께 어떻게 되는 분인가요?" 하고,
젊은 아낙이 울고 있네.
그러자,
"얘 아가,[89] 내게
밑바닥 소식이라도 말하려무나!" (하고 간청하자)
"홍고르라는 사람을
끌고 간 곳은
똑바로[90] 저 길이 붉은 한길이 되어
돌출부로 올라가는 그곳입니다."
그러자 장가르가
"도대체, 얘 아가, 말하려무나!
어디로 데리고 갔다는
소문은 듣지 못했느냐?"라고 묻네.
그러자 젊은 아낙이 말하네.

---

89 얘 아가(кукн минь): 원문대로다. 장가르는 국부(國父)이고, 따라서 젊은 아낙은 그의 자녀로 의제되는 것으로 보인다.

90 똑바로(Чко{Чик}).

"사정을 모릅니다." 하고 있다가,
"우리 고장에 독이 끓는
한 큰 바다가
있습니다.
그 바다에
눈먼 검은 창꼬치가 있습니다.
그 창꼬치의 입에
주려고 끌고
갔다고 합니다.
그 이상은 모릅니다." (하고 말하네.)
그러자 장가르가
모둠발로 달려 용사들에게 당도하여,
그들을 거느리고
독이 끓는 바다를 향해 출발하네.
바다에 와서
세 번 연달아 휘파람을 불고
세 번 함성을 지르자
바다에 완전히 물이 빠져 가네.
눈먼 검은 창꼬치가
메마른 강 속에서 펄떡이고 있네.[91]
장가르가 창꼬치를

---

91 바다와 강에 대한 인식이 우리와 다른 것을 볼 수 있다. 몽골계 민족들 사이에서도 지리적 위치에 따라 자연 지형에 대한 인식이 달라지기도 한다.

멱을 움켜잡아 꺼내
땅에다 태질을 하고,
배를 한 번 짓밟고,
"내 홍고르를 어쨌느냐, 네 놈이?
당장 되는대로 꺼내 놓아라!" 하고,
위에서 누르네.
"어, 어찌하다니요, 저는 먹지 않았습니다.
여기 (누가) 큰 것을 하나
가져왔으나,
제가 무서워서
삼키지 않았습니다." 하고
맹세하네.
그러자 장가르가
"이제 어쩌나?" 하네.
"여기 한 거대한
괴물이 있습니다.
그 괴물의 입에
삼키게 해 버리겠다고 하고,
데리고 가 버렸습니다.
그 이상은 모릅니다." (하고)
창꼬치가 말하네.
그러자 장가르가
세 번 연달아 휘파람을 불고
세 번 함성을 지르자

바다가 물로 가득해 가네.
장가르네가 모두 괴물이 있던
곳을 향해 출발해 가네.
요란한 소리를 내며 접근하는 것을
괴물이 보고는
두세 번 빨아들이네.
입에 물건이 아니 들어오니
깜짝 놀라, 나와서 도망치네.
장가르가 괴물을 좇아가 따라잡아,
뒷덜미를 잡아
땅에다 태질을 하고,
배를 한 번 짓밟고,
"내 홍고르를 꺼내 놓아라!"
하고 누르네.
"어, 어, 어쨌게요,
형님 통치자 어르신,
그대의 그 사람[92]을 나는 잡지 않았소!" 하고
괴물이 울고 있네.
"이제 어쩌나 그 사람을?" 하고 장가르가 묻네.
그러자 괴물이 말하네.
"저는 거짓이 없습니다.

---

92 홍고르를 말한다.

빨아들이고, 빨아먹어서 몸을 기르는
것입니다.” 하고 괴물이 실토하네.
“수가 없다.
이제 어디로 갔느냐?” 하고 장가르가 묻네.
그러자 “그 빨갛게 달아오르던
큰 산등성이 돌출부의
일곱 겹 쇠 게르
그 아래 홍고르(가 있습니다).” 하고 말하네.
그러자 장가르가
집 쪽으로 속력을 내어 와서,
“홍고르! 이제 무엇에 눌려
누워 있는 것이냐, 이것이?
옛날부터 네 조상들은
내 목소리를 들을라치면,
일곱 겹
쇠 게르는 말할 것도 없고,
그것보다 커도
들고 일어나
내게 오던 것이었다.
네 조상을
기억하지 못하는구나, 네가!” 하고
고함을 치네.
성주 장가르의
목소리를 듣고,

죽어 있던 몸, 홍고르가
벌떡 일어나
일곱 겹 쇠 게르를
목에다 걸고,
오촐 쾨케 갈잔을 보고는,
"내가 어쨌느냐?" 하고
울고 있네.
그 뒤에 이들은
"너는 어쨌느냐, 나는 어쨌었다."라고들 하며,
울고 늘어져 있네.
그 모양대로
홍고르의 상처에
오래 걸리지 않아 낫는
구름처럼 흰 약을 발라
회복시키네.
"자, 이제 이것들을
어떻게 이겨 볼 것인가?" 하고 공론하고,
같이 헤엄쳐서, 나와서 가네.
아왈랑가 임금의 부족 한가운데로
그들이 어떻게든 마음대로 하고
다녀도 (그들의) 몸을
남이 공격하거나,
범접할 수 없네.
장가르의 용사들이

행군을 멈추고 회의를 하네.
장가르가 한 말을
여러 용사들이 듣고,
해가 한낮일 때 출발하여 계속 나아가네.
넷으로 나누어
네 방향에서
전투를 하는 것이 옳다 하고, 같이 헤엄쳐서
홍고르가 일대의
용사들을 이끌고
해 뜨는 쪽으로 계속 나아갔네.
사와르 통치자가
일대의 용사들을 이끌고
해가 지는 방향을 향해
출발하여 계속 나아갔네.
셀뎅 통치자는
남은 용사들을 이끌고
북쪽을 향해 계속 나아갔네.
자, 그들이 그렇게 하고는,
넷으로 끊어
네 방향에서 부족을
밖으로 한 사람도 놓아주지 않고,
네 측면에서 와서 전투를 벌이네.
전투를 시작하여
네 해가 되어,

한가운데서
마주쳐 도달해 와서,
우지끈뚝딱하고
소요를 일으키고, 쳐부수고 있네.
다시 넷으로 끊어
네 방향에서
네 해를 소탕하고
한가운데서
만났네.
그 소탕하고 있던 것을
몰아 가지고 와서
독으로 끓는 바다에 던져
아무것도 남기지 않고,
다시 그들이 넷으로 끊어
네 측면에서 나가서
네 해를 살피고,
아무것도 남지 않은 것을 확인하고
그곳을 넷으로 만들어
나누어 가지네.
"자, 확실하게 아왈랑가 임금을
눌렀다." 하고
집으로 돌아와서
앞서 어떻게 즐겼든 간에
그 모양대로 즐기며 함께 있었네.

3. 장가르가 몸소 처음으로 국권을 잡는 마당

여의보주로 장식된 흰 산과
장엄한 네 바다를 소유한
위젱 말라 임금은
국권을 가진 네 임금과 똑같은
이름 없는 임금이었네.
변경의 한 임금이 되어,
국권을 가진 네 임금과
전투가 벌어졌다고 하네.
세 해
서른여섯 달 동안
전투를 벌여,
위젱 말라 임금을
항복시켜 잡았다고 하네.
열두 종족
열두 백성은
위협하여 가졌다 해도,

이 정도의 큰 임금이
자손도 친족도 없을 리 없고,
자손과 친족이 있으면
열두 종족
순수하고 순박한 백성을
위협으로 잡을 수는 없다 하고,
자손과 친족이 되는 자를
찾아 나섰다고 하네.
주군 성주 장가르는
겨우[1] 열두 살이었고,
아란잘 빠른 봄바의 제르데를 타고,
붉은 홍고르 통치자는
겨우 세 살이었는데,
오트 삼반 쾨케[2] 준마를 타고,
검은 수낙타에
짐을 싣고 나섰네.
이 두 소년이
가고, 또 가고, 계속 가다가,
이르고, 또 이르고, 계속 이르러,
왼데르 망칸 차간 산의

1 겨우(Цох): 사전들에 제시된 뜻은 '①관자놀이, ②절구'로, 문맥에 어울리지 않으므로 뜻이 통하도록 위와 같이 옮겨 두었다.

2 오트 삼반 쾨케(Ут Самбан Көк): 말의 이름으로, 직역하면 '긴 살쩍의 푸름이(푸른 말)'.

남쪽 안에 있는, 그 옆으로는
불이 흐르는 큰 열린 구멍이 있는 곳에
숨어, 몸을 감추고 있었네.
'국권을 가진 네 임금네'라고 하고,
일흔일곱 임금의 고장을
찾아 다니다,
이 두 소년을
발견하고 당도해 왔네.
검은 수낙타를 버리고,
이 산의 꼭대기로 올라갔네.
'국권을 가진 네 임금네'라고 하고,
윈데르 망칸 차간 산을
일곱 겹으로 둘러싸 포위했네.
"나는 겨우 열두 살이고
너는 겨우 세 살이니,
너와 내가
이렇게 많은 사람들과
맞설 수 없다.
평화롭게 귀순하자!"라고 했네.
"평화롭게 함께 웃으며 들어간다는 것이
무슨 말이오?
서로 맞서다 죽어서 귀순합시다!" 하고 말했네.
"너는 기껏 세 살이고
나도 기껏해야 열두 살이니,

국권을 가진 네 임금의
일흔일곱 언어의 중생들과[3]
맞설 수는 없다.
돌보고 받아주는
어머니 쪽의 좋은 외가붙이들도 없고,
지켜보고 받아주는
아버지 쪽의 좋은 겨레붙이들도 없다.
우리 부모가 죽임을 당했지만
우리 뒤에 있던
우리의 열두 신성한 백성을
놓쳤는지, 데리고 갔는지 아닌지를
누가 알겠느냐?
스스로 들어가 주자." 했네. (그러자)
세 살배기 홍고르가 말했네.
"어느 산의 기슭에서
말라 갈 뼈를 아끼는 겁니까?
어느 바다의 기슭에서
쏟고 갈 한 그릇 피를 아끼는 겁니까?
산등성이의 물은 도랑을 향하고,
행한 행위는 임자를 향하는 것이 아닙니까?
겨루게 되면,

3 '일흔일곱 가지 언어가 사용될 정도로 큰, 수많은 인종으로 이루어진 나라와'.

이 산의 꼭대기에서
사내 둘의 몸으로
겨룹시다!" 하고 말했네.
늙은 백단향나무를
네 면을 내어 다듬었네.
튼튼한 네 기둥으로
(둑의) 다리를 만들었네.
튼튼한 붉은 백단향나무로
뒤에다 받침대를 만들고,
주군 성주 장가르를
위로 올려 모셨네.
(자루에) 산등성이 나무의 옹이를 달아 만든,
백 마리 야생 숫염소의 뿔을 달아 만든,
빨갛고 노란 도마뱀 가죽으로 씌운,
마흔두 개의 가두리장식이 있는,[4]
쉰두 개의 낫날이 있는,
휘청거림 없는 날카로운 백단향나무 창을
둑(纛)의 자루로 하여
뒤에다 꽂아 버리네.
때를 닦고 다니던

---

4 마흔두 개의 가두리장식이 있는(Дөчн хойр дөрклүтә): дөрклү는 칼미크어를 비롯한 몽골어 사전들에서 확인되지 않는 형태다. 비트케예프들(1990b: 380, 476)의 3-6-750에 등장하는 дөрклү의 풀이인 '창의 자루의 가두리들(җидин ишин ирмгүд)'을 따라가 보기로 한다.

때 묻은 비단 수건이 펄럭여,
둑에다 플라를 당겼네.[5]
"금년, 금월, 금일
이 높은 망칸 차간 산의 꼭대기에서
들썩대는 빠른 제르데를 가진
명성이 자자한 장가르라는 임금이 되었습니다." (하고,)
'명성이 자자한 장가르'라는 이름을
세 번 연달아 불러 주었네.
세 번 연달아, "상서롭게 되소서!" 하고
홍고르가 몸소 축원했네.
금강석을 물린 황금 투구를
오른편 관자놀이 쪽에서부터
흔들어 벗어,
임금 장가르의 앞에 놓고
세 번 절했네.
오른쪽 무릎에서 축복을 받았네.
움직이지 않을 때는
고개의 산등성이인 줄 아는,
움직였을 때는
가여운 홍고르의
쾨케 갈잔 준마라고 생각하는

5 둑에다 플라를 당겼네(Тугтнь плаг татвл): 사전이나 연구서들에서 плаг의 의미가 확인되지 않아 발음을 따라 이와 같이 옮겨 두었다.

멋진 쾨케 갈잔의 위에 올랐네.
아홉 길 길이에
세 길 너비의
판금으로 만든 흰 칼집에 든
커다란 강철 군도를
오른쪽 어깨 위에 올리고,
산 밑으로 내려왔네.
산 밑으로 내려오는데
군도의 끝에서부터
빨갛게 빛나는 불이 퍼져 갔네.
뿌리부터 푸른 무기의 연기가 피어올라 갔네.
세 살이 되는 나이에[6]
세 요새의 관문을
깨 버리고 가는 것은 이것이었네.
삼십만 명을
정복하고 갔다 하네.
서른세 개의 둑이
술 항아리를 부딪고 갔네.
주군 성주와 차이 없는
서른세 나라의 임금들을
마음 내키는 날에

6 이 마당의 26행에서 장가르가 열두 살 때 적의 손에 부모를 잃고 세 살 난 홍고르와 도망 다니다 임금으로 추대되었다는 말과는 모순된다.

성주 장가르의 발에 머리 대어 절하게 하고,
솔개 꼬리 낙인을 오른뺨에 눌러
자신의 것으로 만들었네.
세 살에서 네 살로 접어드는 나이에는
전투를 해서
네 요새의 관문을 깨 버리고 가는 것은 이것이었네.
사십만 명을
정복하고 가는 것은 이것이었네.
마흔네 임금을
내키는 날에
성주 장가르의 발에 머리 대어 절하게 하고,
솔개 꼬리 낙인을 눌러 놓고 있음은 이것이었네.
세 살이 되던 나이에는
서른세 임금의,
네 살이 되던 나이에는
마흔네 임금의 고장을 들이고,
일흔일곱 임금의 고장을
혼자 몸으로 들게 해 주고,
벗어나 있던
열두 부족의
순수하고 순박한 백성을
돌려받았네.
시케를뤽 강의 중심부에,
실태 잔단 강의 하류 가운데,

아름다운 열두 산의 기슭 가운데,
왼데르 망칸 차간 산의
급격한 돌출부 안에 있는 등성이에
명성이 자자한 장가르의 궁장을
칠천만으로[7] 새로 지었네.
튼튼하게 하려고
밑에서부터 칠천 길 되는 곳에
(주춧돌을) 묻어 지었네.
위로는 덩어리 흰 구름을
뚫고 나오도록 지었네.
사람에게 겨우 보이는
사나운 흰 구름에
닿게 지었다고 하네.
은혜 입은 사람들이 성주의
호랑나비[8] 같은 노랑 얼룩무늬 대궐을
키튼 하라 삼바의
정상[9] 위에 지었네.
남면에는
우주의 천사를
서로 보게 하고 새겨 넣었네.

---

7 칠천만으로(Далн саяр): 칠천만이 무엇인지는 분명치 않다. 동원된 인원을 말하는 것일 수도 있겠다.

8 호랑나비(Киивин{Киивң}).

9 정상(Өргүл{Өргл}).

오른쪽 면에는
호랑이와 곰이
서로 목을 누르는 모양을 새겼네.
북면에는
사자와 코끼리가
논쟁하는 모양을 새겼네.
동쪽 면에는
노루와 암사슴이
격론을 벌이는 모습을 새겼네.
아름다운 네 구석에는
사원의 그림을 그렸고,
변경 티베트의 중생에게
소망이 된
호랑나비 노랑 얼룩무늬 궁장이라고 말하네.
각 면의 네 모퉁이에는
제사의 그림을 그렸고,
초원의 일곱 해동청 나라의 임금들에게
소망이 된
화려한[10] 노랑 얼룩무늬 궁장이라고 하네.
내부의 일곱 모퉁이는
자개 보석으로 아로새기고,

10 화려한(Тарлын{Тарлң}): 227행의 형태(Тарлң)를 참고하였다.

바깥에는 일곱 보병(寶甁)을
불 보석으로 아로새기고,
부정한 것을 꺼내고
불행을 보병에 넣었네.
봄바의 노랑 얼룩무늬 궁장은
초원의 나라의 임금들에게
메아리가 되어 들렸네.
오른편 쪽에는
(총) 쏘는 소리가 들리는 곳부터
하닥 같은 황금 다리를
달아 놓았네.
왼편 쪽에는
심장 같은 흰 은으로 만든 다리를
서로 기대게 해 놓았네.
당기고 들어갈 때는
쉰 개 종소리로 울리고,
밀고 나갈 때는
만 개 방울의 소리로 울리는 것이었네.
화려한 노랑 얼룩무늬 궁장이
지옥의 일곱 나라의 고장에
메아리가 되어 들렸네.
이 궁장의 앞쪽은
아르자 술자리를 받드는
봄바의 흰 궁장으로 지었네.

여든네 장 그물 벽을 둘렀네.
그물 벽에 천여 개의 서까래를 사용했네.
그 서까래를
사자의 송곳니로 고정시켰네.
그물 벽을 오직 사자의
송곳니로만 만들었네.
튼튼한 백단향나무로 문지방을 만들고,
퀴지향 붉은 백단향나무로 지붕창틀의 테두리를 만든,
늙은 빛깔 은으로 지붕창틀의 가로막대를 만든,[11]
견고함을 위해
남쪽 면은
잿빛 푸른 일곱 마리 사슴 가죽으로 씌우고
색깔 있는 일곱 가지 황금 끈으로 테두리 장식을 하고,
서쪽 편 지붕은
견고함을 위해 다시 일곱 마리 사슴 가죽으로 씌우고,
북쪽 편 지붕은
알록달록한 일곱 마리 사슴 가죽으로 씌우고
열두 가지 끈으로 테두리 장식을 하고,
동쪽 편 지붕은

11 늙은 빛깔 은으로 지붕창틀의 가로막대를 만든(Көгшн өңгл мөңгәр цаһрглгсн): '늙은 빛깔'이라고 옮긴 Көгшн өңгл 부분은 사실 요령부득이다. 『장가르 2』의 첫째 마당 25-26행에는 '퀴지향 붉은 백단향나무로 지붕창틀의 테두리를 만든(Күж улан зандар харачлгсн), 쟁쟁(錚錚)한 흰 은으로 지붕창틀의 가로막대를 만든(Еңгр цаһан мөңгәр цаһрглгсн)'이라는 대목이 나온다.

노루와 일곱 가지 사슴 가죽으로 씌우고
가지런히 장식한 일곱 가지 황금 끈으로 테두리 장식을 하고,
그 꼭대기에 금강저(金剛杵)를 세우고,
그 금강저를 새기고,
그 새김을 연꽃 모양으로 만들고,
그 연꽃에 술을 달아 장식하고,
그 술을 보병에 넣고,
봄바의 흰 궁장이라 하여,
아래 일곱 나라의 고장에서
메아리가 되어 있었네.[12]
구리 없이 황금으로
테두리 장식을 해 누르게 하고
재앙을 없애 주는 진짜 여의보주로[13]
아로새겨 장식한 궁장이네.
둘도 없는 금으로
쌍으로 누르게 한 궁장이네.
벌레 먹지 않은 진짜 여의보주로
아로새겨 장식케 한 궁장이네.
이 궁장의 문지기가 누구인가 하면,
낙타 탄 사람을

12 '유명했었네'라는 뜻이다.

13 재앙을 없애 주는 진짜 여의보주로(Зеткр уга маш жиндмәр): '대단히, 매우, 몹시' 등을 뜻하는 маш 때문에 원활한 번역이 되지 않는다. 268행의 мөн을 참고하여 이와 같이 옮겼다.

땅바닥으로 질질 끌면서 말하네.
말 탄 사람이
기가 꺾이게 말하네.
뱀 같은 혀로 물어 버릴 듯 말하네.
몽둥이 같은 혀로 때리듯 말하네.
그 귀여운 (얼굴의) 흰 털 밑으로 몸을 낮추며 말하는,[14]
부드러운 은빛 고수머리를
쓰다듬으면서 말하는,
베스렉의 (아들) 보자스가 만들고
베트케의 (딸) 샤라 퀴캔에게서 태어난
타르차의 손자 호 질간 두목 통치자가,
오천 호를 관장하는 통치자쯤은
오금으로 감아
초원으로 쫓아내네.
만 호를 관장하는 통치자는 되어야
저만치에 앉히네.
만 호 이상부터
이 아르자 술자리에
겨우 들어간다네.
이들 모두를 골라내 쫓느라고,[15]

---

14 직역하면 '그 귀여운 흰 털 밑으로 들어가 있으면서 말하는(Таалур цаhан өргн дорнь орн бәәж келдг)'. 바르다예프들(2004: 642)의 칼미크-러시아어 사전에 보기로 제시된 "он умел говорить, согнувшись перед его ласкающим ликом"을 서울대학교 인문학연구원 차지원 교수의 도움으로 뜻을 파악하여 참고할 수 있었다.

신랄한 말을 하여 쫓느라고,[16]
느슨한[17] 살쩍 수염의
오른쪽 끝이[18] 저절로 닳아[19] 떨어진,
말하느라고 혀의 살갗이 (닳아) 없어진,
(상대가) 한 말을 솜씨 있게 누르느라
입천장의 살갗이 (닳아) 없어진,
통역 소년
케 통치자 호 질간이라는 두목 통치자가 있었네.
별 있는 하늘의 대기에,
저무는 노란 해의
왼쪽 (산의) 높고 낮은 기슭에
큰 천막 모양의 육천 곳
노랑 얼룩무늬 절이
기슭마다 서로 의지해서,
창공의 덩어리 흰 구름을
뚫고 나오도록 짓게 하고,
황교(黃敎)의 육천 사원을 가진,
석가모니의 분명한 현신인 라마와

---

15 쫓느라고(кен{көн}).

16 쫓느라고(кен{көн}).

17 느슨한(Сов{Сул}).

18 끝이(утхнь): утх의 사전적 의미는 '① 칼, ② 의미, 뜻'인데, 문맥이 통하는 것 같지 않아 일단 위와 같이 옮겨 두었다.

19 닳아(шордаад{шурдаад}).

큰 천막 모양의 육천 곳
노랑 얼룩무늬 사원에서
노랑과 빨강을 구분하고,[20]
단조르[21]와 간조르[22]라는 이름의 불경을 염불했네.
천상의 여러 부처님들께
울려 들리네.
소라고둥 피리 소리는
일흔일곱 임금들의
가까이서 연주하는 것처럼 들리네.
이 불경 소리를
듣고, 돌아서 절한 사람은
지금의 이 몸으로
만 팔천 년을 살고,
바로 다음 넋에서는
서른세 하늘 위에서
내리 천겁을,
에르덴 오와 부처님의 극락에서,

---

20 노랑과 빨강을 구분하고(Шар улань йилһрэд): 티베트-몽골 불교의 겔룩파, 속칭 황모파(黃帽派)와 비겔룩파(닝마파, 까규파, 사꺄파 등), 일명 홍모파(紅帽派)로 나누어 변경(辯經)을 한다는 뜻으로 보인다.

21 단조르(Данжур): 225권 3,427종의 저술로 이루어진 간조르의 해설서로, 몽골어 번역은 장자 호탁트(1717-1786)의 주도로 200여 명의 학승이 참여하여 이루어졌다고 한다. 〈 티. bstan-'gyur.

22 간조르(һанжур): 108권으로 이루어진 석가모니 부처님의 가르침, 수행자의 규범, 탄트라 수행법 등의 집대성으로 티베트어에서 몽골어로 번역된 것은 1629년, 목판 인쇄된 것은 1720년의 일로 알려져 있다. 〈 티. bka'-'gyur.

염라대왕의 손에 들어갈 일이 없이,
틀림없이 태어나게 해달라는 서원을 세웠다고 하네.
봄바 바다라고 하는 바다에 대해 묻는다면,
그 밑으로 칠천
팔백여든일곱 줄기 강이 있고
가운데 강에는
말머리만 한
말(馬) 여의보주 보석돌이 있네.
이 말 여의보주 보석돌의 힘으로
바로 부처님의 축원처럼 물 흐름이 속삭이며 나오네.
은빛 흰 산 같은 물결이 일어났다가,
보석 산호 진주로 (변해)
돌며, 달가닥거리며, 밀물과 썰물이 일어나며 떨어지네.
이 장가르네 사람들이
고아 소년,
굶주린 개까지 부자가 되는 것은
이 말 여의보주의
보석돌의 힘이네.
갈라진 팔천 줄기 강은
억조창생을 이루고도 남은
속민[23]의 문전마다

23 속민(Албт): 주군에 대해 알와(алв '물질적, 신체적 의무')가 있는 자, 즉 백성을 가리킨다.

얼지 않는 모래 개울의 상류로
(물을) 나누어[24] 주고,
“제 목숨의 특별한
키튼 담바”[25]라는 물터는
거대한 붉은 부분[26]을
사시사철 씻어내리고 있네.[27]
겨울 없이 여름으로
시듦 없이 푸름으로
푸른 초장의 풀이 나부끼고,
준마들이 풀을 뜯는
쾨케 삼바의 비탈은
겨울 없이 여름으로
시듦 없이 푸름으로
푸른 초장의 풀이 나부끼고 있었네.
늪지 가운데
물가 목초지가 있고,
물가 목초지 가운데 숙영지가 있었네.

---

24 나누어(Төгәж{Түгәж}).

25 제 목숨의 특별한 키튼 담바(Эврәннь әмн туск Киитн Дамб): 전체가 물터의 이름인 것 같다.

26 붉은 부분(улан әңг): 아마도 ‘붉은 기슭(улан эрг)’일 것이다.

27 350행부터 여기까지, 즉 “350 Эврәннь әмн туск 351 Киитн Дамб гидг уславрнь 352 Әсрин улан әңгән 353 Оньдин дөрвн цагт хольв татад бәәдг”은 전체적으로 의미가 확실치 않고, 그중에서도 350행과 352행이 더 이해하기 어렵다. 우선 위와 같이 옮겨 두었다.

임금이 내리는 것은
뜨거운 사슴 고기 구이였네.
검은 기도깃발의[28] 아르자 술이
음료였네.
떼를 이루어 모인 곳이라고 해도,
다리 하나라도 안짱다리가 없고,
귀 하나라도 처진 귀가 없는,
똑같은 칠천 준마의 후예라고 일컬어지네.
두 살짜리 망아지일 때 멈추게 한,[29]
다섯 살에[30] 망아지를 낳게 한,
빼어난 빠른 제르데의
아름다움의 정도를
묻는다면,
등허리 여덟 대 갈비는
한 방향으로 굽었고,
쉰네 개 등허리 뼈의 돌기는
곧게 멋있게 자랐고,

28 기도깃발의(дарцин{дарцгин}).

29 두 살짜리 망아지일 때 멈추게 한(Дааһндань зогсулгсн): 사전이나 연구서 등에서 зогсулгсн의 зогсулах는 확인되지 않는다. Зогсх(멈추다, 서다)의 사역형도 зогсах로 제시된다. 두게르수렝(2000: 438)은 Дааганд нь хагсруулсан이라고 옮겼는데, 할하 몽골어의 хагсруулах는 '(말이 가벼운 몸으로 달릴 수 있도록) 음식과 물을 제한하다'라는 뜻의 동사이므로 대략 '두 살짜리 망아지일 때부터 장거리 주자로 준비시킨'으로 이해할 수 있겠다.

30 다섯 살에(Туулңдань{Туулндань}).

지혜로운 혀,
글이 된 입천장,
빠른 해동청의 두 눈,
물통의[31] 주둥이 같은 두 귀,
사자의 가슴,
거대한 황금 몸을 가진,
아란잘 봄바의 빠른 제르데 준마는
(달릴수록) 빨라지는 제 몸을
네 개의 검은 발굽에 지니고,
위대한 힘을
뒤 궁둥이에 지니고,
판금 같은 흰 이빨과
숟가락 같은 네 송곳니를 가진,
아란잘 봄바의 빠른 제르데 준마는
아래 세상 일곱 나라의 고장에서
빠르기로 유명한 준마일세.
아란잘 봄바의 빠른 제르데 준마의
빠른 정도를 물으면,
앞으로 마주 쏜 화살이
고니 같은 아홉 길 꼬리를
가까스로 스치고 나간다네.

31 물통의(Ховңгин{Хүвңгин}).

아란잘 봄바의 빠른 제르데 준마의
빠른 정도를 묻는다면,
앞에서 가는 모자만 한
사나운 흰 구름과 다투어
쫓아가 움켜잡고,
제 뒤에서 가는 먼지를 잡아채어,
두 주걱뼈를 박살나도록 때리며 놓친다네.[32]
한 살에는 제 끈에 익숙해지고,
두 살에는 전쟁의 발길에 숙련되고,
세 살에는
유연성 있는 백단향나무 창의 모욕에 익숙해지고,
네 살에는
명성이 자자한 장가르 임금이 타고 다닌,[33]
들썩대는 빠른 제르데를 가진
명성이 자자한 장가르 임금이
샤라의 육천 용사가 몸으로
요란한 소리를 내며 말에 올라 출발하면,
보석 지혜의 비가
돌아서 내리는 것이었네.

---

32 제 뒤에서 가는 먼지를 잡아채어, 두 주걱뼈를 박살나도록 때리며 놓친다네(Ардан йовсн тоосан шүүрәд, Хойр далан хамх цокн алддгву): 말이 달릴 때 일어나는 먼지를 잡아채 두 주걱뼈를 한꺼번에 박살나도록 때리는 것이 어떻게 말의 빠름을 묘사하는지는 잘 이해가 되지 않는다.

33 타고 다닌(күлглгсн{көлглгсн}).

퀴데르 삼바의 바람이
준마의 가슴으로
되살아나 나오네.
갈기와 꼬리에서
호르[34]와 야트하[35]의 소리가
울려 나왔네.
봄바의 빠른 제르데 준마가
있는 곳은
외르겐 샤르토라는 바다의
북쪽 기슭이라네.
윈데르 망칸 차간 산
안에 있는 돌출부에
또한 세 봄바 바다의
서북쪽 물터에,[36]
높은 곳 네 바다의
일곱 겹 청동 은으로 만든 축사 안
가장자리의 황금 기둥에 매여 있네.
지달을 쓴 세 다리에는
다른 사람은 결쇠를 찾아 열 수 없는

---

34 호르(хуур): 두 줄로 되어 있고 활로 타서 소리를 내는 악기.

35 야트하(ятх): 모양과 음색, 줄의 수, 연주법이 가야금과 비슷한 악기.

36 물터에(ховшуд): 칼미크어를 비롯한 몽골어계 사전들에서 확인되지 않는 형태다. 이 마당의 762행에는 хавшуд로 나오는데 역시 확인되지 않는다. 일단 비트케예프들(1990b: 476)의 '바다의 물터(далан цекэ)'를 따라가 보기로 한다.

튼튼한 검은 지달이
세 다리에 씌워 있고,
세월과 나이를
창끝에 약속하고
열정과 기쁨을
지고의 성주 장가르께 드린
일곱 겹 군대로
파수를 보네.
고족(孤族)한 몸을
번족(繁族)하게 만든
산더미만 한
제르데를 타네.
가난한 몸을 부자로 만든
산더미만 한 붉은 제르데 준마라네.
가까이서 따르며 자란
공주 샤브달 하탄보다
더 소중하게 생각하네.
아르 밤바의 고장을
대가로 주고 얻은
아들 에르케 바담보다
더 소중하게 여기네.
산더미만 한 붉은 제르데 준마를
어느 무엇보다도 소중하게 여기네.
여름의 아름다운 숲 가운데

그림같이 아름다운 대궐의 상석에
그림같이 납시는 것은,
뼈는
야만닥[37]의 화신,
살은
마하 갈의 화신이라고 하네.
목이 나올 때
그림(肖像) 같은 노란 부처님이
몸소 감아 꺼내자
이마에는 미륵불의 공력이 완정되고,
숫구멍에는 총카파의 신통력이[38] 완정되고,
오른쪽 왼쪽 두 빗장뼈 위에는
용사 야만닥의 공력이 완정되고,
주걱뼈 위에는 전사 일흔다섯의 힘이 완벽하게 갖추어졌네.
두 겨드랑에는
두 마리 독뱀의 징후가 완정되었네.
간, 쓸개,
온갖 잿빛 심장은

---

37 야만닥(Ямн-Даh): 이 텍스트의 다른 곳에서는 '용사 야만닥(Баатр Ямандаh)'으로 등장하기도 한다. 산스크리트어 야만타카(Yamāntaka)의 차용이다. 염라대왕의 숙적 문수보살의 가장 분노한 현신으로 알려져 있다. 푸른색 몸에 34개의 팔과 16개의 다리, 11개의 얼굴을 갖고 있다고 한다. 한국 불교에서는 아미타불의 현신으로 이해되는 대위덕명왕(大威德明王)에 해당한다.

38 신통력이(ир{ид}).

녹색 타라 어머니[39]의 화신이
배로 보호하며 끌어안았네.
창을 다루는
열 개의 흰 손가락은
마디 하나하나에
사자와 코끼리의 힘이 완정되고,
어머니의 배에서 생겨 나올 적에는
공기같이 가벼운 노란 킬렉을 입고
옷을 입은 채 나온 아들이라고 하네.
죽은 자를 살려내는
아름다운 여의보주의 화신
위젱의 고아 장가르라네.
보동 졸라의 손자,
봄바 졸라의 증손,
메르겐 토르치의 고손,
위젱 말라 하브호 임금의 후손,
위젱의 고아 장가르라네.
오는 해에는 보게 하고,

39 녹색 타라 어머니(Hohaн Дәрк): 녹색 타라(Syamatara). 칼미크어의 대르커(Дәрк), 할하몽골어의 다리 에흐(Дарь эх), 부리야드 몽골어의 다라 에헤(Дара Эхэ)는 힌두-산스크리트 신화의 타라 여신의 티베트-몽골판이다. 우리 불교의 구도불모(救度佛母, 多羅)에 상당하며, 수많은 화신 가운데 몽골 세계에게 가장 추앙되는 화신은 흰 타라(Sitatara)와 녹색 타라다.

돌아가는 해[40]에는
가윗날을 대게 한
검은 탕가드[41]식 머릿단은
두께가
귀 위로 네 손가락 두께로 남아 있네.
자신의 하탄이 우두머리 시녀와 함께 빗겨 주는
검댕 뭉치 같은 땋은 머리는
쓰러진 긴 관목 모양으로,
두 어깨 사이로
백여덟 개의 다리를 가진
부처님의 노란 황금 보좌의
뒤 받침대를 세 번 돌돌 말고도 남아 늘어지네.
소와르 비단 라브식[42]을
느슨하게 걸치고 앉았네.
느슨한[43] 살짝 수염을

---

40 돌아가는 해(Хәрү жил): 두게르수렝(2000: 440)의 '보는 해(Харах жил)'는 다른 부분에서 그가 옮긴 '돌아가는 해(Харих жил)'의 오식인 듯.

41 탕가드(таңһд): 원래는 오늘의 간쑤, 칭하이 등 중국 서북부에 거주하던 티베트계 민족과 그들의 문화 등을 가리키던 말이었으나 현재는 모든 티베트계 사람과 문화를 가리키는 말로 사용된다.

42 소와르 비단 라브식(Сувар торһн лавшг): '소와르(Сувар)'는 칼미크어를 비롯한 몽골어계 사전들에서 확인되지 않는 형태이며, 두게르수렝(2000: 441)의 Сувсгар 역시 할하몽골어 사전들에서 확인되지 않는 형태다. 오이라드-칼미크인의 칼라 없는 예복 델의 일종인 라브식은 다른 대목에서는 모두 '검은 비단 라브식(Хар торһн лавшг)'으로 등장한다.

43 느슨한(Сув{Сул}).

(손가락으로) 꿰어, 쓰다듬으며 앉았네.
덤벼드는 해동청의 눈으로
아래위로 뚫어지게 보며,
호랑이 가죽 베개를
강철 같은 검은 팔꿈치로
척 하니 기대고 앉은,
들썩대는 빠른 제르데를 가진
명성이 자자한 장가르 임금이
목소리로 열두 번을 몰고 있었네.[44]
바타르 봄바의 궁장에서
오른쪽의 사람들을 이끌고 앉은 것이 누구인가 하면,
준마라고 하면
열여덟 임금의 머리를 간지개에 매달은,
열여덟 군주를 뒤집어엎은,
석가모니 부처님 임금이 타고 다닐 적에는
'샤'라는 글자[45]의 낙인을 눌러 신성하게 된,
마하 갈의 화신 임금이 타고 다닐 적에는
'마'라는 글자[46]의 낙인을 눌러 신성하게 된,
총카파의 활불 임금이 타고 다닐 적에는

44 목소리로 열두 번을 몰고 있었네(Дууhар арвн хойр тууж болад үлгснл): 정확한 번역이 아닐 수도 있다. 열두 번인지, 열둘인지, 열둘이면 무엇이 열둘인지 앞뒤 문맥에서 확인되지 않는다.

45 석가모니, 즉 샤자모니(Шагҗмуни)의 첫음절 샤(Ша).

46 마하 갈(Мах-hал)의 첫음절 마(Ма).

부처님의 황교의 황금 낙인을 눌러 신성하게 된,
이와 같은 임금들이 타고 다닌,
주군 성주 장가르에게
일흔세 임금에게
쇠봉[47]이 되어 시봉한,
다섯 해의 일을
짐작할 수 있는,
십 년의 일을
예언할 수 있는,
다가올 아흔아홉 해를
앞에서 맞이하여 아는,
지나간 아흔아홉 해를
뒤에서 쫓아가 아는,
드러난 것과 감춰진 것을
가까이서 보고 온 것같이 아뢰고 앉은
하마 다마 임금의 아들
당얀 달라 체지 노인이네.
왼쪽의 사람들을 이끌고 앉은 것이 누구인가 하면,
뱀의 독에 사십구 일 동안 말려진,

---

47 쇠봉(Сөөвң): 〈 티. gsol-dpon. 티베트와 몽골 불교의 용어로, 활불을 시봉하는 스님들 중 우두머리 스님을 말한다. 나라의 임금을 가까이서 모시는 고위 직분을 불교 용어로 가리키는 것은 장가르의 창자(唱者)이자 청중인 당시의 칼미크-오이라드 사람들의 마음에 정치와 종교가 분리되지 않았음을 보여 주는 하나의 보기가 될 수 있다.

사원의 검은 바람에 말려진,
활집에서 사십구 일 동안 말려진
서른세 개의 꼬챙이가 있고,
세 개의 검은 칼등이 있는
차가운 검은 꼬챙이 칼을
세 번 휘두르고, 세 번 만세 부르고,
왼쪽의 군진에서 잔 타왁 해슨 하라[48]를 타고
불꽃 같은 노란 둑(纛)을 휘날리며,
왼쪽의 군진에서 서서
"어깨의 붉은 만세"[49]를 부르니
하늘빛이 붉어져 가고,
땅빛이 노래져 가고,
우주의 나라 남섬부주 세계는
일곱 대 동안 흔들리고,
우주의 나라 쪽은
소리 없이 각각 가라앉았네.[50]
이 때문에
앞에서 거슬러 오는 적이
'귐베의 꼬챙이 칼과 만나지 않게 하소서!' 하고,

---

48 잔 타왁 해슨 하라(Зан Тавг Хəəсн Хар): 직역하면 '코끼리 같은 발바닥을 가진 솥 검댕처럼 검은 말'.

49 어깨의 붉은 만세(Ээмин улан ура): 특정 구호(함성)의 이름으로 짐작되나 우리의 직역이 자연스러운 뜻으로 연결되는 것 같지는 않다.

50 가라앉았네(нимшрдгвү{намшрдгвү}).

팔대명왕(八大明王)이라는 법회를
맹렬하게 열어
맹렬한 경으로
경문을 읽혔어도,
만일에 사지를 맞은 사람은
좋은 약으로 치료받고
좋은 의원에게 치료받더라도
바로 사십구 일이 지나면
상처가 도져 죽게 해달라는 서원을 세웠다고 하네.
위에서는 불법을 설파하고,[51]
사물과 중생이 견딜 수 없게 하매
많은 비계와 살을 잡았을 때
뱃구레를 서른세 번 들어 올린 몸은
보통의 이쪽에 있는 보동들과
같이 잡고 오는 것이네.[52]
제단인 성주 장가르의 보위 (가까이)에는
좁혀서 무릎으로 앉으면
스물다섯 사람의 자리에 앉고,

51 설파하고(номнад{номлад}).

52 582행부터 587행까지(582 Деерəснь ном номнад{номлад}, 583 Юмн əмт тескəшгоднь 584 Ик өөк мах авсндан 585 Əрвңгəн һучн һурв көтрəд орксн бийнь, 586 Энгин наадк бодңгудларн 587 Əдлəр авлцад ирдгвү)의 정확한 의미를 파악하기 위해서는 더 많은 연구가 필요할 것 같다. 현재의 짐작으로는 이 사람이 너무 뚱뚱해서 뱃살을 여러 겹 접어 올려야 출입이나 거동이 가능할 정도이고 다른 용사들이 그것을 거들어 주어야만 한다는 뜻이 아닐까 하는 것이다.

편안히 좌정하고 앉으면
쉰 사람의 자리에 앉네.
잘했건 잘못했건
행한 세 가지 잘못(에 대해 벌)을 받고 앉는 것이 누구인가 하면,
삼발 톡의 바람의
반대편에 자리 잡은,
백만 망가스 임금의 진지를
단신으로 점령하고 앉은
뚱뚱보 귐베의 통치자라네.
오른쪽의 일곱 동아리를
바타르 봄바의 궁장에서
소리 없이 이끌고 앉은 것이 누구인가 하면,
퇴맬게트 임금의 손자,[53]
퇴멜렉트 임금의 증손자,[54]
뵉테르게의 혈통,
장사 뭥겐 식셰르게의
불같은 스물다섯 나이에 생겨 태어난,
로브사르가의 퀴시 게렐 하탄이
스물두 살 적에
생겨 태어난,

53 같은 사람의 이름이 여기저기에서 다른 형태로 등장한다. 장가르치의 발음에 차이가 있거나 채록자와 편찬자에 따라 달리 들었을 수도 있다. 여기서는 Төөмәлһт хаани яч.

54 여기서는 Төмлтт хаани жич.

태어날 적에
보우할 수 없는 동등한 네 하늘과
싸워 빼앗으러 태어난,
미룰 수 없는 일만 악마의 고장을
비우러 태어난,
용력 넘치는 붉은 홍고르는
오른쪽 일곱 동아리를
말없이 이끌고,
주군 성주 장가르께
최고의 사랑을 받으며 앉았네.
불친 수소만 한 큰 입을
벌리고 앉았네.
삽처럼 큰 송곳니로
요란한 소리를 내며 앉았네.
발이 닿는 대로 부수어
먹으려고 생각하고 앉았네.
목이 닿는 대로 깨물어
먹으려고 생각하고 앉았네.
두 살짜리 낙타의 발바닥만 한
한 냥짜리 노란 황금 귀걸이는
목정맥을 때리며 흔들리고,
둥그스름한 귓불을 때리고,
그 가락으로 흔들거리며 나아가,
주정을 하며 앉았네.

큰 천막 모양의
노랑 얼룩무늬 궁장에서
쉰네 동아리를 이루고
아르자 술자리를 받들고 앉았네.
꿀의 맛으로 삼키게 하고,
큰 도끼의 맛으로 괴롭히는
발링 떡[55] 같은 붉은 아르자 술자리에
앉았을 때
토갈 톨란 케르[56]를 가진
갈조 갈 망나라는 통치자가
들어와 앉네.
들어와 앉자,
다섯 살 먹은
탕삭 게렐 소녀가 (타악기를) 연주하고,
탈완 체첸 소년이
발을 구르고 약동하며 몸을 움직여 춤을 추네.
여섯 살 먹은
주니 게렐 소녀가
한쪽 면을 두드리면

55 발링 떡(балн): 밀가루 반죽, 꿀 따위를 섞어 빚고 빨간색으로 칠해 만드는 갖가지 형상으로, 사악한 존재를 상징한다. 수호신께 만들어 바치는 일종의 제수 또는 희생으로, 참배객이나 구경꾼들이 집어먹기도 한다.

56 토갈 톨란 케르(Туһл туулн кеер): 말의 이름으로, 직역하면 '송아지만 한 다섯 살짜리 거무스레하면서도 누런 털을 가진 말'.

졸완 체첸 소년이
약동하며 발을 구르고 몸을 움직여 춤을 추네.
우주의 미남 밍얀이
앵두같이 아름다운 입술을
오른쪽 어깨 위에 던지고,
임금들과 통치자들이 부르는
열 가지 곡조의 노래를
열 개의 흰 손가락을 계속 움직여,
생각 내키는 대로 집어넣어
연주하네.
아침에 알을 낳은
노랑 머리를 한 암컷
흰 고니의 소리를 내며 연주하네.
어느 임금과의 전투에서
잘하고 온 것을 서로 이야기들 하고,
어느 임금과의 전투에서
못하고 온 것을 같이 이야기들 하고,
단기(單騎)로, 하나하나
홀로 여러 나라를
임금 장가르께 들여 준 것을 같이 이야기들 하고,
아르자 술자리에서 입이 서로 뜨거워져
"우리 앞에서 마주 오는 적이
광대하고 매우 조밀하다 해서,
우리 중에 두려워서 동무들의 뒤를 볼

사람은 한 사람도 없다.
산이 높다 해도
우리에게는 위로 오르지 못할
준마는 한 마리도 없다!" 하고,
토갈 톨란 케르를 가진
갈조 갈 망나가
들어온 것을 알지 못하고,
쓸데없이 소란을 떨며 앉았네.
빈 잔을
일흔 명이 겨우
져 나를 수 있는
뚜껑 없는 커다란 흰 잔을
보자트의 (아들) 오치르 게렐 소년과,
소리꾼 숑코르 소년이
꺼내면서 한 번 노래하고,
말 떼가 자라는 데 대한 선물이라며
들이면서 한 번 노래하고 나서,
(갈조 갈 망나가) 임금 장가르에게서 술잔을 받으려고 하는데,
"외방 임금의 사자인 듯한,
뜨거운 큰 용사가
우리 가운데 함께 앉았네.
온 까닭을 물을 수 있을까?" 하고
이 두 소년이 물었네.
(그러자 장가르가) "나로 말할 것 같으면,

나의 벗 열두 보동이여,
나의 샤라의 육천 용사여,
이 아르자 술을 함께 따르라." 했네.
함께 따르라고 한 소리는
메아리처럼 그렇게 되었다가,
술 방울보다 조용하게 되었다가,
소리가 멈췄네.
"온 이 소년으로 하여금
주린 배를 채우게 하라.
피막이 생긴 입술을 축이게 하라.
물어서 마땅한 말은
그러고 나서 묻자." 했네.
일흔 명이 빈 잔을
겨우 져 나를 수 있는
뚜껑 없는 커다란 흰 잔으로
아르자 술 열다섯 잔을 주었네,
호르자 술[57] 스물다섯 잔을 주었네.
일고여덟 마리 사슴 고기를 주었네.
서너 번 움켜잡고 먹어 치웠네.
강철 벽의 받침다리에
몸을 숙여 무릎 꿇고 휙 하고 왔네.

57 호르자 술(хорз): 말, 소, 낙타 등의 젖을 발효시켜 세 번 내린 소주.

"낮은 목소리로 열두 나라의 지배자가 된,
들썩대는 빠른 제르데를 가진
명성이 자자한 장가르라는 사람이 있다는 소문을,
눈으로 아니 보았지만
먼 곳의 소문을
귀(에 울리는) 메아리로 듣고,
그대를 신봉하여
그대의 들썩대는 빠른 제르데의
붉은 비단 고삐와
제 목숨을 맺으려고 다녔습니다.[58]" 하고 말했네.
"이렇게 온 이 소년을
아란잘 봄바의 빠른 제르데의
붉은 비단 고삐와
목숨을 맺어서야 되겠느냐?
네가 온 상으로
십만 십억 속민을 관장하라!" 하니
"십만 십억 속민을 어디라고 할 것도 없이 버리고 왔습니다.
정숙하고 순수한 어머니를
자식 없이 버리고 왔습니다.
뷔렌 퇴게스라고 하는 아버지를
공덕 없이 만들고 왔습니다.

58 '당신의 말치기로 헌신하고자 왔습니다'라는 뜻이다.

열두 임금과
시합을 하여
겨우 얻은
정숙하고 순수한 하탄을
가족 없이 과부를 만들어 버리고,
아란잘 붉은 제르데 준마의
붉은 비단 고삐를
목숨과 맺으려고 왔습니다." (하고 아뢰었네.)
"나의 아란잘 붉고 빠른 제르데 준마가
있는 곳을 묻는다면,
외르겐 샤르토 바다의
안에 있는 돌출부에,
또한 봄바 바다의
서북쪽 물터들에,[59]
여름살이 터 네 바다의
안에 있는 이중 파동의
일곱 겹
청동 은으로 만든 축사 안
가장자리의 황금 기둥에 매여 있고,
튼튼한 검은 지달을
지달 씌우는 세 다리에

59 물터들에(хавшуд): 이 마당의 435행에서는 ховшуд의 형태로 등장한다. 자세한 내용은 435행의 각주 참조.

걸쇠를 사철 연결하고 있고,
세월과 나이를
창끝에 약속하고,
열정과 기쁨을
지고의 성주 장가르께 드린,
우리의 일곱 겹 군대가 파수를 본다.
만일에 나의 제르데 말을
잃어버리게 되면
너는 간에서 세 개의 가죽끈을 줄 것이다.[60]
날마다 (말을) 세 번 빗질하라!" 하고,
"갈조 갈 망나라는 네 이름을 그만두고,
눈 감고 보지 않는,
움켜쥔 것을 놓지 않는
말치기 보르 망나(잿빛 선봉)라고 부르게 하라.
말치기 보르 망나가 들어와 준
기쁨의 잔치가 이것이다." 하고
아르자 술자리를
이레를 더해 받들고 앉았네.
아끼는 검은 바다에
행글[61] 은산이 있고,

---

60 형벌의 일종으로 짐작되나 정확한 의미는 미상이다. 혹시 끈 3개를 만들 만큼 창자를 뽑아 내겠다는 협박은 아닐까 짐작해 본다.

61 텍스트 Хәнгл은 칼미크어를 비롯한 몽골어계 사전들과 연구서들에서 확인되지 않는 형태다. 체레미소프(1951: 547)에 의하면 부리야드 몽골어의 хангил은 '고산 툰드라

저주하는 악담처럼 활을 쏘는,
오소리 빛깔 사랄 말을 가진
하브트의 아들 욍게 통치자라고,
아침에 둑이 올라가고
해가 나올 때까지
들어와 앉네.
들어온 몸은
한낮의 해가 흔들리도록
꿀맛으로 삼키게 하고,
큰 도끼의 맛으로 괴롭히는
발링 떡 같은 붉은 아르자 술자리를 벌이고,
일흔 명이 빈 잔을
겨우 져 나를 수 있는
뚜껑 없는 크고 흰 잔으로
임금 장가르부터 받아 꺼내면서 노래하네.
말 떼가 자라는 데 대한 선물이라며
오른쪽 문지방부터 들이면서 한 번 노래하네.
다섯 살 먹은
탕삭 게렐 소녀가 연주하고,
탈완 체첸 소년이
약동하며 발을 구르고 몸을 움직여 춤을 추네.

지대, 암석, 산 정상, 민물송어' 등 다양한 뜻을 가진 단어인 듯하다.

여섯 살 먹은
주니 세렌 소녀가 연주하고,
졸완 체첸 소년이
약동하며 발을 구르고 몸을 움직여 춤을 추네.
우주의 미남 밍얀이
앵두같이 아름다운 입술을
오른쪽 어깨 위에 던지고,
임금들과 통치자들이 부르는
열 가지 곡조의 노래를
열 개의 흰 손가락을 계속 움직여,
내키는 대로 집어넣어 연주하네.
알을 낳고,
아침에 지저귀기 시작한
노랑 머리를 한 암컷
고니의 소리를 내며 연주하네.
아르자의 술자리에
생각 없이 소란을 떨며 앉았네.
어느 임금과의 전투에서
잘하고 온 것을 같이 이야기들 하고,
어느 임금과의 전투에서
못하고 온 것을 같이 이야기들 하고,
단기로, 하나하나로
홀로 한 나라를
어떠한 모양으로 들여 준 것을 같이 이야기들 하고,

이 온 소년을 보지 못하고,
한낮의 해가 흔들리도록
생각 없이 소란을 피우며 앉았네.
소리꾼 소년 둘이
"외방 임금의 사자인 듯한,
열렬한 큰 용사가
우리 가운데 함께 앉았네." 하고 말했네.
"나로 말할 것 같으면,
나의 동무 열두 보동이여,
샤라의 내 육천 용사여,
이 아르자를 함께 따르라!" 했네.
함께 따르라는 소리는
메아리처럼 그렇게 되었다가,
술 방울보다 조용하게 되었다가,
소리가 멈춰 갔네.
"온 이 소년으로 하여금
주린 배를 채우게 하라.
피막이 생긴 입술을 축이게 하라.
물어 마땅한 말을
그러고 나서 묻자!" 했네.
일흔 명이 빈 잔을
겨우 져 나를 수 있는
뚜껑 없는 크고 흰 잔으로
아르자 술 열다섯 잔을 주었네,

호르자 술 스물다섯 잔을 주었네.
일고여덟 마리 사슴 고기를 주었다고 하네.
아르자 술에 입이 뜨거워졌네,
호르자 술에 배가 뜨거워졌네.
소년이,
"나는 이름이 둘입니다." 하고 말했네.
"두 이름을 다 말해라,
무슨 일로 돌아다니는지 말해라." 하고 장가르 임금이 말했네.
"한 이름은 짓기를,
배나무 화살꾼으로 깎게 한,
늙은 화살꾼으로 없애게 한,
탕가드 화살꾼으로 면을 내게 한,
면마다
큰 수리 가루라의 눈을 놓게 한,
다섯 개의 흰 깃털을 가진
하브트의 욍게 통치자라고 이름 짓게 되었던 것입니다.
제 두 번째 이름은
저주하는 악담처럼 쏘는,
하브트의 아들 욍게 통치자라고 부르는 것입니다.
제가 다니는 일을 물으신다면,
낮은 목소리로 열두 나라의 지배자가 된,
들썩대는 빠른 제르데를 가진
명성이 자자한 장가르 임금이라고
웅성대고 있던 그대의 소식을

눈으로 아니 보았지만,
먼 곳의 소문으로
귀에 메아리치는 소리로 듣고,
그대에게 의지하여
그대의 화살꾼이 되고자 왔습니다." 하고 말했네.
"이렇게 온 한 소년을
누가 화살꾼으로 만들겠는가?
내 은총이라고 생각하고
나의 여름살이 터의 네 바다의
한가운데서 솟아난
나의 황금 덩어리[62]가
샘을 따라
일 년 내내[63] 끓고,
넘치고, 차고 있는 곳을
황금으로 담장을 치고
황금 기둥들을 때려 박은 곳이 있는데,
그 황금 기둥들의 머리를
하나도 건드리지 않고,
하늘과 땅의 분기점에서
오치르트 산의 중턱에서 자란
세 그루 마법의 백단향나무 가지에

62 덩어리(Нохмр{Шухмр}).
63 일 년 내내(Жид турш{Жил турш}).

단 하나 흠도 내지 않고,
가운데 나무의 틈새에 앉은
지저귀는 노란 종달새가
토브쇼르[64] 같은 빨간 혀를
입을 쩍 벌리고
빠드득거리는 틈에
몸에는 알리지 않고
코와 입에는
아무 흠도 내지 말고
토브쇼르 같은 빨간 혀를
떼어내 가져오거라.
그러고 나서 화살꾼을 해라!" 하고 말했네.
오소리 빛깔 사랄 말 위에서
아침 해 둑(纛)[65]이 떠오르고 있을 때,
나가서 출발했다고 하네.
도고지(弓墊子)로는 하늘에 닿고
활시위로는 황무지에 닿는
길고 노란 활에
뒤 어깨에 있던

64 토브쇼르(товшур): 손으로 줄을 퉁겨 연주하는 칼미크-오이라드 몽골 사람들의 두 줄 현악기.

65 아침 해 둑(Өрүн нарн туг): 구조로만 봐서는 '아침 해'는 '둑'을 꾸미는 말로 특정 둑의 이름으로 보인다. 또는 '아침 해라는 둑'으로 해석하는 것도 가능하다. '아침 해와 둑'은 접속사가 있어야 가능한 번역이다.

다섯 개의 흰 날개가 있는 화살에서
하나를 놓아 당겼네.
아침 해가 나올 때 당긴 그 모양으로
한낮의 해가 흔들릴 때까지 당겼네.
당겨 버린 거센 힘에
오소리 빛깔 사랄 말은
네 활개를 사방에
네 개의 기둥 모양으로 펴 버렸네.
턱으로 땅을 버티고,
앞가슴은 땅에 닿아,
급박하게[66] 차고, 당겨 버린 거센 힘에
겨우 버티고 있네.
길고 노란 활의
두 끝이 맞물리듯 닿았네.
가느다란 흰 날개 달린 화살이
다가오기를
빠져 달아나듯 닿아 왔네.
한낮의 해가 흔들릴 때에
도고지 소리가 샥 하고 갔네.
눈에는 휙 하고,
귀에는 핑 하고 가는데
오소리 빛깔 사랄 말이

66 급박하게(Дөд{Дөт}).

화살과 함께 따라가네.
여름살이 터의 네 바다를
건너서 때려 버린 (화살은)
황금 기둥의 머리를
하나도 맞추지 않고,
하늘과 땅의 분기점에서
자란 세 그루 마법의 백단향나무 가지를
하나도 건드리지 않고,
가운데 나무의 틈새에
사는 노란 종달새의
토브쇼르 같은 빨간 혀를
입을 벌리는 틈에
몸에는 알지 못하게
입과 코에는
하나의 흠도 내지 않고 떼어내,
임금 장가르의 손 위에
가져다 놓자,
산 채로 뛰어올랐다 떨어지네.
"가서 쏘아 버린
네 손과 눈도
괜찮구나.
토브쇼르 같은 빨간 혀를
산 채로 가져온
너의 준마는 흉하도록 빠른 말이로구나!" 하고,

임금 장가르가 머리를 흔들고,
혀를 차며[67] 있네.
하브트의 윙게가 들어와 준
기쁨의 잔치가 되어,
이레 동안
아르자 술자리가 벌어졌네.
아르자 술자리를 받들고,
제멋대로 소란을 피우며,
쓸데없이 소란을 떨며 앉았네.
데드 멩 샤라의 나라에 영지가 있는,
보드마르 뮝겐 산이 있는
볼링가르의 통치자 유일한 사날이라는 사람이
알마드라는 작은아버지의
스물네 살 된
화살통 같은
엷은 붉은색 털로 덮인 몸통에 흰 털 덮인 머리를 가진
오트 올란 보랄 준마를
삼 년 동안 숙수(熟手) 노릇을 하며 졸랐으나 얻지 못했네.
삼 년 동안 음식 만드는[68] 노예가 되어
졸랐으나 얻을 수 없었네.

---

67 혀를 차며(ташкрад{шагщрад}): 입천장을 혀로 두드려 대상에 대한 감탄, 지지 등을 나타내는 몽골계 민족들의 행위를 가리키는 것으로 짐작되나, 텍스트 형태는 사전이나 연구서에서는 확인되지 않는다.

68 음식 만드는(хотг{хотын}).

삼 년 서른여섯 달 동안
목숨 걸고 전투를 하여,
강건한 네 활개를 결박하고,
탐바의 붉은 칠(漆)[69]로
입과 코를 칠해서,
수렁은 오백 길,
물은 오백 길,
기슭은 오백 길 되는
소론족 바다[70]에 던져 다스렸네.
오트 올란 보랄을 빼앗아 타고,
휘청거림 없는 날카로운 백단향나무 창을
오트 올란 보랄에
안장 앞에 가로로 놓고 나갔네.
데드 멩 샤라의 나라에서
보드마르 뭥겐 산 위로
올라가
데드 멩 샤라의 나라를
굴복시키고 있는
아흔아홉 억누를 수 없는
망가스 임금의 아들들을 맞닥뜨려
사십구 일 동안 전투를 했네.

---

69 탐바의 붉은 칠(Тамбин улан шир): 어떤 칠(漆)인지는 미상.

70 소론족 바다(Сорнзг дала): '소론족(Сорнзг)'의 뜻은 미상.

아흔아홉 억누를 수 없는 망가스 임금의 아들들과
사십구 일 동안 전투를 하여
강건한 네 활개를 결박했네.
탐바의 붉은 칠로
입과 코를 칠을 해서,
수령은 오백 길,
물은 오백 길,
기슭은 오백 길 되는
소론족 바다에
아흔아홉 억누를 수 없는 망가스 임금의 아들들을
사십구 일 동안 처결하여 던졌네.
데드 멩 샤라의 나라에서
보드마르 뭥겐 산 위로 올라가
오트 올란 보랄을 매어 두었네,
휘청거림 없는 날카로운 백단향나무 창을 꽂았네.
스물네 살 된
화살통 같은
옅은 붉은색 털로 덮인 몸통에 흰 털 덮인 머리를 가진
오트 올란 보랄 준마의
짧은 노랑 솜털은
누운 채 땀이 나지 않았네.
휘청거림 없는 날카로운 백단향나무 창은
가운데 회초리[71]까지
피를 묻히지 않았던 것이네.

'희한하구나,
이 두 불건이 지금도 어릴 때처럼 있나?' 하고
속으로 슬퍼하고
'싸워야 할 적이 어디에 있느냐,
내가 따라 마땅한 통치자는
어디에 있느냐?
눈으로 아니 보았지만,
먼 곳의 소문에,
귀(에 울리는) 메아리에,
낮은 목소리로 열두 나라의
지배자가 된,
들썩대는 빠른 제르데를 가진
명성이 자자한 장가르라는 임금에 대해
웅성대며 들리고 있었다.
의지하는 것이 마땅한 임금이면
가서 의지하고,
의지하지 않는 것이 마땅한 임금이면
흥분한 오트 올란 보랄로
헉헉대게 해서 떠날 뿐이다!
줄 뱃대끈과 뱃대끈이 되는 것을

---

71 가운데 회초리(Дундын шигшрһ): 이 사람의 창에는 적어도 3개의 회초리가 달려 있었던 것으로 보인다. 회초리들의 기능에 대해서는 확인된 바 없으나, 창으로 낸 상처를 더욱 치명적으로 만드는 것이었을 수도 있다.

빼앗아 가더라도!
빠른 오트 올란 보랄로
속력을 내어 갈 따름이다!
날카로운 백단향나무 창으로
함께 네 몸을 창으로 찌르고 갈 따름이다!' 하고,
출발해 달리게 했네.
격렬하게 팔천 번 배를 두드리고,
소리 없이 칠천 번 뒷다리를 채찍질해 버렸네.
티끌에서 날아오르듯 나아갔네,
먼지를 피해 나아갔네.
한 산의 꼭대기 위로
올라오니
사람 없는 광막한 황야가 되어 있네.
'희한하네,
내 말이 더디게 간다는 것인가?' (하고)
안장방석 아래 있던
쾨케 질왕 화살을
척 하고 뽑아 쏘니,
오른쪽 발걸이 밑에서
넘어 올라오는 법 없이 (낮게 날아서) 가네.
일곱 이레 사십구 일 밤낮을 달리게 했네.
(그러자) 안개처럼 퍼진 큰 연기,
길게 늘어선 큰 가축과 게르가
보이는 것이었네.

높은 노랑 얼룩무늬 궁장에서
그 위에 떨어질 참이었네.
낮은 목소리로 열두 나라를
굴복시키고 있는,
스물넷의 억누를 수 없는 망가스 임금의 아들들과 맞닥뜨려
스무나흘 밤낮으로 전투를 했네.
스물네 몸을
강건한 네 활개를 결박하고,
탐바의 붉은 칠로
입과 코를 칠하고,
낮은 목소리로 열두 나라의 지배자가 된,
들썩대는 빠른 올란 제르데를 가진
명성이 자자한 장가르 임금께
선물로 잡아 간지개에 매달았네.
열두 부족
순수하고 순박한 백성을
바르게 돌아서[72] 갔네.
백 곳의 흰 절을
바르게 돌아서 갔네.
육백 곳의 큰 사원을
뒤쪽으로 갔네.

72 바르게 돌아서(зөв эргэд): '태양의 운동 방향으로 돌아서'.

오백 곳 대궐 하인 마을의
앞쪽으로 신속하게 갔네.
높은 노랑 얼룩무늬 궁장들을
바르게 돌아서 왔네.
아침 둑(纛) 해가[73] 떠올라
나오고 있을 때
문 사이에 왔네.
빛나는 둑의 뿌리에서
둑이 떠오르며 올라가고 있을 때 와서 내렸네.
준마는 검은 지달을
지달 씌우는 세 다리에 연결해 놓았네.
가장자리의 황금 기둥에 매어 놓았네.
휘청거림 없는 날카로운 백단향나무 창을
거대한 흰 바위에
보통의 세 용사는 뽑을 수 없도록
가운데 회초리까지 꽂았네.
들어갈 생각을 한
볼링가르의 통치자 유일한 사날이
뒤뚱뒤뚱 걸어,
깔깔거리며 웃고,
기도깃발처럼 흰 문을

73 아침 둑 해가(Өрүн туг нарн): 가능한 해석은 '아침에 둑 같은 해가'.

어깨 위로 미끄러뜨리고
들어가자,
말하느라
혀의 살갗이 닳아 없어진,
(상대가) 한 말을 솜씨 있게 누르느라
입천장의 살갗이 닳아 없어진,
온 이 사람을
신랄한 말로 쫓아 버리려고
느슨한 살쩍 수염의
오른쪽 끝은 저절로 닳아 떨어진
통역 케 질간이라는 두목 통치자가
"이만한 시간에
이 임금과 사람-중생이 얼굴을 맞대고
만나지 않는다.
하려고 하는 말을
내게 말하라.
내가 전하마."라고 했네.
"저기 앉은 네 임금에게 할 말을
네게 말해 버리면
뒤에 네 임금에게 무엇을 말하겠는가?" 했네.
"악랄한 혀를 가진 개로구나!" 하고,
빰을 갈겨 버렸네.
벌 같은 노란 손톱을
등허리 살에 박아 부서져라 꽉 잡고 던졌네.

던져 버린 서슬에
백 곳의 흰 절[74]은
문이 집 위로 걷혀 넘어갔네.
육백 곳의 큰 사원은
아래 벽 덮개가 걷혀 올라갔네.
왼데르 망칸 차간 산의
가운데 허리에 이르러 놓아 버렸네.
'가운데 산의 허리로
마른 소똥 주우러 다니는 아이들과 아낙들이
보지 못하게 하소서.
북쪽의 오백 곳 대궐 하인 마을의
마른 소똥 주우러 다니는
아이들과 아낙들이 보지 못하게 하소서.
악독한 악마 악령이 온 거냐, 너는?' 하고
델 자락을 허리춤에 끼우고 달렸네.
들어와서 보아하니,
위편의 다리 백여덟 개가 있는
부처님의 황금 보좌 위에
주군 성주 장가르가
그림처럼 납시어 계셨네.
바타르 봄바의 궁장에서

74 흰 절(Цаhан хурл): 천막, 즉 게르로 된 절로 짐작된다.

오른편의 사람을 이끌고 앉은 것은
드러난 것과 가려진 것을
명백하게 아뢰고 앉은 것은
쿵캔 알탄 체지,
왼편의 사람을 이끌고 앉은 것은
논쟁자로 이름난
쥐덴 귐베 꼬챙이 칼잡이라네.
오른쪽의 일곱 동아리를
용력 넘치는 홍고르가 이끌었네.
불친 수소만큼 큰 입을 벌리고,
삽처럼 큰 송곳니는 요란한 소리를 내며
발이 닿는 것을 때려 먹으려고 들고,
목이 닿는 것을 깨물어 먹으려고 드는,
두 살짜리 낙타의 발바닥만 한
한 냥짜리 노란 황금 귀걸이는
둥근 귓불을 때리고,
그 가락으로 흔들거리며 나아가,
주정을 하며 앉았네.
'위편에 앉자니
모욕하는 뜻이 되겠고,
문 쪽에 앉자니
두려워하는 뜻이 되겠군' 하고,
가운데 일곱 동아리로
무릎 높이까지 빠져 가면서,

들어가 가운데로 앉았네.
꿀의 맛으로 삼키게 하고
큰 도끼의 맛으로 괴롭히는
발링 떡 같은 붉은 아르자 술자리를 벌이고
쓸데없이 소란을 떨며 있네.
다섯 살 된
탕삭 게렐 소녀가 (타악기를) 연주하면,
탈완 체첸[75] 소년이
약동하며 발을 구르고 몸을 움직여 춤을 추네.
우주의 미남 밍얀이
앵두같이 아름다운 입술을
오른쪽 어깨 위에 던지고,
임금들과 통치자들이 부르는
열 가지 곡조의 노래를
열 개의 흰 손가락을 계속 움직여
내키는 대로 부르고 있네.
이 안에서는
뒤로 온 술 항아리를
뒤에 있는 사람들에게 보내지 않고
빼앗아 마시고 있네.
앞으로 온 술 항아리를
앞에 있는 사람들에게 보내지 않고

75 탈완 체첸(Тальван Цецн): 다른 곳에는 Талван Цецн으로 되어 있다.

빼앗아 마시고 있네.
양쪽으로 온 술 항아리를
양쪽 사람들에게 보내지 않고
빼앗아 마시고 앉았네.
잔을 잡으려고 하는 손을 움켜잡고
목숨을 끊어 버리고 있던 사람은 보지 못하고[76]
그 상태로 소란을 떨며,
어느 임금과의 전투에서
잘하고 온 것을 같이 이야기들 하고,
어느 임금과의 전투에서
잘못하고 온 것을 같이 이야기들 하고,
단기로, 하나하나로
홀로 한 나라를
들여 준 것을 같이 이야기들 하고,
쓸데없이 소란을 떨며 있네.
주군 성주 장가르께
보자트의 (아들) 오치르 게렐 소년이,
소리꾼 숑코르 소년이
노래하고 가서,
잔을 받으려고 하면서
"외방 임금의 사자
열렬한 큰 용사가

76 1240행 전후 내용 참고.

우리 가운데 함께 앉았습니다.
아침에 해가 나올 때부터 그 자리에 앉았습니다.
뒤로 온 술 항아리를
뒤에 있는 사람들에게 보내지 않고
빼앗아 마시고 앉았습니다.
앞으로 온 술 항아리를
앞에 있는 사람들에게 보내지 않고
빼앗아 마시고 앉았습니다.
양쪽으로 온 술 항아리를
양쪽 사람들에게 보내지 않고
빼앗아 마시고 앉았습니다.
잔을 빼앗으려고 하는 우리의 손을
움켜쥐고, 목숨을 끊어 버리고 있습니다.
임금께서 분부 내리시기를,
이 아르자 술을 같이 따르라고 하십니다.
옳은지 걱정입니다.[77]"라고 했네.
"나로 말할 것 같으면,
나의 동무 열두 보동이여,
샤라의 내 육천열두 용사여,
이 아르자 술을 함께 따르라!" 했네.
함께 따르라고 한 소리는
메아리처럼 그렇게 되었다가,

77 임금의 분부를 따라야 옳은 것인지 걱정이라는 의미다.

술 방울보다 조용하게 되었다가,
소리가 같이 멈췄네.
"이 온 소년으로 하여금
주린 배를 불리게 하라.
피막이 생긴 입술을 축이게 하라." (했네.)
아르자 술 열다섯 잔을 주었네,
호르자 술 스물다섯 잔을 주었네.
일고여덟 마리 사슴 고기를 주니,
서너 번 물어뜯어 먹어 치웠네.
강철 아리쇠의 받침다리에
몸을 숙여 무릎 꿇고 왔네.
아르자 술에 입이 뜨거워진,
호르자 술에 배가 뜨거워진
볼링가르의 통치자 유일한 사날의
열 개의 흰 손가락은
소매 안에 모여 쑤석대고 있었네.
거대한 힘은
살갗 속에서 요동치고 있었네.
담갈색 다라니의 눈은
바닥을 서른세 번 뒤집고 있었네.
"다니는 용무를
여기 앉아 말하려고 하나,
당신들의 소란이 커져 있습니다.
임금께서 허락하신다면,

보좌 앞쪽에 가서
말씀드리면 어떻겠습니까?” 하고 말했네.
“일어나 말하라!”고 하자,
일어나 말했네.
일어나 오는 것을
앞쪽에서 보니,
위로 날아오르려 하는
잿빛 푸른 해동청의 자세를 취하고 섰네.
옆에서 보니,
산비탈에서 (던져) 놓은
화려한 노랑 얼룩무늬 이틀렉 매의 모습으로 섰네.
뒤에서 보니,
짐을 잔뜩 실은 불친 낙타 모양으로 섰네.
뒤 어깨의 빛[78]으로는
자신과 차이가 없는
일흔 명의 사자 같은 망가스 임금의 아들들이
일흔 자루 창으로 찌르고
누른 몸에는
몸부림치며 괴로워하는 곳이 한 군데도 없었네.
등과 궁둥이에
자신과 차이가 없는

78 뒤 어깨의 빛(Дальнинь герл): 190쪽 각주 40에서 언급한 바와 같이 무슨 뜻인지 정확하게 파악하기는 어렵다.

(예순아홉 명 사자 같은 망가스 임금의 아들들이)[79]
예순아홉 자루 창으로 찌르고
누른 몸에는
약한 곳이라고는 한 군데도 없는 것을 알았네.
주군 성주 장가르께 주목하며 서 있네.
"제 땅에 대해 묻는다면,
데드 멩 샤라의 나라에서 목영합니다.
제가 탄 말에 대해 묻는다면,
알리마드라는 작은아버지를
산 채로 던져 처결하고,
오트 올란 보랄을
빼앗아 가지고,
휘청거림 없는 날카로운 백단향나무 창을
안장 앞에 가로로 놓고 나온
볼링가르의 통치자
유일한 사날이라는 사람입니다." 하고 말했네.
"데드 멩 샤라의 나라에서
보드마르 뭥겐 산 위로 올라가니,
데드 멩 샤라의 나라를
굴복시킨

79 문맥으로 보아 '예순아홉 명 사자 같은 망가스 임금의 아들들이(Җирн йисн арслң маңһс хаани көвүд)'에 상당하는 구절이 빠진 듯하여 주해자의 판단으로 보충해 넣은 것이다.

아흔아홉 망가스 임금의 아들들이
마흔아홉 날 밤낮으로 전투를 했습니다.
저를 잡는다고 한
아흔아홉 제어할 수 없는 망가스 임금의 아들들을
소론족 바다에 던져 처결했습니다, 제가.
데드 멩 샤라의 나라에서
보드마르 뭥겐 산 위로 올라가,
오트 올란 보랄을 진정시키고
휘청거림 없는 날카로운 백단향나무 창을
꽂아 버리고 앉으려니,
제 오트 올란 보랄 준마는
짧은 노란 솜털이
누워서 땀이 나지 않았습니다.
휘청거림 없는 제 날카로운 백단향나무 창은
가운데 회초리까지
피가 묻지 않았습니다.
'흉한 것 같으니라구!
이 두 가지 것은
지금도 몸이
어릴 적처럼 있구나![80]
싸워 마땅한

---

80 1331행부터 1334행까지의 정확한 뜻을 파악하기 위해서는 좀 더 연구가 필요하다. 번역문은 원문의 구조를 변경하지 않는 범위에서 최대한 의역한 것이다.

전쟁은 어느 것이며,
따라야 할 임금들은 어디 있는가?' 하고
속으로 슬퍼하고 앉아 있자,
눈으로 보지 않았지만
먼 곳의 소문에
귓불에
낮은 목소리로 열두 나라의 지배자가 된,
들썩대는 빠른 제르데를 가진
명성이 자자한 장가르 임금이
당신네에 있다는 소식이
웅성대며 들리고 있었습니다.
의지해 마땅한 임금이면
의탁하고자 왔습니다.
의지하지 않는 것이 마땅한 임금이면
흥분한 오트 올란 보랄로
헉헉대게 해서 떠날 뿐이다,
빠른 오트 올란 보랄로
속력을 내서 떠날 뿐이다,
날카로운 백단향나무 창으로
일시에 그대의 몸을 창질하고 떠날 뿐이다 하고 왔습니다.
이렇게 이것에서
제어할 수 없는 망가스 임금의
스물네 아들들과 마주쳐
스무나흘 밤낮으로 전투를 해서,

강건한 네 활개를 결박하고
탐바의 붉은 칠로
코와 입을 칠해,
그대에게 선물로 데리고 온 것이
제 오트 올란 보랄의
간지개에 있는 것입니다." 하고 말했네.
주군 성주 장가르와
동무 열두 보동과
샤라의 육천 용사 하나하나가,
퀑캔 알탄 체지와
사방에서 살피고,
"자신과 차이 없는 대등한 사람을
우리는 희생시켜 쫓아내지 않는다." 하고
이구동성으로 서둘러 말하고,
들여서 받았네.
볼링가르의 통치자 유일한 사날이 들어와 준
기쁨의 잔치가 이것이 되었다 하고,
아르자 술자리를 벌이며,
쓸데없이 소란을 떨며 있네.
다리가 백여덟 개 달린
부처님의 황금 보위 위에서
주군 성주 장가르가
아르자 술자리에서 말하네.
"나로 말할 것 같으면,

나의 동무 열두 보동이여,
내 샤라의 육천 용사여,
찬란한 내 노란 황금 둑을
잡을 마땅한 사람이 있느냐?
서른여덟이 되도록
적의 손에 주는 법 없이 잡고 다녔다."고 했네.
퀑캔 알탄 체지의 아들이
오른편 관자놀이 쪽에서부터
금강석 있는 황금 투구를
흔들어 벗어,
임금 장가르의 앞에
가지고 가서 놓고,
세 번 머리를 대어 절하고,
오른쪽 무릎에서 축복을 받고,
"임금께서 허락하시면,
찬란한 노란 황금 둑을
제가 잡을 것입니다."라고 했네.
"높이가 백오십 길
너비가 백 길인
찬란한 내 노란 황금 둑을
적의 손에 빼앗기는 법 없이 잡기에는
어떤 정도의 소년이냐, 너는?" 하고 물었네.
"적의 정면에서 잡고 서 있는 것은,
화살이 비와 우박 모양으로

요란한 소리를 내며 와도
적의 손에 빼앗기는 법 없이 잡고 있을 것입니다.
만일에 제가 죽더라도
석삼년 동안
적의 손에 주는 일 없이
찬란한 노란 황금 둑을 잡고 있겠습니다."라고 했네.
둑치 숑코르가 소년을 축원하고,
이레 동안 아르자 술자리가 벌어졌네.
아르자 술자리가 길어지자,
장엄한 부처님의 붉은 홍고르는
아르자 술에 입이 뜨거워지고,
호르자 술에 배가 뜨거워져,
"목숨 같은 붉은 대동맥에다
쇠로 구멍을 내어도 깨어나지 않겠다.
가로막에다 총을 쏘아도 깨어나지 않겠다." 하고,
일곱 이레 마흔아홉 날 밤낮으로 작정하고
백여덟 개의 다리를 가진
부처님의 황금 보좌의
오른쪽 밑돌을 베고,
곤죽이 되어 쓰러지는 것은 이것인가?
아침 둑이[81] 떠오르며 나오고 있을 때,

81 아침 둑이(Өрүн туг): '아침 해가'라는 뜻으로 보인다. 또 다른 가능성은 '아침에 둑이'다.

킹캔 알탄 체지가
성주 쪽으로 한 번 몸을 숙이고,
보동들 쪽으로 한 번 몸을 숙이고,
강철 아리쇠의 받침다리에
몸을 숙여, 앉아서 왔네.
"세 살 적에
어머니와 아버지를
염라대왕이 데려가 고아로 만들었습니다.
일흔 언어의 속민은[82]
적대하는 악마가 되었습니다.
두 살짜리 망아지 퀴렝 갈잔을
노란 비단 허리띠로 몸에 묶고,
나무 방망이 둑 같은 큰 도끼[83]를
제 뒤에 장대올가미 삼아 끌고,
아르샨이라는 산에서
흘러 내려온
아르샨 샤르토[84]라는 이름의 바다를
내리 열여덟 달에 돌아서,

82 일흔 언어의 속민은(Далн келн алвтнь): 나라에서 통용되는 언어가 70개에 달할 정도로 많은 속민, 즉 온갖 다양한 집단의 속민을 말한다.

83 나무 방망이 둑 같은 큰 도끼(шаавр тугин балт): 이 명칭은 아마 큰 도끼의 구조, 형태와 관련이 있을 것이다. 예를 들어 몽둥이 같은 자루와 둑이 있는 큰 도끼를 상상해 볼 수 있다.

84 아르샨 샤르토(Аршан Шарту): 3-7-309에는 아르숀 샤르토(Аршун Шарту).

울면서 달렸습니다.
위에 있는 해는 날카로워져서
어깨로 떠받았고,
아래로 땅은
점점 멀어져
발바닥은 감각을 잃었습니다.
어머니와 아버지는
세상의 이치대로
돌아가실 적에
'일곱 대 전부터 이리로 움직이지 않은[85]
흉맹한 검은 킨제의 곳에 가서 의탁해라[86]!
고족한 사내아이를 번족케 만드는 나라,
가난한 사내아이를 부자로 만드는 나라,
위젱 말라 하브하 임금의 후예,
죽은 자를 살려내는
위젱의 어린 외동아들 장가르라고 하는 사람은
어떤 사람인지 모르니
이들에게는 의탁하러 가지 마라!' 하고
마지막 유언에서 세 마디 말을
어머니와 아버지는
거듭거듭 말했다고 합니다.

---

85 이리로 움직이지 않은(нааран көдлəд уга): '우리를 침범한 적이 없는'.

86 의탁해라(тушич{түшич}).

사나운 퀴렝 갈잔 준마는
생각보다 한 길 빠르고,
바람보다 반 길 빠릅니다.
사나운 퀴렝 갈잔 위에 올라
무거운 노란 큰 도끼를 어깨에 올려 잡으면,
무거운 노란 큰 도끼를 이길
사람이 우리에게는 한 사람도 없고,
사나운 퀴렝 갈잔을 이길
준마가 우리에게는 없습니다.
만일에 검은 킨제 임금과
전투를 벌일 때에
가장 나쁜 사람이 될 사람은
그 사람입니다.
검은 킨제의 곳에 도달하게 하지 말고,
사나운 퀴렝 갈잔 위에 오르기에 앞서,
무거운 노란 큰 도끼를 어깨에 올려놓기에 앞서,
도달하게 하지 말고 산 채로 잡읍시다!" 하고
쿵캔 알탄 체지가
거듭거듭 말했네.
(장가르가) 신호를 주자,
칠천 말치기가
그 즉시 웅성거리며
왼쪽 오른쪽 없이
소란스럽게 말갖춤을 지우는 것이었네.

샤라의 육천 용사가 몸으로,
정예 열한 명이 몸으로,
주군 성주 장가르가
소란스럽게 말에 올라 출발했네.
궁 샤라 다리[87]를 건너서 갔네.
귀르메르 샤라 다리[88]를 건너서 갔네.
큰 산속 벌판의 봉우리를 넘어서 갔네.
작은 산속 벌판의 봉우리를 넘어서 갔네.
풀 없는 메마른 곳으로
물 없는 사막으로
내리 마흔아홉 날 밤낮으로
밤낮 없이 쉬지 않고 갔네.
물 있는 쪽을 빼앗았네.[89]
망아지 쿼렝에서 내렸네.
짧고 검은 관목의 뿌리에서
소년이 두 발을 벌리고 섰네.
황금빛 노란 큰 도끼를
어깨에 올리지 않고
밑으로 휘둘러, 때리고 있던 몸은

87 궁 샤라 다리(Гүн шар тагт): '깊은 노란 다리'.

88 귀르메르 샤라 다리(Гүрмр шар тагт): '(나뭇가지로) 엮은 노란 다리'.

89 물 있는 쪽을 빼앗았네(Усн бийинь булаһад авбл): 구체적인 의미 또는 이차적인 의미가 무엇인지는 파악하기 어렵다. 한 가지 추측은 사막에서 물이 있는 곳을 발견하고 적으로부터 빼앗았다는 이야기가 아닐까 하는 것이다.

사람에게 없는 용사들의
시신을 만들어 쌓아,
(시신이 서로) 발에 발을 베고 쓰러지도록 하고 있네.
준마들이 푸른 산속 초원을 향하게 하고,
안장을 배 밑으로 들어가게 하고,
미친 듯이 올라가게 하고 있었네.
주군 성주 장가르는
야산 위로 올라가
찬란한 노란 황금 둑을 꽂아 버리고,
둑치 숑코르 소년과,
알탄 체지 노인과
"나라의 유일한 소년을
들여 잡는다 하고,
이제 어떻게 할 거냐?" 하고
"나의 중심 큰 국정이
남의 손에 빼앗긴다는 것이냐?" [하고,]
아란잘 빠른 제르데를 타고,
마흔두 개의 자루 가두리장식이 있고
쉰두 개의 낫날이 있는
날카로운 백단향나무 창으로
돌진해 창을 휘둘러 잡으려 했지만,
나중에는 원한을 자제하고,
"큰 적에게 들어가면,
도리어 우리에게 적이 되면 어떻게 할 것인가?" 하고,

두 눈에 힘을 이르게 하지 못하고[90]
울고 앉았네.
공주 샤브달 하탄이
미리 알고,
장엄한 부처님의 붉은 홍고르를
안개 같은 은빛 이마를
오른쪽 무릎 위로 받쳐 잡았네.
열두 개 황금 물병의[91] 물을[92]
안개 같은 은빛 이마에
깨우려고 문지르는 것이네.
"바굴레를 씌워 길들인
나의 가루라의 아들,
온순하게 부르짖는
나의 빠른 흰 이틀렉 매여,
독수리의 억센 힘이 된 나의 홍고르여,
모든 이의 사자(獅子), 모든 이의 태양이 된,
나의 딱한 홍고르여,
지금까지 /어째서/ 자는가, 너는?"(이라고 하면서)
열 개의 흰 손가락으로
앞 머리털을 문지르는 것이었네.

90 두 눈에 힘을 이르게 하지 못하고(Хойр нүднэн күч күрч чэдл уга): '두 눈에 눈물을 가둘 힘을 보내지 못하고', '두 눈에 눈물을 가두지 못하고'의 의미다.

91 물병의(хүүвңгин{хуувңгин}).

92 물을(үсиг{усиг}).

"우리의 원수, 국권을 가진 네 명의 임금이
이 틈을 노려 악행을 자행하는 것이란 말이냐?
수만 악마의 나라가 독을 품은 자가 되었다는 거냐, 네가?
밤의 꿈이 된
가엾은 장가르가 어쨌느냐?
낮의 고통이 된
가엾은 장가르가 어쨌느냐?
지금까지 어째서 자느냐, 너는?" 하고,
열두 개 황금 물병의 물을
거듭거듭 뿌리고 문질렀네.
"가장 먼저 어째서 나를 불러 깨우지 않았습니까?
(그대가) 뒤에 거느린
열한 명 보동은
내 열 개의 흰 손가락으로
비틀어 (잡아)온 놈들 아닙니까?[93]
낫 달린 창끝이
달랑거리고 오면
'아이고, 우리 홍고르!' 하고
내 느림보 쾨케 말의 뒤를 따라오는 협잡꾼들이 아니었습니까?
국권을 가진 원수 진 네 명의 임금을
친구라 치고 출정했습니까?

93 장가르의 측근 11명의 보동조차도 다 홍고르 자신이 굴복시켜 붙잡아 온 자들에 지나지 않는다는 뜻으로 보인다.

수만 악마의 나라를
자신과 화목하다 하고 출정했습니까?
민첩한 퀴렝을 가진
발의 (아들) 올란 아르슬랑은
쾨케 삼바의 비탈에서 돌아다니는
어마어마한 쾨케 갈잔에 말갖춤을 지워라!" 하고 고함쳤네.
발의 (아들) 올란 아르슬랑이
알락 올란의 아들
아르완 타브트를 데리고 출발했네.
구천 마리 준마들 사이로 다니자니,
어마어마하게 멋진 쾨케 갈잔이
네 (다리) 힘줄에 경련을 일으키고 있었네.
바윗돌에 산산조각 튀는 것이 아닌가 하고,
깨끗한 그런 곳에서
깔끔하게 하고 있었던 것이네.[94]
구천 마리의 푸른 몸통에 얼굴에는 흰 털이 난
준마들을 몰아

94 1586행부터 1590행까지는 정확한 뜻을 파악하기 위해 좀 더 연구가 필요하다. 1587행에 우리가 흔히 알고 있는 것 말고 다른 뜻이 더 있는 것이 아닌가 싶고, 이어지는 3행과 의미가 연결되지 않는다. 텍스트는 다음과 같다.
1586 어마어마하게 멋진 쾨케 갈잔이(Хаңhл сәәхн Көк hалзнь) 1587 네 (다리) 힘줄에 경련을 일으키고 있었네(Дөрвн шүрүвснь татад бәәдг санжл). 1588 바윗돌에 산산조각 튀는 것이 아닌가 하고(Хад чолунла хамх тусх биший гиhәд), 1589 깨끗한 그런 곳에서(Цевр тиим hазрт) 1590 깔끔하게 하고 있었던 것이네(Цевкс гиhәд бәәсн бәәжл).

하르가트라는 강으로
고함을 질러 몰아 물을 먹이자
“이제 나를 잡으려고 할 것 아닌가?” 하고,
키 작은 말 위로 올라갔다가,
키 큰 말 밑으로 들어가 있네.
알락 올란의 아들
아르완 타브트를 찾아주었네.
발의 (아들) 올란 아르슬랑[95]은
사람의 힘줄과
준마의 힘줄로
꼬아 만든
사람의 가슴만 한 밧줄을
쉰다섯 마리 말 너머로 던졌네.
가느다란 손잡이 끈에 맞았네.[96]
쾨케 갈잔 준마는
산토끼 같은[97] 멋진 머리를
아름답고 멋진 두 앞다리 밑에 잡고,
마법의[98] 아흔아홉 뒷발질을 했네.

---

95 아르슬랑(арслн{Арслн}): ‘사자(獅子)’라는 뜻으로, 남성의 이름으로도 사용된다.

96 가느다란 손잡이 끈에 맞았네(Нәрн салдрhд тусвл): 두게르수렝(2000: 466)은 ‘가느다란 턱 밑 목으로 들어갔네(Нарийн чихалзуураар нь оров л)’로 옮겼다.

97 산토끼 같은({Елмин{Ялмн}): 3-4-177의 ‘산토끼 같은 멋진 머리를(Ялмн сәәхн толhahан)’을 참고하여 위와 같이 고쳐 읽는다.

98 마법의(Елмн{Илвин}): 2-1-378의 ‘마법의 구천만 모둠발을 시작했네(Илв йисн җува бухад hарв)’, 2-1-542의 ‘마법의 구억 모둠발로 갔네(Илв йирн җува бухад

사나운 하얀 바다의
가파른 세 만(灣)의
벼랑으로 건너뛰어 갔네.
이 밧줄의
마지막 끈을
엄지와 검지로
겨우 잡고 가네.
기민한 쿼렝을
일고여덟 번 뒷다리를 채찍질해,
사나운 하얀 바다를
과감하게 건너뛰어 갔네.
쾨케 갈잔 준마의
솜 같은 등에
밧줄을 겹으로 해서,
거품이 일도록 하고, 때려서 잡아 왔네.
데려와서 오른쪽 옮매듭에
놓고 옮매듭으로 고정시켰네.
퀴켄 차간 말치기를
말과 함께 끌고,
왼쪽 건너편 발결이를

одв)', 2-1-942(초판 1쇄 책에서는 2-1-947로 잘못 표기)의 '마법의 한 모둠발로 갔네(Илвин нег бухад одв)', 2-3-176의 '마법의 한달음으로 겅중거려 갔네(Йилвин негэр бухад одв)' 등을 참고하여 위와 같이 고쳐 읽는다.

땅 표면에 스치게 했네.
사람의 가슴반 한
굵은 밧줄은
실처럼 가늘어졌네.
“어떻게 된 거냐! 밧줄이 끊어졌다!” 하고
알락 올란의 아들
아르완 타브트에게
“앞 머리털과 귀를 잡아라!”라고 했네.
앞 머리털과 귀를 잡고
두세 번 흔들고,
두세 번 무릎을 누르게 하고,
단단한 은제 굴레를
물려 씌워 놓았네.
스무 개의 뒷덜미 가리개를 씌웠네.
스물다섯 개의 단추를 채웠네.
보르한 차간 하탄의 붙이들이
일어났다 앉았다 하면서 짠
붉은 비단 고삐를
갈기 위에 놓았네.
열 길 후릿고삐를
하나는 끌고 하나는 몰아,
잡고 나올 때
백 년 동안 달리기로 마음먹고,
여섯 해 동안 고생하기로 마음먹었네.

샤라 하브하의 문에서,
멩쉬르 샤라 다리의 어귀에서
덩어리[99] 큰 똥을 쏟고
산호 같은[100] 멋진 꼬리를 들어 올리고 섰네.
갈기털 모양 은으로 장식한 땀받이를 놓으니,
고르게 아흔아홉 번을 빙빙 돌다 섰네.
번쩍이는 은제 다래를 놓으니,
다래 끝을 떨고 섰네.
홀오르[101] 은제 안장대를 가진,
광택 없는 은제 안장가리개를 가진
모루 같은 황금 안장을
네 뼘 네 손가락 두께로
씌워 지웠네.
일흔다섯 개 쥠쇠[102] 뱃대끈을
튼튼한[103] 흰 뱃구레의
복판에 닿게 해서 당겼네.
반대로 네 대의 갈비를

99 덩어리(Сөг{Сөң}): 2-1-467의 '덩어리진 많은 큰 똥을 쏟아(Сөң дала ик баасан асхад)'를 참고하여 위와 같이 고쳐 읽었다.

100 산호 같은(Сөгин{Шур}): 2-1-466의 '산호같이 근사한 꼬리를 들어 올려(Шур сəəхн сүүлəн сегләд)'를 참고하여 위와 같이 고쳐 읽었다.

101 홀오르(Холвр): 몽골어계 사전들과 『장가르』 연구 논저들에서 확인되지 않는 형태다. 다른 곳에서는 '할와르(Халвр)'의 형태로 출현한다.

102 쥠쇠(һорьк): 조선 司譯院 李億成(1790) 간행 『蒙語類解』 下卷 「鞍轡」편에 "折舌 '혀쇠' 골기". 몽골문어의 γorki, 할하몽골어의 горхи 등에 해당한다.

103 튼튼한(һоң{һом}).

옆구리가 끊어져라 당겼네.
아름다운 노란 올른촉을 그 위에 채웠네.
끈에 달린 여든여덟 개 방울을 (사방에서 쩔렁거리게 했네.)[104]
네 방향에는 가슴가리개를 채웠네.
단단한 은제 가슴가리개를 채웠네.
튼튼하고 멋진 후걸이를
뒤쪽 옆구리 위로 채웠네.
보르한 차간 하탄의 붙이들이
일어났다 앉았다 하면서 짠
붉은 비단 고삐를
앞가리개에 걸었네.
샤라 하브하의 문에서
열 길 부드러운 비단
후릿고삐를 한 길 반 잡고 섰네.
위대한 능력을
뒤 궁둥이에 지니고,
빨라지는 몸을
네 개의 검은 발굽에 지니고,
샤라 하브하의 문에서
이 말이 이렇게 저렇게
움직이고 있네.

104 텍스트의 다른 부분을 참고하건대 '사방에서 쩔렁거리게 했네(Дөрвн үзгнь шаргулвл)' 정도의 내용이 누락되었을 것으로 짐작된다.

출정을 마음먹은
장엄한 부처님의 붉은 홍고르가
솜씨 좋은 어머니가 엮으시고
오르얀 바담[105]이 마른
에르웽이라는 이름의 킬렉을 입었네.
에르덴 홀[106] 열두 겹 뷔시뮈드를 입었네.
일흔 마리 말 값의 올와를
왼편 옆구리에 걸쳤네.
목숨의 수호자인 길고 흰 군도를 그 위에다 끈고리로 채웠네.
일흔 마리 불친 수소의 가죽으로 안을 감은,
여든 마리 불친 수소의 가죽으로 겉을 싸맨,
뼈 강철[107]로 단추를 만든,
불린 강철로 고들개를 만든,
목초지의 가장자리에서 자란
홀로 있는 섬개야광나무로 자루를 만든,
가죽을 단단하게 감은 화려한[108] 심이 있는 엘뎅[109] 채찍을,
열다섯 마리 불친 수소의 가죽으로
가까스로 손잡이를 만들 수 있었던

105 오르얀 바담(Уръян Бадм): 3-1-441의 '오르진 바담(Уржң Бадм)' 참고.

106 에르덴 홀(Эрдңь хул): 다른 곳에서는 '에르데니의 홀(Эрднин хул)'로 쓰였다.

107 뼈 강철(Ясн болд): 이런 물질이 현실에서는 존재할 수 없을 것이다. 아마 두 명사 모두 '단단함'의 이미지를 갖고 있기 때문에 동원되었을 것이다.

108 화려한(әрә{әрә}).

109 엘뎅(елдң): 부드러운 가죽을 여러 겹으로 꼬아 만든 굵은 채찍.

가죽을 단단하게 감은 화려한[110] 심이 있는 엘뎅 채찍을
오른손에 잡고,
“먼저 나를 부르지 않았는가?” 하고
오른손에 쥐고 나오자,
피어오르는 붉은 즙이
어린아이만 한
손가락 틈으로 떨어지고 있었네.
튼튼한 백단향나무 문지방을 밟고 나왔네.
가여운 쾨케 갈잔 준마는
왼쪽 발걸이를 내어주고 섰네.
왼쪽 발걸이를 밟고
바깥쪽 발걸이에 발이 닿지 않고 갈 때,
안정된 쾨케 갈잔 준마가
나라 가운데서 빙빙 돌다,
부족 가운데서 겅중거리며 간 몸에는
익숙한 홍고르가
은으로 된 둥근 안장방석에
장난치듯 뛰어올라 갔네.
바깥쪽 발걸이 울리는 소리를 내지 않고 뛰어올라 갔네.
귕 샤라 다리를 건너갔네.
귀르메르 샤라 다리를 건너갔네.

110 화려한(əpə{əpə}).

큰 산속 벌판의 봉우리를 넘어갔네.
작은 산속 벌판의 봉우리를 넘어갔네.
풀 없는 메마른 곳으로,
물 없는 사막으로
내리 마흔아홉 날을
밤낮 없이 쉬지 않고 갔네.
당도해 와서
물 있는 쪽을 빼앗았네.
망아지 퀴렝에서 내렸네.
짧은 검은 관목의 뿌리에
두 발을 벌리고 섰네.
사람에게 없는 용사들이
발에 발을 베고 쓰러져 버리고,
준마들은 푸른 산속 벌판을 향해 달리고,
말 떼를 만들어 버린
주군 성주 장가르는
둑치 숑코르 소년과,
알탄 체지 노인과
이 세 사람이 남아,
작은 야산으로 올라가
"나라의 유일한 소년을
들여 잡는다 하더니
이제 어떻게 된 거냐, 이것은?
중심의 국권을

남의 손에 어째서 빼앗긴 것인가, 이것은?" 하고,
찬란한 노란 황금 둑의 뿌리에서
울고 앉았을 때
붉은 홍고르 통치자가
들어와, 당도했네.
"바굴레를 씌워 길들인
내 가루라의 아들이여,
온순하게 부르짖는
나의 빠르고 흰 이틀렉 매여,
독수리의 거센 힘이 된,
모두의 사자(獅子)가 된
해와 같은 나의 홍고르여,
왔는가?" 하고
외치며 함성을 질렀네.
외쳐 버린 함성에
큰 도끼를 휘둘러 감당할 수 없게
휘둘러 때리던 자가,
사람에게는 없는 용사들을
발에 발을 베고 쓰러지도록 만들고
시신을 만들어 쌓고 있던 자가
홍고르가 다가오자
"네 목을 부러지게 때릴 것이다.
네 빗장뼈가 바스라지게 때릴 것이다.
만일 때리지 못했다가는

이것을!" 하고는
여덟 면을 가진
황금빛 노란 큰 도끼를
입에 대어 입 맞추고,
오른쪽 제 어깨 위에 던져놓고 멈춰 섰네.
"목을 부러지게 때려도,
빗장뼈가 바스러지게 때려도
허우적대는 너의 네 활개를 허우적대게 두고,
근사한 쾨케 갈잔의 갈기 위로 (너를)
이번 낚아채기에 잡지 못하더라도,
다음 낚아채기에 잡지 못하더라도,
이번 생에서
주군 성주의 처벌을 받겠다.
다음 생에서
불법(佛法)의 임금[111]으로부터 문책을 받겠다!" 하고
느림보 쾨케 갈잔의
앞 머리털을 잡고 때렸네.
원기 왕성한 쾨케 갈잔 준마가
제 머리를 곧추세워 주었네.
(홍고르가) 원기 왕성한 쾨케 갈잔의
갈기 위로 날아올라,

111 불법의 임금(Номин хаан): 염라대왕의 별칭 가운데 하나.

튼튼하고 단단한 제 은제 안장의 앞으로
가져다 잡아 때렸네.
쾨케 갈잔 준마는
큰 도끼의 서슬에
두 앞발로
몸을 숙이고 날아갔네,
턱으로 땅의 표면을
긁으며 갔네.
튼튼하고 단단한 은제 앞가리개는
탁 하고 튀어 달아났네.
원기 왕성한 쾨케의 궁둥이에
모루 같은 황금 안장이
닿아 스치며 갔네.
그 낚아채기에 잡지 못하고 나왔네.
돌아와 다시 시도한 낚아채기에서
황금빛 노란 큰 도끼로
어깨(빗장뼈 부위)를 때렸네.
장엄한 부처님의 붉은 홍고르가
"이 큰 도끼를 돌려받아라!" 하고,
고함을 지르고 돌진해 들어갔네.
정상에 오른 두 망가스[112]에게 다짐했을 때,

---

112 두 망가스(хойр маңнс): 홍고르와 사와르를 가리킨다. 괴력을 가진 두 초인을 망가스에 비유한 것으로 보인다.

수많은 전쟁의 발길에 숙달된,
수많은 큰 도끼의 등으로
머리를 맞아 단련이 된,
불꽃 같은 쾨케 갈잔 준마는
잘 들리는 멋진 귀를
번갈아, 가위질하듯 움직이며 왔네.
암사슴 같은 강철 눈을
치뜨며, 내리뜨며
번갈아 가며 왔네.
입과 코로는
대동맥의 검은 피를
세차게 토하며 갔네.
세차게 토하고 마주쳐 간 몸은,
제 큰 도끼를 근사한 쾨케의 갈기 위에서
네 활개를 허우적대며 잡고 왔네.
주군 성주의 가까이서
하나는 맞아서 기절해 쓰러져 갔네.
하나는 큰 도끼를 들어 올려 잡고,
화가 나서 맞서 나아갔네.
두 소년을
'이만한 망가스 같은 친구들이
서로 다짐을 하고 서로 제대로 때렸다가는,
뒤에 큰 전쟁에 들면
원한을 품고

서로 같이 때리고 죽어 갈 것이다' 하고,
둘이 목숨 없이
기절해 쓰러져 있을 때
목에 있던
사나운[113] 흰 부적을
바꿔 채웠네.
둘을 형제로 만들었네.
"이 두 사람이
이해, 이달, 이날
축성(祝聖)의 맹세를 받고
형제가 되었다!" 하고,
국권을 가진 네 임금에게
네 사신을 보내 확인했네.
오래 걸리지 않아
구름같이 흰 약을 바르고,
신성한 흰 부적으로
축복을 받게 하고,
아르샨 빌렉의 비[114]가 오게 해
방금(까지 싸우다 죽은) 사람들을 깨워서,
낮이라 해서 멈추지 않고

---

113 사나운(күүкн): '순종하지 않는, 제어가 되지 않는, 제 멋대로 구는'. 부적 주인들의 평소 성격과 일치한다고 볼 수 있다.

114 아르샨 빌렉의 비(Аршан билгин хур): 직역하면 '광천수 지혜의 비'.

밤이라 해서 묵지 않고
내리 사십구 일을 가서,
봄바의 흰 궁장에 이르러
바른쪽 왼쪽 할 것 없이 소란스럽게 내렸네.
위편에
백여덟 개의 다리를 가진
부처님의 노란 황금 보좌 위에
그림 같은 주군 성주 장가르가 납시었네.
오른쪽의 사람을
컹캔 알탄 체지가 이끌고 앉았네.
왼쪽의 사람을
쥐덴 검베 꼬챙이 칼 노인이 이끌고 앉았네.
오른쪽 일곱 동아리를
용력 넘치는 붉은 홍고르가 소리 없이 이끌고,
주군 성주 장가르로부터
최고의 사랑을 받으며 앉네.
"왼쪽의 일곱 동아리를
꿈같이 이끌 사람은
갈 태제의 아들
미치광이 붉은 사와르[115]이다!" 하고 말했네.
귀순한 보동들의

115 미치광이 붉은 사와르(һалзу Улан Савр): 사람의 이름으로, 직역하면 '미치광이 붉은 발톱'.

말의 짧은 갈비와 쓸개즙을
갖는다고 말하네.[116]
"한 살짜리 망아지 적에
백만 일만 호[117]로
값을 치르고 산
멋진 내 퀴렝 갈잔 준마의
짧은 갈비와 쓸개즙을
장가르의 빠른 제르데에서 나오면 가지시오.
나는 그대들에게 지금도 귀순하지 않았소!" 하고 있네.
그래서 짧은 갈비와 쓸개즙을
갖지 않기로 하고,
왼편의 일곱 동아리를
꿈같이 이끌었네.
아란잘 제르데 빠른 준마가
입이 뜨거워져[118] 달리고 있지 않을 때는,
낮은 목소리로 열두 나라를
더 돌고 와서는
똑같이 서 있었네.
사나운 퀴렝 갈잔 준마는

---

116 말의 짧은 갈비와 쓸개즙을 갖는 것은 말을 죽여야 가능한 일인데, 귀순 의식의 일부가 아니었을까 짐작된다.

117 백만 일만 호(Сай түмн өрк): '백만 호'의 착오일 가능성이 있다.

118 입이 뜨거워져(Амнь халж): '도취되어, 흥분하여, 말이 많아져'와 같은 해석이 가능하다.

생각보다 한 길 빠르고
바람보다 반 길 빠르네.
젊은 사람이
여덟 면 황금빛 노란 큰 도끼를
휘둘러 잡는 것은
사람이 젊고 힘이 있다 해도
큰 도끼의 힘을 넘어서지 못하기 때문이네.
“갈 태제의 아들
미치광이 붉은 사와르가 들어와 주어서
기쁨의 잔치가 되었다!” 하고,
일곱 이레 마흔아홉 날 밤낮을
큰 천막 모양의 아름다운 봄바의 궁장에서
쉰네 동아리를 이루고
아르자 술자리를 벌이며
사와르 통치자가 축원하고 앉았네.

4. 샤라 비름스 임금의 도니라는 이름의 투구, 그리고 공격할 때 번개 치는 검을 홍고르가 빼앗아 오는 마당

큰 천막 모양의[1] 노랑 얼룩무늬 궁장에서
쉰네 동아리를 이루고,
서로 부대낄 일 없이, 쓸데없이 소란 떨며,
아르자 술자리를 함께 벌이고 있었네.
가장 위편에는
백여덟 개의 다리를 가진
부처님의 노란 황금 보좌 위에
그림같이 납시는 분은
주군 통치자 성주 장가르라네.
오른편 사람을 이끄는 것은
당냔[2] 하마 다마 임금의 아들
달라 체지 노인[3]이라고 하네.

---

1 큰 천막 모양의(Шатр болген{Шатр болгсн}).

2 당냔(Даңнян): 뜻은 확인되지 않는다. 3-3-551과 3-7-258에는 '당얀(Даңъян)'으로 나오며 뜻은 역시 미상이다.

3 달라 체지 노인(Дала Чееж өвгн): 직역하면 '바다와 같은 가슴 노인'. '알탄 쿵캔 체지'

왼편 사람을 이끄는 것은
쥐덴 귐베 꼬챙이 칼 노인이라네.
오른편 일곱 동아리를
용력 넘치는 홍고르가 이끌었네.
왼편 일곱 동아리를
꿈같이 이끄는 것은
갈 태제의 아들
미치광이 붉은 사와르라네.
아르자 술자리가 길어졌네.
장엄한 부처님의 붉은 홍고르가
아르자 술에 입이 뜨거워졌네,
호르자 술에 배가 뜨거워졌네.
“나는 백 나라에서 이름이 난 꾀보야!
나는 여섯 나라에서 이름이 난 도둑이야!
태키의 망가스 임금의 고장을
혼자서 무너뜨리고 온 홍고르야, 내가!
태생으로 백호(百戶)야, 나는.[4]
솔직히 여기 있는 사람 중에
나만 한 사람은 한 명도 없다고!” 하고 말했네.
위용에 빛나는 붉은 홍고르가

의 다른 이름 가운데 하나.

4 태생으로 백호(百戶)야, 나는(Төрләрн зун өркв): 직역으로, 진정한 의미가 무엇인지는 좀 더 연구가 필요하다.

되는대로 흔들거리며 나아갔네.
불친 수소만 한 큰 입을 벌리고
삽처럼 큰 송곳니로 요란한 소리를 내며
발이 닿는 것을 때리려 들었네,
목이 닿는 것을 물어 버리려 들었네.
오른쪽 사람들을 이끄는,
드러난 것과 가려진 것을
가까이서 보고 온 것같이 아뢰는
퀑캔 알탄 체지 노인이
성주 쪽으로 한 번 숙이고,
보동들 쪽으로 두 번 숙였네.
"육천열둘 우리에게
거드름을 피우는 대신에,
해가 뜨는 남쪽에 있는
후세에 적이 될
악독한 샤라 비름스 임금의
도니라는 이름의 투구,
공격할 때 번개가 치는 검을
가져오면 적을 누른
훌륭하고 좋은 사내가 될 것이다, 네가."라고 했네.
이튿날 아침이 되자,
주군 성주 장가르가 말하네.
"도니라는 이름의 투구,
공격할 때 번개가 치는 검

그 둘을 반드시
홍고르가 가져오는 것이 마땅하게 되었다!
장엄한 부처님의 붉은 홍고르가
어떤 모양으로 갈지,
퀑캔 알탄 체지 노인은
왜곡하지 말고 똑바로
길을 가리켜 주도록 하시오!" 하고
퀑캔 알탄 (체지에게) 지시했네.
퀑캔 알탄 체지가 말했네.
"영예로운 성주 장가르의
장엄한 부처님의 붉은 홍고르가
장가르네 사람들과 다투고,
반목해서 나간다 하고 가게!
의탁해 마땅한 임금이 아니었기
때문에 떠났다 하고 가게.
그렇게 의탁해 있다가, 가져 마땅한
도니라는 이름의 투구,
공격할 때 번개가 치는 검을
그렇게 알아내서 가져오게!"라고 했네.
큰 천막 모양의 노랑 얼룩무늬 궁장에서
이레 밤낮을 아르자 술자리를 벌였네.
출정을 마음먹은 장엄한 부처님의 붉은 홍고르가
"발의 (아들) 나의 올란 아르슬랑이여,
느림보 쾨케 갈잔을 데려와 말갖춤을 지워라!"라고 했네.

발의 (아들) 올란 아르슬랑이
단단한 은제 굴레를 가지고
종종걸음으로 달려 나갔네.
전쟁의 발길에 단련된 쾨케 갈잔 준마를
전쟁꾼 살이라고 하네,
칠십 일 전부터 떨고 있었다네.
고통꾼 살이라고 하네,[5]
백 일 전부터 떨고 있었다네.
'나를 웬 먼 곳에 보내는가?장
네 개의 내 검은 발굽이
바윗돌에 부딪쳐
산산조각 나는 게 아닐까?' 하고
눅눅한 곳을 밟지 않고,
깨끗한 그런 곳에서
깔끔하게 서 있네.
발의 (아들) 올란 아르슬랑이
단단한 은제 굴레를
물려 씌워 주었네.
스물다섯 개의 뒷덜미 가리개를 씌웠네.
스물다섯 개의 단추를 채웠네.
보르한 차간 하탄의 붙이들이

5 준마의 살(근육, 힘줄 등)이 전마(戰馬)로서의 살, 고통을 이겨내는 자의 살 등으로 이루어졌다고 믿었던 것이 아닌가 한다.

일어섰다 앉았다 하면서 짠
붉은 비단 고삐를
갈기 위로 던졌네.
열 길 부드러운 비단 후릿고삐를
한 길 반을 잡고, 끌고 나갔네.
고통받기로 마음먹은 쾨케 갈잔 준마는
산호 같은 멋진 꼬리를 들어 올리고
덩어리 큰 똥을 싸고
백 년을 달리기로 마음먹었네,
육 년을 고통받기로 마음먹었네.
샤라 하브하의 문에 데리고 와
"보동 홍고르의 쾨케 갈잔을
봄바의 샤라 하브하의 문에서
말갖춤 지울 차례가 되었습니다!" 하고
외치고는 말갖춤을 지웠네.
갈기 같은 은제 땀받이를 놓자,
고르게 아흔아홉 번을 빙빙 돌고 섰네.
번쩍이는 은제 다래를 놓자,
다래 끝을 떨고 섰네.
할와르[6] 은제 안장대에
광택 없는 은제 안장가리개가 딸린

---

6 할와르(Халвр): 몽골어계 사전들과 연구서들에서 확인되지 않는 형태로, 3-3-1663에서는 '홀오르(Холвр)'의 형태로 출현한다.

모루 같은 황금 안장을
원기 왕성한 쾨케 갈잔에게
네 뼘 네 손가락 두께로 씌워 지웠네.
아름다움을 위해 만들게 한
일흔다섯 개 죔쇠가 있는
뱃대끈으로 여덟 대 갈비를
졸라매어 놓았네.
튼튼한 흰 뱃구레의
복판에서 졸라매 당겼네.
반대로 네 대의 갈비를
그 반대편의 것이 끊어져라 당겼네.
아름다운 노랑 얼룩무늬 올른촉[7]을
그 위로 채웠네.
끈에 달린 여든여덟 개 방울을
사방에서 쩔렁거리게 했네.
붉은 비단 고삐를
안장의 앞가리개에 걸었네.
열 길 부드러운 비단 후릿고삐에서
한 길 반을 발의 (아들) 올란 아르슬랑이 잡고 섰네.
속력을 내서 가기로 마음먹은 쾨케 갈잔 준마는
날아갈 듯[8] 서 있었다고 하네.

---

7 올른촉(олнцг): 사람의 몸과 옷을 발걸이 끈과의 마찰로부터 보호하기 위한 물건이자 치레거리로서 안장 위에 놓인다.

출정을 마음먹은 붉은 홍고르가
솜씨 좋은 어머니가 엮으시고
오르얀 바담이 마른
에르웽이라는 이름의 킬렉을 입었네.
에르데니의 홀이라는 이름의
열두 겹 뷔시뮈드를 입었네.
일흔 마리 말 값의 올와를
왼편 옆구리 위에 걸쳤네.
판금으로 만든 흰 칼집에 든
큰 강철 군도를 그 위에 끈고리로 채웠네.
출정을 마음먹은 장엄한 부처님의 붉은 홍고르가
"샤라의 육천 하나하나,
동무 열두 보동 하나하나,
주군 성주 장가르와
알탄 퀑캔[9] (체지) 노인께서
평안하고 건강하게들 계시기를!"이라고 했네.
청동 성물에 이 사람[10]이
가서, 머리를 대고 절했네.
일흔 마리 불친 수소의 가죽으로 안을 감은,

8 날아갈 듯(Хальгн-дальгад): 몽골어계 사전들이나 『장가르』 연구서들에서 확인되지 않는 형태다. 동사 '날아오르다(хальх)'와 관계가 있을 것으로 짐작되어 위와 같이 옮겨 두었다.

9 퀑캔(Күңкә{Күңкән}).

10 홍고르를 가리킨다.

여든 마리 불친 수소의 가죽으로 겉을 싸맨,
불린 강철로 단추를 만든,
목초지의 가장자리에서 자란,
홀로 있는 섬개야광나무로 자루를 만든,
열다섯 마리 불친 수소의 가죽으로
가까스로 손잡이를 만들 수 있었던,
가죽을 단단하게 감은 엘뎅 채찍을
오른손에 쥐고,
튼튼한 황금 문지방을 밟고 나갔네.
가여운 쾨케 갈잔에게 다가갔네.
쾨케 갈잔이 안정되어 있었네.
준마의 왼쪽 발걸이를 밟고,
오른쪽 발걸이에 발을
대지 않고 갈 때
산토끼 같은 멋진 머리를
아름답고 멋진 두 앞다리 밑에 잡고,[11]
마법의 아흔아홉 뒷발질을 하고 갔네.
익숙한 홍고르는
은으로 된 둥근 안장방석에
장난치듯 뛰어올라 갔네.
바깥쪽 발걸이를 울리는 소리를 내지 않고

---

11 177-178행은 뒷발질할 때 머리를 한껏 숙인 모습을 묘사한 것으로 짐작된다.

나아갔네.
백 곳의 흰 절을
바른쪽으로 돌아서 왔네.
육백 곳 큰 사원의 뒤쪽으로,
오백 곳 대궐 하인 마을의 앞쪽으로
안정된 쾨케 갈잔을 타고 갔네.
주군 성주 장가르와
동무 열두 보동이 뒤에서
"마음먹은 과업을 완수하고
멋진 쾨케 갈잔의
앞 머리털에 해가 솟아서 오게!" 하고들 말했네.
한 해 내내 달리게 해서,
일 년 열두 달을 달리게 해서,
어느 산의 꼭대기 위로 올라갔네.
속민들이 사는 곳 가장자리에서
겨우 떨어져 나와서 가네.
"내 말의 게으름에
이러고 있었던 모양인가?
내 고장이 넓어져서
이렇게 된 것인가?" 하고
안장방석 밑에 있던
쾨케 질간 화살을
탁 뽑아서,
놓아 버렸다고 하네.

오른쪽 발걸이 밑에서
넘어 올라오는 법 없이 (낮게 날아서) 갔네.
격렬하게 팔천 번 배를 두드렸네,
소리 없이 칠천 번 뒷다리를 채찍질했네.
티끌에서 날아오르듯 나아갔네.
일곱 이레 마흔아홉 날을
달리게 해서 갔다고 하네.
안개처럼 퍼진 큰 연기,
길게 늘어선 큰 가축과 게르가
보였다고 하네.
샤라 비름스 임금네로 와서,
바위 동굴에 게으름뱅이 쾨케 갈잔을
볼품없고 빈약한 주사위로 만들어 던져 버리고
홍고르 자신은 걸어서 왔네.
"어째서 이렇게 왔는가?" 하고
샤라 비름스 임금네 사람들이
물었다고 하네.
"주군 성주 장가르와
나라와 영지로 반목해서 왔소." 하고 말했네.
"샤라 비름스네 사람들, 당신들에게 의탁하여,
당신들의 관원이 되겠소." 하고 원하자
관원을 만들어 받아들였네.
홍고르 통치자가 의탁하고 있었네.
그들을 굴복시키고 있던

해악의 나라들을 눌러 주었다고 하네.
하루에 세 사람을 사냥해 먹는,
자신들을 위협하고 있던
외눈박이 괴물들을
복속시켜 주었다고 하네.
홍고르 통치자가 그러고 나서 비름스
임금에게 말하네.
"저는 이
톨보타 보르 말[12]을 가진
보트호의 아들 삼발의 아우 되는 아가씨를
아내로 취할 생각입니다." (그러자)
톨보타 보르 말을 가진
보토호의 아들 삼발과
샤라 비름스 임금이
"옳다!" 하고 (아가씨를) 주었네.
이만저만 되었을 때에
아내로 취한 하탄에게서 아들이 나왔네.
아들이 두세 살 될 때까지 있다가,
갑자기 홍고르가 병이 들게 되었네.
뜨거운 여름의 가뭄에 사냥한 새,
가축의 붉은 고기를 삼켰네.

12 톨보타 보르 말(Толвта бор мөр): 직역하면 '점박이 총이말'.

"긴 병으로 내 엉덩뼈가 감각을 잃어 가고 있다." 하고 소문을 퍼뜨렸네.
임금과 하탄이, "큰 도움을 준
홍고르인데, 몹쓸 중병이 들었구나!"
하고, 악취에 들어가지는 못하고,
다리와 베개 맡에서 따로 지키고 있었네.
천 명의 의원을 데려와
맥을 짚게 했네.
맥을 짚은 천 명의 의원이
악취 때문에 들어갈 수 없었네.
천 명의 의원이 맥을 짚겠다고
비단실을 아래 벽으로 들여 주었네.
자신의 손목이 아니라,
닭의 다리에 묶었네.
닭을 쥐고, 홍고르가 고통스럽게 했네.
천 명의 의원이 차례로 앉아
비단 끈으로 맥을 짚었네.
"흉하고 이상한 일이다!"라고들 말하네.
어떻게 된 것인지 묻자,
"처음 진맥했을 때는 위로 날아다니는
날개 달린 것의 맥 모양이 나옵니다.
두 번째로 진맥을 하자 밑으로 달리는
발톱 있는 것의 맥 모양이 나옵니다.
사람의 맥이 아니고

수상하고 특이합니다.
고통을 겪는 사람의 맥이
아닌 것으로 나옵니다.
고통을 당하는 짐승의 맥
모양입니다." 하고 의원들이 말했네.
그러자 임금이 말했네.
"너희 천 명은 모두 의원도 아니다!
천 명 모두 사형에 처하겠다![13]" 했네.
천 명의 점성술사를 데리고 와서
점성술 책을 보게 했네.
점성술 책은 음식을 해서,[14]
점성술 책에는 징후가 나올 수 없었네.
"점성술사들도 아니다, 너희들은!" 하고,
전부를 임금이 사형에 처했네.
"외르겐 샤르탁이라는 이름의 바다 저쪽에,
열두 마리 푸른 머리[15] 오리라고 있습니다.
(그들의) 형은 황금 머리를 가진 푸른 머리 오리입니다.

---

13 사형에 처하겠다!(хәәчлә харhулнав!): 직역하면 '가위와 만나게 하겠다, 내가!'인데, 가위와 만나게 하는 것이 어떻게 사형에 처하는 것과 같은 뜻이 되는지 그 배경은 파악하기 어렵다.

14 음식을 해서(идә-буда кеhәд): 직역이다. 이차적인 의미를 확인하기 위해서는 좀 더 연구가 필요하다.

15 머리(баш): 칼미크어를 비롯한 몽골어 사전들에서는 확인되지 않으나 튀르크어 차용어라고 할 경우 '머리'라고 새길 수 있고, 문맥도 더 자연스러워 보인다. 클로슨(1972: 375) 참고.

나의 이 병에
그 열세 마리[16] (푸른) 머리 오리 중
하나로 탕을 해 마시면
낫던 것이었습니다."라고 했네.
"(장가르네에서 오리를) 잡아오던 사람은 사와르 통치자였습니다.
(이곳에서는) 사와르의 말과 맞먹는 말을 가진,
사와르의 몸과 맞먹는 사람은
이 톨보타 보르 말을 가진
보트호의 아들 삼발인 것을 아룁니다.
이 사람도 그 열세 마리 오리에서 (한 마리를)
잡아올 수 있다는 것을 제가 압니다.
보트호의 아들 삼발을 보내
한 마리를 잡아오게 하소서!" 하고 말했네.
"톨보타 보르 말을 가진
보트호의 아들 삼발은
외르겐 샤르탁이라는 이름의 바다 저쪽에 있던
열세 마리 푸른 머리 오리 중 한 마리를
당장 가서 잡아오너라!
아르슬랑의 붉은 홍고르에게 탕을 해 주자!"
하고 임금이 말했네.
"그대의 그 날개 있는 새는

16 열두 마리 푸른 머리 오리에 황금 머리를 가진 푸른 머리 오리를 합치면 열세 마리가 된다.

발굽 가진 우리의 말이 도달할 수 있는 것이 아닙니다." 하고 (삼발이) 대답했네.
"그대의 열세 마리 푸른 머리 오리는
열두 보동의 목숨입니다.[17]
황금 머리를 가진 푸른 머리 오리는
영예로운 장가르의 목숨입니다.
그것에 도달한 유일한 것은
사나운 네 살짜리 독수리라는 새였습니다.
힘차게 나는 네 가지 신통력을
사와르의 사나운 퀴렝 갈잔이 따라잡아 빼앗아 가 버렸습니다." (하고 홍고르가 말했네.)
"흙 있는 황금 세상의 날개 가진 새, 발굽 가진 말이
당도할 수 있는 것이 아닙니다." 하고 삼발이 말했네.
"갈 만한 두 살짜리 망아지 한 마리도 없지는 않다, 그곳에,
갈 수 있는 단 한 사람의 소년도 없지는 않다.
가서 가져올 필요가 있다." 하고 임금이 말했네.
"임금의 명령은 하나뿐,
매의 움켜잡음도 한 번뿐이 아닙니까.
그러나 저를 보내고 계십니다.
그대의 홍고르는 진실로 불목해서 온 사람이 아닙니다!
도니라는 이름의 투구,

17 『장가르』, 『게세르』 등 몽골 전통문학에서는 간혹 적의 목숨이 그의 몸에 있는 것이 아니라 다른 어느 것으로 있다는 식으로 이야기된다.

공격할 때 번개가 치는 우리의 검을
저를 보내 버리고, 빼앗으려 하는 사람입니다!"라고 말하고,
톨보타 보르 말을 가진
보트호의 아들 삼발이 (푸른 머리 오리를) 가져오러 떠나게 되었네.
홍고르의 문으로 왔네.
"홍고르 당신!"이라고 하자,
(홍고르는) "건강하게 과업을 완수하고 오시게.
두 부족 사이에서 자네를 기다리고 있겠네!" 하고는 가 버렸네.
임금과 하탄은 베개와 다리 맡에서
스무날 밤낮을 내내 밖에서 지키고 있네.
보트호의 아들이 떠난 뒤에
"내 몸이 좋아지고 있습니다. 가져오고 있는 모양입니다.
두 분께서는 돌아가 주무십시오." 하고 말했네.
임금과 하탄이
"차도가 있거라, 그러면." 하고는
축원을 하고 돌아들 갔네.
보내고는 부인에게,
"이 우리 샤라 비름스 임금의
도니라는 이름의 투구,
공격할 때 번개가 치는 검은
어디 있나?" 하고 물었네.
"어디 있는지 모릅니다." 하고 부인이 말했네.
"이태 삼 년을

같이 살지 않았나, 우리가?
자식도 생기지 않았나, 우리가?
봄바의 나라를 저버리고
이것을 위해 왔네, 나는.
나를 왜 믿지 않는 건가, 자네는?
홍고르의 유일한
두 살짜리 아들을
손을 끌고 데리고 가서
동냥이나 해서 배를 채우게.
이 두 물건 때문에
내 생애와 몸뚱어리를 탈진시켜 가면서 왔네.
이것을 숨기지 말고 나에게 말하게!"라고 했네.
"침대 머리맡 아홉 척
땅 밑에 있어요." 하고 말했네. (이어)
"빛은 해의 빛보다 일곱 배 이상
밝은 것입니다." 하고 말했네.
장엄한 부처님의 붉은 홍고르가
벌떡 일어났네.
"못되기도 하지요! 어찌된 일인가요, 이것은?
사실 당신을 이런 사람이라고는 생각지 않았어요.
어느 못난 시녀가
어느 나라 사람 덕분에
입을 잘못 놀려 독살되어 버리겠군요." (하고 아내가 탄식했네.)
"과업을 완수하겠네.

걱정 마시게,
다시 만나러 올 것이네!" 하고 말했네.
가여운 홍고르가 나가서 달렸네.
바위 골짝에서, 산의 기슭에서
볼품없는 주사위로 만들어 던진
느림보 쾨케 갈잔을 본 모양으로 만들고,
판금으로 만든 흰 칼집에 든
커다란 강철 군도를
오른쪽 어깨 위에 잡았네.
샤라 비름스 임금의 처소에 들어가 올라갔네.
임금과 하탄이
깨지 않도록
잠의 공기가 믿을 수 있을 만큼 잠들게 했네.[18]
침대 머리맡에 개처럼 앉아,
검으로 파서, 꺼내 가졌네.
델 자락 밑에 감추고,
엄청나게 멋진 쾨케 갈잔 위에 올랐네.
용사 홍고르의 쾨케 갈잔 준마는
제 오른쪽 입에서 화를 내며 날뛰다가,[19] 나가서 갔네.

---

18 잠의 공기가 믿을 수 있을 만큼 잠들게 했네(Нөөрин ки бид гидгәр дарулвл): '도둑질을 할 때 주인이 잠든 것보다 더 믿을 만한 것은 없다'라는 말처럼 '더 깊은 잠에 빠지도록 했다'라는 뜻으로 짐작된다. 정확한 번역을 위해서는 좀 더 연구가 필요하다.

19 제 오른쪽 입에서 화를 내며 날뛰다가(Барун амндан агсрн тууляд): 원문대로 번역했지만 어딘지 석연치 않다. 좀 더 연구할 필요가 있어 보인다.

그 밤 내내 달리게 하고
연달아 이튿날에도 달리게 했네.
정오 무렵이 되자
톨보타 보르 말을 보트호의 아들 삼발이
마주 달리게 해서 가네.
"네 어머니의 살도 아니고,
네 아버지의 뼈도 아니다.
네 목숨이 필요하면
물건을 던져라!" 하고 쫓았네.
뒤 어깨(주걱뼈 부위)의 빛에서
푸른 질랑 화살 하나를 척 뽑아서,
뒤에서 놓아 버렸네.
꽁무니뼈 부위로[20]
들어와 꿰뚫고 갔네.
오줌보의 머리를 관통해
안장의 앞가리개에 박혀 버렸네.
"네 목숨에 해를 끼친 것은 이것이다!
네 어머니의 살도 아니고,
네 아버지의 뼈도 아니다.
물건을 던져라!" 하고 말했네.
"만일에 죽어서 가다가,

20 꽁무니뼈 부위로(Одн ясни ниилкəhəрнь): 『蒙語類解』「走獸補」에 "三岔骨삼삼이쌔"라고 옮기고, "ㅇ오」란 야수 네」러쿠"라고 몽골어를 한국어로 음사함.

도니라는 이름의 투구,
공격할 때 번개가 치는 검을
놓쳐 버리면 어쩌나!" 했네.
모둠발로 가면서[21] 안장을 오른쪽 소매에
붉은 은으로 꽂았네.[22]
다시 화살 한 대를 놓아 버렸네.
열여덟 개의 깍지가 달린
쾨케 질왕이라는 화살이
두 주걱뼈 사이로 들어와
회전하며 대동맥 콩팥을 맞추고는
앞 가슴뼈를 지나 멈췄네.
장엄한 부처님의 붉은 홍고르가
기절해 쓰러져 간 몸을,
외방의 네 오이라드에
느림보라는 이름을 가졌지만
맞부딪치는 망가스의 전장에서
남의 말보다 뒤처지는 일 없이,
무거운 칼에 상처를 입는 일 없이,
산을 뒤집을 만한 능력이 있는,
세상을 돌 만한 탈것이 있는,

---

21 모둠발로 가면서(Довтлн йовж): '전속력으로 달리며'.

22 붉은 은으로 꽂았네(Улан мөңгәр хадвл): 직역이다. 그 앞의 행들과 결부시켜 정확한 의미를 파악하기 위해서는 좀 더 연구가 필요하다.

혼자서 나라를 돌았다 해서 지치지 않고,
(교대해 주는 말도 없이) 저만을 타고 있지만
지치는 법이 없는,
홍고르의 멋진 쾨케 갈잔 준마는
두 개의 큰 부상을 입은
장엄한 부처님의 붉은 홍고르를
가까스로 깊고 느린 숨이 붙은 채로
데리고 들어왔네.
이 화살을 당겨 뽑으려 하니,
대동맥 있는 심장은 대동맥이 끊어져서야 화살이 뽑히게 되네.
오줌보의 머리에 박힌 화살 역시 그와 같네.
"이제 어쩌나?" 하고 회의가 열렸네.
쿵캔 알탄 체지 노인이 말했네.
"신성하고 정숙한 여인이
밟고 귀걸이로 때리면
화살이 앞으로 빠져나올 것입니다.
그것에도 안 되면, 방법이 없습니다." 하고 말했네.
장가르의 공주 샤브달 하탄에게
"그대가 수를 낼 수 있겠습니까?"라고 했네.
"오 맙소사, 제게도 수가 없습니다." 했네.
"장가르의 몸과 맞먹는
열두 망가스 임금의 아들들을
나의 장가르와 우리가 원하는 곳에 부리는,
어느 것이든 모든 것을

부족함 없이 수행하는 사람이었습니다." 하고 말했네.
"홍고르 자신의 부인은 어떻겠습니까?" 하고 말했네.
"그의 부인도 크게
정숙하지는 않을 것입니다.
아마도 우리 사와르의 하탄이면
괜찮을 것입니다." 하고 말했네.
사와르의 사나운 쿼렝 갈잔 준마를
사와르의 하탄에게 보냈네.
사와르의 사나운 쿼렝 갈잔을 끌고 간 소년이
여섯 겹 유리 가루라 대궐 밖에서
엿새 동안 문을 찾을 수 없었다고 하네.
"무엇하는 소년이냐, 너는?" 하고 말하며
사와르의 하탄이 나왔네.
"그대를 오십사 하고
사나운 쿼렝 갈잔을
장가르 임금께서 보내셨습니다."라고 했네.
"부정한 여인이
덕 있고 지혜로운 남자의 안장방석 위에
어떤 모양으로 앉겠는가?" 하고,
안장방석을 거꾸로 해서 얹었네.
사와르의 하탄이 나와서 갔네.
닿아 오려고 하자
홍고르 통치자가 겨우 숨만 쉬면서,
고름과 피로

질식하고, 토하고 있었네.
장가르네가 모두
둘러 모여, 서 버렸네.
"고함을 지르고, 위에서 밟고,
귀걸이로 때리시오!" 하고
사와르의 하탄에게 말했네.
"외방 임금의 사신이
쏜 살이면
맞고 앞으로 나가라!" 하고
고함을 치고, 밟고, 귀걸이로 때리고 밟았네.
한 번 때렸을 때는 움직이지 않고 있었네.
두 번 고함을 치고, 귀걸이로 때리고 밟았네.
두 번 때린 타격에
살짝 움직이고는
그 자리에 멈춰 있었네.
사와르 통치자의 몸은
코의 양옆이 하얘져 가고,
얼굴은 노래져 갔네.
"나 말고 다른 사람을
생각한 것이냐?" 하고 말하고,
여덟 면 황금빛 노란 큰 도끼를
"이 화살을 못 빼내면
이것이다!" 하고 휘둘러 잡고 섰네.
"큰 사돈의 속호(屬戶)를 돌려주고,

작은 사돈의 속호를 돌려주려고 갔었소, 나는.
아래쪽에서 한 해가 나와 버렸소,
남쪽에서 한 해가 나왔소.
'하늘에 무슨 두 해가 있나?' 하고
생각하고 내가 보니,
우주의 미남 밍얀이라는 사람이 다가왔소.
내가 이 사람에게 갔으면 하는
생각은 들지 않았소.
내가 이 사람과 있었으면 하는
생각도 들지 않았소.
오직 생각난 것은
'우리 사와르가 이렇게 멋있어지면 어쩌나!' 하고
그 밖에 다른 생각은 내게 전혀 없었소." 하고 말했네.
"내가 이 사와르의 큰 도끼의
날과 등을 만나
죽지 않으려면,
이 사와르가 생각하는 생각이[23]
나에게 없었으면,
외방 임금의 사신의 화살은
맞고, 나가거라!" 하고
고함을 지르고, 귀걸이로 때리자

---

23 이 사와르가 생각하는 생각이(Эн Саврин сансн санан): 이 사와르가, 아내인 내가 품지 않았나 하고 의심하는 그런 음심(淫心)이.

두 화살이 맞고, 앞으로 나가 버렸네.
지체 없이
구름같이 흰 약을 발랐네,
아르샨 빌렉의 비를 내리게 했네.
신성한 흰 부적으로
축복을 주었네.
아름다운 여의보주의 현신
위젱의 고아 장가르는
붉은 홍고르 통치자가
도니라는 이름의 투구,
공격할 때 번개가 치는 검을
가지고 온 것에 이레 밤낮을
아르자 술자리를 벌이며, 소란을 떨고 있었네.
지나간 이야기로 꽃을 피웠네.
아르자 술자리를 벌이고 있던 시간에
샤라 비름스네가 와서 전투가 벌어졌네.
연달아 서로 맞붙고 갔네.
이렇게 저렇게 되어 버리고, 보아하니
두 살짜리 조류 망아지[24]를 안장 없이 탄 소년이
후릿고삐를 이중으로 잡고
왼쪽 오른쪽을 때리니,

24 두 살짜리 조류 망아지(Kep дaah): 두 돌이 지나지 않은 조류말(棗騮馬). 조류말은 털빛이 잘 익은 대춧빛에서 밤색을 띠는 말.

때린 모든 사람들은
두 동강이 나서 쓰러지고 있었네.
퀑캔 알탄 체지 노인이 말했네.
"어리석은 홍고르가 어리석은 짓을 하고 다니다,
아들을 버리고 온 것인가?
목덜미와 목이 굵은 것을 보니,
시르케의 손자인 모양이다.
어깨와 목은 씨름을 할 만큼 되었구나.
나의 전사 홍고르여,
너의 아들이 맞다.
전장의 맨 앞으로 나가서
아들을 불러 데려오게, 이 사람아.
불러서 데려오지 않으면, 우리에게 최악의 적이 될 사람은
결국 이 소년일 것이네."라고 했네.
"한 손에는 상처의 핏덩어리를 쥐고 나온,
한 손에는 강철 쇠를 잡고 나온,
우리 호손아, 이리 오너라!" 하고,
홍고르가 아들을 불러 데려왔네.
샤라 비름스 임금의 고장을
전쟁으로 빼앗은 것은 이렇게 된 것이라고 하네.
"망가스, 강인한 자, 힘센 자 모두를
전쟁의 시기에 파병시켜라!
매년 조공과 최상품을 주고 가라!" 했네.
다섯 대에 걸쳐 없어지지 않는 불도장을

사와르로 하여금 갈기게 해 뺨에다 눌렀네.
고아 사내아이, 굶주린 개 한 마리까지
그들을 살게 해 주었네.
깨어진 나라 사람들을 모두
고아 사내아이, 굶주린 개 한 마리까지
치료를 받았다고 하네.
큰 천막 모양의 봄바의
노랑 얼룩무늬 궁장에
서로 부대낄 일 없이 쉰네 동아리를 이루고,
활기찬 검은 아르자 술자리를 벌였네.
백여덟 개의 다리를 가진
부처님의 노란 황금 보좌에
주군 통치자 장가르가 납시어 앉았네.
오른편에 있는 사람들을 이끌고
킹캔 알탄 체지가 앉았네.
왼편에 있는 사람들을
쥐덴 봄바의 꼬챙이 칼 노인[25]이 이끌었네.
오른쪽의 일곱 동아리를
용력 넘치는 홍고르 통치자가 이끌었네.
왼쪽의 일곱 동아리를
꿈같이 이끄는 것은

25 쥐덴 봄바의 꼬챙이 칼 노인(Зүүдн Бумбин шорч өвгн): 텍스트의 다른 부분에서는 '쥐덴 굼베 꼬챙이 칼 노인(Зүүдн Гүмб шорч өвгн)'으로 나오는 인물이다.

갈 태제의 아들
미치광이 붉은 사와르라네.
보자트의 (아들) 오치르 게렐 소년과
노래꾼 숑코르 소년이
일흔 명이 빈 잔을
겨우 져 나를 수 있는
뚜껑 없는 커다란 흰 잔으로
장가르부터 받아 내면서 한 번 노래하고,
말 떼가 자라는 데 대한 선물이라며
들이면서 한 번 노래하네.
다섯 살짜리
탕삭 게렐 소녀가 돔보르를 연주하면
탈완 게렐 소년이 약동하며 발을 구르고 몸을 움직여 춤을 추었네.
여섯 살짜리
조니 게렐[26] 소녀가 돔보르를 뜯으면
졸완 체첸 소년이
약동하며 발을 구르고 몸을 움직여 춤을 추었네.
우주의 미남 밍얀이
앵두같이 아름다운 입술을
오른쪽 어깨 위로 던지고,

---

26 조니 게렐(Зууни Герл): 사람의 이름으로, 직역하면 '여름의 빛'.

임금들과 통치자들이 부르는
열 가지 곡조의 노래를
열 개의 흰 손가락을 계속 움직여
내키는 대로 집어넣고 뜯었네.
아침에 알을 낳고,
제 알 위에서 지저귀기 시작한
암컷 노랑머리 고니의
소리를 내며 연주하네.
이 호르의 소리,
이 돔보르의 곡조,
이 두 소년의 목소리,
이들 모두가 벌이고 있던 잔치는
일흔일곱 임금들[27]의
곁에서 하는 것처럼 소란스러웠네.
용기와 힘이 메아리쳤네.
위대한 여러 임금들에게
메아리가 되어 들렸네.
명성이 자자한 장가르라는 이름은
활기찬 큰 목소리로 열두
이야기가 되어 이름을 떨쳤다고 하네.

27 일흔일곱 임금들(Далн долан хаадуд): '수많은 임금들'.

5. 북쪽에 있는 샤라 케르멘 임금의 산호 갈기에 진주 꼬리를 가진, 아름다운 갈색 몸통에 얼굴에는 흰 털이 난 말 떼를 홍고르가 몰아온 마당

아르자 술자리를 벌이는
봄바의 흰 궁장에서
주군 성주 장가르를 위시하여
정예 열두 보동들이
서로 부대낄 일 없이 아르자 술자리를,
쉰네 동아리를 이루고
꿀의 맛으로 삼키게 하고
큰 도끼의 맛으로 괴롭히는
발링 떡 같은 붉은 아르자 술자리를
벌이고 앉았네.
어느 임금과의 전투에서
잘하고 온 것을 같이 이야기들 하고,
어느 임금과의 전투에서
못하고 온 것을 같이 이야기들 하고,.
서로서로
어느 나라를

어떻게 들여 주었는지를 같이 이야기들 하고,
쓸데없이 소란을 떨며 앉았네.
이 모양으로 뒤서거니 앞서거니
무엇을 했는지 열거하며
논쟁하기 시작했네.
오른쪽 일곱 동아리를 이끄는
장엄한 부처님의 용사
용력 넘치는 홍고르가
"방황하는 국권에 끈고리를 채운,[1]
쇠 화살 (같은 너희들의) 목숨을 보장해 온
시르케의 (손자) 홍고르라는 사람이야, 내가!
무엇이 되었든 뜨겁고 차가운 모든 것에,
아이고! 홍고르만큼
뜨거워져 들어간 사람이 너희들 중에는 없어.
낫 달린 창의 끝이
철그렁대며 올 때,
'아이고, 우리 홍고르!' 하고
내 느림보 쾨케의 등과 뒤 궁둥이에
자신을 가리는 협잡꾼들이야, 너희들은!
흥분한 쾨케의 갈기와 꼬리에
가득하게 온 협잡꾼들 아니었어, 너희들이?

1 위태로운 국권을 안정시켰다는 뜻이다.

백 나라에 이름이 난 꾀보야, 나는.
여섯 나라에 빼어난 역사야, 나는.
다섯 나라에 뛰어난 들말,
태키 망가스 임금의 고장을
단 혼자서 파괴하고 온 나야!
어떤 사람이 무엇을 했어,
한 일, (다닌) 길을 따져 보자고!" 하고 악을 썼네.
그 가운데서
부처님의 노란 황금 보좌의
오른쪽 밑돌을 누르고 앉은,
다가올 아흔아홉 해의 일을
앞에서 맞이해 아는,
지나간 아흔아홉 해의 일을
뒤에서 쫓아가 아는,
다섯 해의 일을
짐작할 수 있는,
십 년의 일을
예언할 수 있는
큉캔 알탄 체지 노인이 말했네.
"좋아, 홍고르 너!
우리들 안에서 이렇게 잘난 척할 것 없다.
북쪽에 있는,
우리에게 영원한 적이 되는
샤라 케르멘이라는 임금의

산호 갈기에 진주 꼬리를 가진,
은으로 똥을 싸고, 피로 오줌을 누는
아름다운 갈색 말을
장가르의 나라에 들이고,
몰아서 데리고 오면
좋은 사내가 되는 것이야, 네가!" 하고 말했네.
"그런 말 떼가 있다면,
나의 주군 성주 장가르께서는
아란잘 빠른 제르데를
제게 내리십시오.
토갈 톨란 케르를 가진
말치기 보르 망나를
제르데의 고삐를 잡고 가게 해 주십시오!"라고 했네.
주군 성주 장가르가 (말과 말치기를) 주었네.
장가르를 위시한
열두 대신의 아들들이
아르자 술자리에서 열이 오른,
먼 곳에 갈 홍고르는
쉬고 자라고들 말했네.
장엄한 부처님의 붉은 홍고르가
그 밤에 자고
이튿날 아침에 일어났네.
주군 성주 장가르가
분부를 내렸네.

"나의 샤라의 육천 용사들이여,
나의 정예 열두 보동들이여,
여러분 모두가 무엇이 되었든 말해서
어디가 되었든 갔고,
어떠한 나라, 고장이든지
들여 준 여러분에게는 잘못이 없소.
바타르 봄바의 궁장에서
가여운 용력 넘치는 붉은 홍고르가
한 말도 맞았던 것이었소.
외방 임금의 영토에서
(그것을) 사랑하는 사람의 마력이 있는 것[2]을
빼앗아 오도록 했소.
장엄한 부처님의 붉은 홍고르를
우리가 보내고 있소.
장엄한 부처님의 붉은 홍고르가
술 취해 있을 때 한 몇 마디 말을
나의 열두 보동들과
알탄 체지 노인은
모두 놓아 주도록 하시오!" 하고
영예로운 성주 장가르가 말했네.
주군 성주 장가르가

2 마력이 있는 것(шиж): 몽골어계 사전들에서는 확인되지 않는 형태로, 비트케예프들(1990b: 476)이 '힘 있는, 마력이 있는 것(идтә, илвтә юмн)'으로 풀이한 것을 따랐다.

쿵캔 알탄 체지에게
지시하기를,
"(여기서) 샤라 케르멘이라는 임금의
곳으로 가는 길에
두려워할 것, 수치스러워할 것이 있으면,
그것을 홍고르에게 알려 주도록 하시오!"라고 말했네.
"여기서 일곱 이레
마흔아홉 날 밤낮을
달리게 하면
어두운 검은 골짜기,
갈대, 풀, 숲,
바윗돌을 만날 것이다.
일곱 이레 마흔아홉 날 만에
그 골짜기를 건널 것이다, 너는.
거기서부터 더 가서 아름답고
빛나는 곳으로 달리게 할 것이다, 너는.
거기서부터 더 가서 달리게 하면
재난의[3] 검은 골짜기를 만날 것이다.
일곱 이레 마흔아홉 날 만에
재난의 검은 골짜기를
겨우 건널 것이다.

3 재난의(Λаң): 카자흐어를 비롯한 튀르크어 차용어로 짐작된다.

재난의 검은 골짜기에서 더 나아가
밝게 드러난 곳으로
일곱 이레 마흔아홉 밤낮을 달리게 할 것이다, 너는.
진흙탕 검은 골짜기를 만날 것이다.
진흙탕 검은 골짜기에서
네가 이레를 달리게 하면
말치기 보르 망나의
토갈 톨란 케르 말은
샅까지 수렁에 빠져, 걸리게 될 것이다.
아란잘 봄바의 빠른 제르데 준마는
검은 발굽의 가장자리까지만 빠지며
정확히 가늠하여 걸음을 떼며 갈 것이다.
토갈 톨란 케르가
진흙탕 검은 수렁에서 나빠져서 가는데,
토갈 톨란 케르를
앞에 태우고라도 데리고 가라.
말치기 보르 망나를
뒤에 태우고라도 데리고 가라.
일곱 이레 마흔아홉 날을
달리게 해 나가서 가라.
거기서 더 나아가,
토갈 톨란 케르에 태워,
말치기 보르 망나를 거느리고,
일곱 이레 마흔아홉 날 동안

5. 북쪽에 있는 샤라 케르멘 임금의 산호 갈기에 진주 꼬리를 가진, 아름다운 갈색 몸통에 얼굴에는 흰 털이 난 말 떼를 홍고르가 몰아온 마당

달리게 하면,
아무도 없는 광막한 황무지에
서른 채의 흰 게르가 네 앞에 있을 것이다.
거기서 한 여인이 나와서,
'그대는 나쁜 사람이 아닌 것 같소.
음식의 데지를 드시오, 통치자여,
좋은 사람인 것 같소' 하고 외칠 것이다.
그것을 못 들은 척, 못 본 척하고,
말의 재갈을 굽혀서
멀리 나가라!
'통치자여, 좋은 사람인 것 같소.
음식의 데지를 드시오!
부르는데 무엇 때문에 아니 오는 사람들이오, 당신들은?' 하고,
여인이 달려와
네 말치기 보르 망나는 필요 없다고 할 것이다.
너를, 봄바의 빠른 제르데의
고삐를 잡고, 끌고 갈 것이다.
헤아릴 수 없이 많은 악마의 힘을
몸에 완벽하게 받은
멘 아브잔이라는 악마가 그다.
너의 힘보다 그의 힘이 더 크다.
내 너를 위해 주마.
왼쪽 심장에서 떼어내지 않을
'심장의 흰 주문'을 주겠다, 내가!

여기서 한 구절을
가르쳐 주겠다, 내가!
가르쳐 준 내 주문의 한 구절을
(그가) 달려오면 외워 버려라!
오른쪽 발걸이 밑에서
한 움큼 모래를 집어, 투레질을 하고 뿌려 버려라.
노란 염소가 되어서
수족이 마비되어
소리를 지르며 뒤처질 것이다.
더 나아가 가면
우리 수단 있고 힘 있는 홍고르가
저쪽에 있는 길을 저절로
알고 찾아서 갈 것이다."라고 했네.
출정을 마음먹은
장엄한 부처님의 붉은 홍고르가
아름다움을 위해 만들게 한
여러 겹 로브차를 입었네,
전투용 두 겹 로브차를 입었네.
일흔 마리 말 값이 나가는 올와를
왼편 옆구리 위에 걸쳤네.
아홉 길 길이에,
세 길 너비의
판금으로 만든 흰 칼집에 든
큰 강철 군도를

5. 북쪽에 있는 샤라 케르멘 임금의 산호 갈기에 진주 꼬리를 가진, 아름다운 갈색 몸통에 얼굴에는 흰 털이 난 말 떼를 홍고르가 몰아온 마당

그 위에다 끈고리로 채웠네.
일흔 마리 불친 수소 가죽으로 안을 감은,
여든 마리 불친 수소 가죽으로 겉을 싸맨,
초지의 가장자리에서 자란
홀로 있는 섬개야광나무로 자루를 만든,
열다섯 마리 불친 수소 가죽으로
가까스로 손잡이를 만들 수 있었던,
가죽을 단단하게 감은 화려한 심이 있는 엘뎅 채찍을 쥐고
주군 성주 장가르,
동무 열두 보동,
샤라의 육천 용사에게
인사를 하고,
말치기 보르 망나를 데리고,
봄바의 빠른 제르데를 타고
보동 홍고르가 나가서 떠났네.
주군 성주 장가르를 위시한
열두 대신의 아들들은
샤라의 육천 용사들과
“늘 건강하시게, 멋진 제르데의
앞 머리털에 해가 솟아
건강하게 돌아오시게!” 하고 남았네.
멋진 제르데와
토갈 톨란 케르로
이 홍고르와 말치기 보르 망나가

백 곳의 흰 절을 바르게 돌고,
육백 곳의 대사원을 바르게 돌아서,
열두 부중(部衆)
순수하고 순박한 백성을 지나서 갔네.
일곱 이레 마흔아홉 날 밤낮을
봄바의 빠른 제르데의 빠른 걸음으로 가네.
토갈 톨란 케르의
중간 (빠르기의) 달음질로 가네.
마흔아홉 날 밤낮을 보낸 뒤
어두운 검은 골짜기로 들어왔네.
갈대, 풀, 숲, 돌 투성이인
어두운 검은 골짜기를
마흔아홉 날 밤낮이 걸려 겨우 나왔네.
계속해서 일곱 이레 마흔아홉 날 밤낮을
밝게 드러난 곳으로 달리게 했다고 하네.
재난의 검은 골짜기라 하는 골짜기를 만났네.
이 둘이 다시 이 골짜기를
일곱 이레 마흔아홉 날 밤낮으로 달리게 하여
겨우 지나갔네.
더 저쪽으로 밝은 곳으로
일곱 이레 마흔아홉 날 밤낮에
진흙탕 검은 골짜기라는 골짜기가
마주쳐 왔다고 하네.
일곱 이레를 그리로 가 버렸다고 하네.

5. 북쪽에 있는 샤라 케르멘 임금의 산호 갈기에 진주 꼬리를 가진, 아름다운 갈색 몸통에 얼굴에는 흰 털이 난 말 떼를 홍고르가 몰아온 마당

봄바의 빠른 제르데 준마가
진흙탕 검은 골짜기에서
검은 발굽의 가장자리까지만
수렁에 빠져, 발끝으로 가네.
토갈 톨란 케르 준마가
진흙탕 검은 골짜기에서
살까지 수렁에 빠져, 걸려서,
나아가지 못하고 있었네.
아란잘 봄바의 빠른 제르데에
토갈 톨란 케르를
가로로 지고 빼냈네.
말치기 보르 망나를 뒤에 태워 잡았네.
홍고르와 말치기 보르 망나,
토갈 톨란 케르 셋을 태운
아란잘 봄바의 빠른 제르데 준마의
실어 가진 몸은
복슬복슬 털이 난 (네 발굽)까지 빠졌네.
복슬복슬 털이 난 (네 발굽)까지 빠진 채,
마흔아홉 날 밤낮이 걸려 데리고 나왔네.
저쪽 편에 가서
토갈 톨란 케르를 내리게 하고
말치기 보르 망나를 타게 하여,
저쪽으로 밝은 곳으로
일곱 이레 마흔아홉 날 밤낮을 달리게 했네.

아무도 없는 광막한 황무지에
평평하고 우묵한 그런 곳에,
모두 서른 채의 흰 궁장이 있었네.
서른 채의 흰 게르 옆으로
뒷걸음질치게 당겨, 나와서 갔네.
한 게르에서
한 여인이 나와서,
"통치자여, 좋은 분인 것 같소, 그대는.
내려서 음식의 데지를 드시오." 하고 외쳤네.
못 본 척하고
돌아서 계속 가려고 하자 다시 말하는 것이었네.
"통치자여, 좋은 분인 것 같소.
음식의 데지를 드시라 하는데
왜 아니 오시오?" 하고
달려왔네.
말치기 보르 망나를 부릴 것도 없이
장엄한 부처님의 붉은 홍고르를
봄바의 빠른 제르데의
붉은 비단 고삐를
끌고, 잡고 나아갔네.
가지 않겠다고 말하면서
용사라는 이름이 부끄러워,
가지 않고 다투려고 했으나,
그녀의 태도와 모습에 두려워서

5. 북쪽에 있는 샤라 케르멘 임금의 산호 갈기에 진주 꼬리를 가진, 아름다운 갈색 몸통에 얼굴에는 흰 털이 난 말 떼를 홍고르가 몰아온 마당

코 양옆이 하얘지고
색깔과 용모가 바래져서
용사 홍고르가 끌려서 나아갔네.
"용사라는 이름은 어떻게 되었소?" 하고
말치기 보르 망나가 고함쳐 말하기를,
"바타르 봄바의 궁장에서
나 혼자뿐이라고 한 말은 어찌된 거요?"라고 하네.
"쾽캔 알탄 체지가 준
왼쪽 심장에서 떨어지게 하지 않은
'심장의 흰 주문'은 어찌되었소?
이런 큰 곳에서
돌아서 가는 당신은
형편없는 헛된, 용기 없는 사람이었소?" 하고
말치기 보르 망나가 소리 질렀네.
홍고르 통치자가 "예끼, 닥쳐라!" 하고는
왼쪽 심장에서 떼어내지 않은
심장의 흰 다라니를 잡고,
배운 구절을 외고,
오른쪽 발걸이 밑에서
한 움큼 모래를 집어
침을 뱉고, 투레질을 하고, 뿌려 버렸네.
뿌려 버리자
배 밑에 머리가 있는
노란 염소가 되어

사지를 하늘로 뻗고,
“자손의 자손까지
이 장가르네와 마주치지 말라!” 하고는
수족이 마비되어,
악을 쓰고 새된 소리를 지르며 (그 자리에) 처져 남았네.
앞으로 더 나아가
말치기 보르 망나를 데리고,
일곱 이레 마흔아홉 날 밤낮을
달리게 하여,
샤라 케르멘 임금이 있는 곳으로 왔다 하네.
이르러 오자,
예순 겹 군대가
끊임없이 밖을 살피고 있어
들어갈 수가 없네.
예순 겹 군대를 바짝 따라가고 있을 때,
예순 겹 군대의 정중앙에서
“너는 이리로 누워라,
너는 저리로 누워라!” 하고들
서로 밀치며 자고 있었다고 하네.
“눈을 감고 보지 않고,
쥔 것을 놓지 않는
나의 말치기 보르 망나여,
토갈 톨란 케르를 잃어버리더라도
아란잘 빠른 제르데는 잃지 말자!”고 말했네.

5. 북쪽에 있는 샤라 케르멘 임금의 산호 갈기에 진주 꼬리를 가진, 아름다운 갈색 몸통에 얼굴에는 흰 털이 난 말 떼를 홍고르가 몰아온 마당

"내가 어떻게든 도보로 들어가,
이 말 떼를 놀라게 해서 내보낼 것이다.
불친 말의 발굽이 절거덕거리는 소리에
얼어붙을 가축들이 아니다.
놓쳐 버릴까 걱정이다!" 하고 말하고,
나가서 갔다고 하네.
예순 겹 군대의
이쪽 가장자리의 군대에 가서,
그곳 군인인 척하고,
"저쪽으로 누워라, 저쪽으로 누워라!" 하고 가서,
저쪽 끝의 군대에 이르러,
청동 은 칠층 큰 축사에
다가갔다고 하네.
칠층 축사의
꼭대기로 올라가,
나쁜 것에 다가가 들이부수고,
세 살짜리 네 살짜리 암말을
겨우 붙들어 잡아,
가죽을 온전히 벗겨내,
그 가죽을 불어,
사방에서
청동 은 담장을 때렸네.
멋진 갈색 말 떼의 담장을
사방이 부서지도록 잡아당기고 나왔네.

'고약한 큰 적이 우리 말 떼를
훔쳐 간다!'고 고함을 지르며
예순 겹 군대가 일어났네.
짧은 비탈을 한 번 밟고,
긴 비탈을 두 번 밟고,
홍고르가 그곳으로
달려서 닿아 왔네.
두 마리 말도 없고,
말치기 보르 망나도 없네.
'죽어도
갈대가 있고 물이 있는 곳에 들어가 죽자' 하고
물 있고 갈대가 있는 곳으로 달려 들어왔네.
달려서 이르러 오자,
두 것[4]이 포효하고 있었네.
포효하고 있던 두 것에
달려서 다가가자
토갈 톨란 케르를 잃어버린
말치기 보르 망나는
쓴 눈물을 흘리고, 땀을 흘려 버린
아란잘 빠른 제르데는
앞 머리털과 귀가

---

4 말치기 보르 망나와 아란잘 빠른 제르데로 짐작된다.

한 길 정도 뻗은 채로 가는데,
불친 말의 발굽이 철거덕거리자
울부짖고 고함을 치며
달리고 있었네.
앞 머리털과 귀를 잡고,
아란잘 봄바의 빠른 제르데를
놓지 않고 있었다고 하네.
눈을 감고 보지 않고,
쥔 것을 놓지 않는,
가여운 말치기 보르 망나는
"이것이 아니다!" 하고,
"그래도 너를
데리고 떠났다!"고 했다 하네.
아란잘 봄바의 빠른 제르데를
장엄한 부처님의 붉은 홍고르가
잡아서 타고,
말치기 보르 망나를
뒤에 태워 잡고,
도니라는 이름의 투구를 얹고,
멋진 갈색 말 떼를 한 마리도
벗어나지 않게 몰고 나왔네.
아침에는 토갈 톨란 케르를
말 떼 안에서 잡아 주었네.
둘이 되어 몰고 가는데,

뒤에서는 적이라고 하는 것이
개미보다도 많고
흙보다도 촘촘하게
차단막을 이루고[5] 다니는 것이네.
“자, 이제 너의 이 토갈 톨란 케르 말로
이 말 떼를 몰도록 놓을 것이다.
너의 토갈 톨란 케르 말로는
나와 여기서 하나가 되어서는
늙어 죽을 때까지 도달할 수 없다.” 했네.
“제르데 말을 너에게 주고,
말 떼를 몰도록 놓아 버리고,
너의 토갈 (톨란) 케르와 남을 것이다.
못쓰게 된
너의 토갈 톨란 케르 말은
나를 감당하는 탈것이 될 수 없을 것이다.
토갈 톨란 케르 말을
안에다 놓아 버려라!” 하고 말했네.
“봄바의 빠른 제르데로
말 떼를 몰아 돌아가라!” 하고 말했네.
“내 느림보 쾨케 갈잔을
군대와 함께 데려와라!” 했네.
“나는 도보로 이 군대와

5 차단막을 이루고(Көшгрэд{Көшглэд}).

맞서 남겠다." 했네.
말치기 보르 망나가
말 떼를 몰아 돌아갔네.
짧은 기슭을 한 번 밟고,
긴 기슭을 두 번 밟고,
장엄한 부처님의 붉은 홍고르가
도보로 맞서다가 지쳐서,
한 큰 산을 베고 누웠다고 하네.
'이 홍고르가 이제 몸 상태가 나빠졌구나,
나빠졌을 때 붙잡자' 하고,
십만으로, 백만으로 위에서
묶어 잡으려고 오네.
묶어 잡으려고 오자,
예의 큰 채찍으로
계속 누운 채로 묶이면서도 때려 버리네.
계속 누운 채로 때리자,
십만 명씩, 백만 명씩 없어지고 쓰러지면서도 오네.
일곱 이레 마흔아홉 날이 지났을 때
주군 성주 장가르가 당도해 왔네.
갈 태제의 아들
미치광이 붉은 사와르는
사나운 퀴렝 갈잔을 타고
쾨케 갈잔 준마를 끌고
볼링가르의 통치자 유일한 사날이 모는

샹 담바의[6] 쾨케 갈잔 위로,
"우리에게서 잘 갔는가?" 하고 바로 올라탔네.
샤라의 육천 용사가 직접
정예 열두 보동들과
열세 진영 군대가 되어 들어왔네.
좋은 날을 가려,
정한 날에 전투가 벌어졌네.
일곱 이레 마흔아홉 날 밤낮을
전투를 하고 있었네. 전투를 해서
샤라 케르멘 임금의 항복을 받았네.
"위젱의 영예로운 장가르의
한 변방의 고장이 되어라!
샤라 케르멘이라는 네 이름을 걷어치워라!" 하고,
사와르 통치자가 갈겨,
다섯 대에 걸쳐 지워지지 않을
불도장을 눌렀네.
그리 오래지 않아
구름같이 흰 약을 바르고,
신성하고 흰 부적으로
축복을 받게 하고,
아르샨 빌렉의 비를 오게 해서

---

6 샹 담바의(Шаҥ Дамбин): 의미는 미상.

자신을, 남을 씻게 했네.
고아 소년,
굶주린 개까지
모두 살려 냈네.
살려 내어,
"망가스, 강인한 자, 힘센 자 모두를
전쟁의 시기에
전쟁의 대의를 위해 파병하라,
매년 조공과 데지[7]를 바쳐라!"라고 했네.
낮이라고 해서 멈추지 않고,
밤이라고 해서 자지 않고,
일곱 이레 마흔아홉 날 밤낮이 지나서 왔네.
봄바의 흰 궁장에 와서들 내렸네.
위편에
백여덟 개의 다리를 가진
부처님의 노란 황금 보좌 위에
그림 같은 성주 장가르가 납시었네.
오른편 사람들을
쿵캔 알탄 체지 노인이 이끌고,
왼편 사람들을
논쟁자로 이름난

7 조공과 데지(алв, дееж): 조공(租貢)과 최상품(最上品).

쥐덴 굄베 꼬챙이 칼 노인이 이끌었네.
오른편의 일곱 동아리를
소리 없이 이끌고 앉은 것은
어느 것이든 힘 있고 마력 있는 것 모두를
모아, 가져오는
장엄한 부처님의 붉은 홍고르가
이끌고 앉았다고 하네.
왼편의 일곱 동아리는
꿈같이 앉은
퀴렐 잘찬의 아들
퀸데 가르타 사와르 통치자라고도 하는
갈 태제 임금의 아들
미치광이 붉은 사와르 통치자
라는 사람이 이끌고 앉았다고 하네.
큰 천막 모양의
노랑 얼룩무늬 궁장에서
부대낄 것 없이 아르자 술자리를 벌이고,
말 떼를 몰아, 빼앗아 온
기쁨의 잔치라고 해서,
일곱 이레 마흔아홉 날 밤낮으로
아르자 술자리를 벌이면서
쉬며 지냈다고 하네.

5. 북쪽에 있는 샤라 케르멘 임금의 산호 갈기에 진주 꼬리를 가진, 아름다운 갈색 몸통에 얼굴에는 흰 털이 난 말 떼를 홍고르가 몰아온 마당

6. 다섯 나라에 이름이 난 태키 비름스 임금의 자막타 호수 기슭에서 자연으로 자란 칠백만 마리 알록달록한 점박이 준마를 사날이 흥분시켜 몰아 데리고 오는 마당

마흔에 겨우 이르렀을 나이에
사대주의 고장을
발걸이의 발에 머리를 대고 절하게 한,
들썩대는 빠른 제르데를 가진
명성이 자자한 장가르 임금이
아르자 술자리를 벌이는 봄바의 흰 궁장에서
아르자 술자리를 벌일 때 다짐으로,
'우리는 사내의 일흔다섯 순배를 마시겠다,
일흔다섯 순배를 마시지 않는 사람은
이 게르 안에 있는 사람들에게
돌아가며 일흔다섯 대씩 맞을 것이다' 하고 내기를 했네.
울리는 소리를 가진 숑코르 소년과 보자트의 (아들) 게렐이
일흔 명이 빈 잔을
겨우 져 나를 수 있는
뚜껑 없는 크고 노란 잔으로
들이며 노래를 한 번 부르고 나가며 한 번 부르고,

쿵캔 알탄 체지에게 노래하며 다가왔네.
쿵캔 알탄 체지 노인이
"네 아저씨의 능력을 넘어섰구나." 하고는
아래쪽을 향해 턱으로 지시했네.
노래꾼 소년 둘이 사람들의 그늘에서 몸을 숙이고 있다가,
밑으로 한 항아리를 마셔 버렸네.
건너뛰고 노래 부르고 나가서 갔네.
다시 한 번[1] 노래 부르고 다가왔네.
두 번째 다가오자
'다시 수를 내자' 하고
두 번째로 턱으로 지시하니,
다시 사람들의 그늘에서
노래꾼 소년 둘이 마셔 버리고,
노래하고, 넘어서 나가서 갔네.
세 번째로 노래 부르고, 돌아 다가오자,
쿵캔 알탄 체지 노인이
백여덟 개의 다리를 가진
부처님의 노란 황금 보좌의
오른쪽 밑돌을 베고,
잡고 잠들어 갔네.
그 밤에 잔치를 벌이고 있었네.

1 한 번(нэг): 비트케예프들(1990b: 365)에 의하면 손으로 쓴 원고에는 'гэдргэн(뒤로, 도로)'라고 되어 있다고 한다.

아침에
해 둑(纛)이 떠서 나올 때에 일어나 와서,
주군 쪽으로 한 번 숙이고,
보동들 쪽으로 두 번 숙였네.
강철 아리쇠의 받침다리에
몸을 숙여 무릎을 꿇고 왔네.
이 무슨 일인가 하자,
"다섯 나라에 이름이 난
태키 비름스 임금의 사자,
일곱 군주를 뒤집어엎은
독신 담바의 점박이 얼룩무늬 준마를 가진
독신 샤라 메르겐이라는 용사가
장엄한 부처님의 우리 붉은 홍고르를
'샤라의 육천 용사 가운데서,
정예 열두 보동 가운데서,
주군 성주 장가르가 보는 데서
산 채로 사로잡아
데려오겠다, 내가' 하고 나오고 있습니다."
"샤라의 육천 용사 가운데서,
정예 열두 보동 가운데서,
내가 직접 보는 데서
아, 가엾다, 홍고르를 준다는 것이!" 하고,
장가르의 부드러운 은 같은 간장(肝腸)이
오그라져 갔네.

6. 다섯 나라에 이름이 난 태키 비름스 임금의 자막타 호수 기슭에서 자연으로 자란 칠백만 마리 알록달록한 점박이 준마를 사날이 흥분시켜 몰아 데리고 오는 마당

기도깃발 같은 흰 얼굴은
일흔세 번 구겨져 갔네.
“쿵캔 알탄 체지 노인, 그대는
내일 아침까지
꿈을 받들어 다시 보시오.”라고 했네.
“왼편의 사람들을 이끄는
쥐덴 굄베 꼬챙이 칼 노인, 그대는
주걱뼈를 태워, 주걱뼈의 징후에 대해
내일 아침 전갈을 주시오.” 하고 나가게 했네.
“볼링가르의 통치자 유일한 사날은
황교의 점성술 책에 그려서
점성술 책의 점괘를
내일 아침 일찍 가져오시오.” 하고 말했네.
이 세 사람[2]을 내보내고,
꿀의 맛으로 삼키게 하고
큰 도끼의 맛으로 괴롭히는
발링 떡 같은 붉은 아르자 술자리를 벌이고,
쓸데없이 소란을 떨며 앉았네.
왼편의 사람들을 이끄는
굄베 꼬챙이 칼 노인이
태운 주걱뼈를 가지고 들어왔네.

2 쿵캔 알탄 체지 노인, 쥐덴 굄베 꼬챙이 칼 노인, 볼링가르의 통치자 유일한 사날을 가리킨다.

성주 쪽으로 한 번 숙이고,
보동들 쪽으로 두 번 숙였네.
강철 아리쇠의 받침다리에
몸을 숙여 다가왔네.
“이것인가?” 하자,
“해가 나오는 남쪽에 있는
다섯 나라에 이름이 난
태키 비름스 임금의 사자,
일곱 군주를 뒤집어엎은
독신 담바의 점박이 얼룩무늬 준마를 가진
독신 샤라 메르겐이
접근해 오는 것은 사실이었습니다.
장엄한 부처님의 우리 붉은 홍고르를
샤라의 육천 용사 가운데서,
정예 열두 보동들 가운데서,
주군 성주 장가르가 보는 데서
데려갈 사람인 모양입니다.
이 주걱뼈의 징후에도
말총으로[3] 우리의 홍고르가
돌아서, 내리고 있습니다.”라고 했네.

---

3 말총으로(Мөрни килһсәр): 말총은 말의 갈기나 꼬리털인데, 여기서 갈기를 가리키는지 꼬리털을 가리키는지는 불분명하다. 또한 101-102행의 내용이 무엇을 말하는지도 명확하지 않다.

다음은 황교의 점성술 책을 펼친
볼링가르의 통치자 유일한 사날이
성주 쪽으로 한 번 숙이고,
보동들 쪽으로 한 번 숙이고,
강철 아리쇠의 받침다리에
몸을 숙여, 무릎을 꿇고 앉았네.
“해가 나오는 남쪽에 있는,
다섯 나라에 이름이 난
태키 비름스 임금의 사자,
일곱 군주를 뒤집어엎은
독신 담바의 점박이 얼룩무늬 준마를 가진
독신 샤라 메르겐이 접근해 오는 것은 맞습니다.
장엄한 부처님의 우리 붉은 홍고르가
샤라의 육천 용사 가운데서,
정예 열두 보동 가운데서,
주군 성주 장가르가 보는 데서
산 채로 사로잡아 데리고 갈 사람이 맞는 모양입니다.
이 책의 징후에도
우리의 홍고르가 말총으로
돌아서 도로 내리고 있습니다.”라고 했네.
퀑캔 알탄 체지 노인이
아침에 해 둑(纛)이 나왔을 때
들어와 주군 쪽으로 한 번 숙이고,
보동들 쪽으로 두 번 숙였네.

"이것인가?" 하자,
"해가 나오는 남쪽에 있는
다섯 나라에 이름이 난
태키 비릅스 임금의 사자,
일곱 군주를 뒤집어엎은
독신 담바의 점박이 얼룩무늬 준마를 가진
독신 샤라 메르겐이
장엄한 부처님의 우리 붉은 홍고르를
샤라의 육천 용사 가운데서,
정예 열두 보동 가운데서,
주군 성주 장가르가 보는 데서
산 채로 사로잡아 데려갈 사람이 맞습니다.
(그렇게) 될 수도 있겠지만,
자막타 호수의 기슭에서 자연으로 자란
칠백만 점박이 얼룩무늬 준마들을
한 사람이 먼저 가서 한 살짜리, 두 살짜리 망아지 할 것 없이
흥분시키면, 우리 홍고르를
잡을 수 없을 것입니다."라고 했네.
주군 통치자 장가르가
"통역 케 질간 두목 통치자여, 있는가?"
하고 불렀네.
"있습니다!" 하고 말했네.
이 열두 보동이
몇 번 거듭 너를 시켜 공격하여,

6. 다섯 나라에 이름이 난 태키 비릅스 임금의 자막타 호수 기슭에서 자연으로 자란 칠백만 마리 알록달록한 점박이 준마를 사날이 흥분시켜 몰아 데리고 오는 마당

몇이나 되는 임금의 영토를 들여 가지고 왔느냐?
순번을 헤아려라!"라고 했네.
"될 사람, 될 수 없는 사람 열두 사람의
순번을 다 헤아리지 마라.
될 사람 네 명의
순번을 헤아려라!"라고 했네.
장엄한 부처님의 붉은 홍고르의
순번을 헤아렸네.
서른다섯 임금의 영토를
혼자 몸으로 전부 들여 준 것이었네.
왼편의 사람들을 이끌고 앉은
쥐덴 굄베 꼬챙이 칼잡이 노인의 순번을 헤아리자,[4]
서른세 임금의 영토를
혼자 몸으로 전부 들여 준 것이었네.
갈 태제의 아들
미치광이 붉은 사와르의 순번을 헤아리니,
서른네 임금의 영토를
혼자 몸으로 전부 들여 준 것이었네.
볼링가르의 아들 통치자 유일한 사날의
순번을 헤아려 가져오니,
서른네 임금의 영토를

4 큰 임무를 맡을 순번을 정하는 절차로서, 그간의 공적을 고려하여 순번을 결정하는 것으로 보인다.

혼자 몸으로 전부 들여 준 것이었네.
법도대로 똑바로 했으면[5]
쥐덴 껌베 꼬챙이 칼잡이의
순번이 맞는 것이었네.
앞으로 한 번 헤아리고,
뒤로 한 번 헤아리고,
피하고, 빠져나가고 있다가,
맞아서는 안 될 볼링가르의 통치자 유일한 사날에게
맞추기 위해
거짓으로 맞춘 것이었네.
"순번을 헤아리려면
똑바로 헤아려라!" 하고 말했네.
"남의 순번 대신에
네가 거짓으로 맞추고 있는 것이면
흥분한 긴 올란 보랄로
헉헉거리도록 달리게 해서 내가 가마, 이것은.
네 시주(施主)[6]와 세폐를 모두
이제 내가 빼앗아 가겠다.
빠른 오트 올란 보랄로
속력을 내어 가겠다.
날카로운 백단향나무 창으로 모든 몸에

5 법도대로 똑바로 했으면(Йосар чикдянь болхла): '원칙대로 했더라면'.

6 시주(Өлг{Өглh}).

창질을 하고 가겠다!" 하고,
강철 아리쇠의 받침다리에 무릎까지
묻고, 박혀, 앉아 버렸네.
코 양옆이 모두 하얘지고
얼굴빛은 노래져 갔네.
문 사이에서 사와르 통치자가 말했네.
"필요 없다고 하지 말고 갔다 오게나.
크게 놓고, 붙잡고, 잡아 다스린 몸은
수렁이 오백 길,
물은 오백 길,
기슭은 오백 길인
소론족이라는 바다에 던져 처결한 것이 아닌가,
죄라는 것은
우주의 오록 욘돈 산으로 누르게 한 것이 아닌가?
그 두 가지를 가서 빼앗지 못하게 되면,
여덟 면이 있는 황금빛 노란 큰 도끼를
휘두르는 오른쪽 손목이 끊어지리라!
사와르 통치자라고 하는 내 이름이 끊어지리라!" 했네.
사날 통치자의 속은 네 손가락 세 손가락 두께가 되어 갔네.[7]
"준마들이 풀을 뜯는 쾨케 삼바의 비탈에 있는
내 오트 올란 보랄을

7 사날 통치자의 속은 네 손가락 세 손가락 두께가 되어 갔네(Санл нойн, дотрнь дөрү-һуру болад одвл): 사람의 속이 두터워져 간다는 말의 정확한 뜻은 미상.

데리고 와서 말갖춤을 지워라!" 하고 고함을 쳤네.
곤 올란 아르슬랑[8]이
단단한 은제 굴레를 가지고
빠르게 달려 나갔네.
오트 올란 보랄 준마의
전쟁꾼 살은 칠십이 일 전부터
떨고 있었네.
고통꾼 살은 백 일 전부터
떨고 있었다고 하네.
'나를 얼마나 먼 곳으로 보내는 것인가, 네가?' 하고
풀도 없고 물도 없이
몸을 견디고 있었네.
눅눅한 곳을 밟는 일 없이
깨끗한 그런 곳에서
깔끔하게 서 있었네.
단단한 은제 굴레를
물려 씌워 놓았네.
일흔다섯 개의 뒷덜미 가리개를 씌웠네.
손잡이 끈의 스물다섯 개 단추를 채웠네.
보르한 차간 하탄의 붙이들이
일어섰다 앉았다 하면서 짠

8 곤 올란 아르슬랑(Һунн Улан Арслн): 직역하면 '세 살 먹은 붉은 수사자'.

붉은 비단 고삐를 갈기 위에 놓았네.
열 길 부드러운 비단 후릿고삐를
한 길 반 잡고 달렸네.
산호 같은 멋진 꼬리를 들어 올리고,
덩어리 큰 똥을 쏟았네.
샤라 하브하의 문에 데리고 와서,
"말갖춤을 지울 순서가 되었다!" 고함을 치고 말갖춤을 지웠네.
갈기털 모양 은(으로 장식한) 땀받이를 놓으니,
고르게 아흔아홉 번을 빙빙 돌고 섰네.
번쩍이는 은제 다래를 놓으니,
다래 끝을 떨며 섰네.
광택 없는 은제 안장가리개에,
할와르 은제 안장대가 있는
모루 같은 황금 안장을
원기 왕성한 오트 올란 보랄에게
네 뼘 네 손가락 두께로 씌워 지웠네.
튼튼함을 위해 만들게 한
일흔다섯 개 죔쇠 뱃대끈을
당기며 놓아 버렸네.
튼튼한 흰 뱃구레의
복판에서 (뱃대끈을) 졸라매 당겼네.
반대로 네 대의 갈비를
반대편의 것이 끊어지도록 당겼네.
아름다운 노랑 얼룩무늬 올른촉을

그 위로 채우고
끈에 달린 여든여덟 개 방울을
사방에서 쩔렁거리게 했네.
보르한 차간 하탄의 붙이들이
일어섰다 앉았다 하면서 짠
붉은 비단 고삐를
안장 앞가리개에 감고 말을 진정시켰네.
열 길 부드러운 비단 후릿고삐를
한 길 반 잡고 멈춰 섰네.
백 년을 달리기로 마음먹고,
육 년을 고통받기로 마음먹은
오트 올란 보랄 준마는
날아갈 듯 서 있네.
출정하기로 마음먹은 볼링가르의 통치자 유일한 사날의
노란 큰 도끼의 술 장식은
주군 통치자 성주 장가르의 하탄이 이끄는
스물네 명의 여인이
빗질하고 들어간 것이었네.
솜씨 좋은 어머니가 엮으시고
오르얀 바담이 마른
에르웽이라는 흰 킬렉을
펄럭이며 입는 것이었네.
에르데니의 홀(이라는 이름의) 열두 겹 뷔시뮈드를 입었네.
일흔 마리 말 값이 나가는 올와[9]를

6. 다섯 나라에 이름이 난 태키 비름스 임금의 자막타 호수 기슭에서 자연으로 자란 칠백만 마리 알록달록한 점박이 준마를 사날이 흥분시켜 몰아 데리고 오는 마당

왼편 옆구리 위에 걸쳤네.
목숨의 수호자인, 판금으로 만든 흰 칼집에 든,
큰 강철 군도를 그 위에 끈고리로 채웠네.
출정을 마음먹은 볼링가르의 아들 유일한 사날이
큰 불상에 이르러 머리 대어 절하니,
주군 통치자 장가르가 일어나
몸소 델 자락을 들어 올리고 (절을) 받았네.
오른쪽에 있는 대좌(臺座)에는 홍고르 통치자가 들어왔네.
왼쪽에 있는 대좌에는
갈 태제의 아들
미치광이 붉은 사와르가 들어왔네.
바깥문 사이로
이끌어, 데리고 나갔네.
사날이 말 떼를 쫓으러 출정하고 있다는 전갈을 듣고
장가르의 영토에서 부자로 이름난
부자 종그로라는 이가 데지를 바쳐 온 것은
바담 로장이라는 통[10]에 든 아르자를
아흔아홉 마리 검은 몸통에 얼굴에는 흰 털이 난 말로
겨우 당기게 해,
가져온 것이라고 하네.

---

9 올와(улв): 뾰족한 무기로부터 사람을 보호하기 위한 목적으로 갑옷 아래에 입는 양모 등으로 만든 조끼 모양의 옷.

10 통(бочк): 〈 러. бóочка.

"말 떼를 몰아 가져온 선물은 이것입니다." 하고,
"밖에, 노란 황금 관문의 출입문에서,
찬란한 노란 얼룩무늬 둑의 뿌리에서,
찬란한 노란 황금 둑에 제사지내고 출발하겠다." 하여
이레 밤낮으로 아르자 술자리가 벌어졌네.
"왼데르 망칸 차간 산에 제를 올리고 출정하겠다." 하여
이레 밤낮으로 아르자 술자리가 벌어졌네.
"불상에 제를 올리고 출정하겠다." 하여
다시 이레 밤낮으로 아르자 술자리가 벌어졌네.
"어머니와 아버지께 제사를 지내고 출정하겠다." 하여
이레 밤낮으로 아르자 술자리가 벌어졌네.
"동무 열두 보동과
주군 성주 장가르와 함께 즐기고 출정하겠다." 하여
다시 이레 밤낮으로 아르자 술자리가 벌어졌네.
찬란한 노란 황금 둑의 뿌리에서,
오트 올란 보랄의 턱 밑에서
일곱 이레 마흔아홉 밤낮에
아르자 술자리를 벌이고, 출정을 마음먹은
볼링가르의 통치자 유일한 사날이
왼쪽 발걸이를 밟고,
오른쪽 발걸이에 발이 닿지 않은 채,
안정된 오트 올란 보랄 준마가
나라 가운데서 빙빙 돌고,
부족 가운데서 빙빙 돌고 간 몸은

6. 다섯 나라에 이름이 난 태키 비름스 임금의 자막타 호수 기슭에서 자연으로 자란 칠백만 마리 알록달록한 점박이 준마를 사날이 흥분시켜 몰아 데리고 오는 마당

바깥쪽 발걸이 울리는 소리를 내지 않고
나가서 갔다고 하네.
백 곳의 흰 절을
바르게 돌아서 갔네.
육백 곳의 큰 사원을
뒤편으로 돌아서 갔네.
오백 곳의 대궐 하인 마을을 앞쪽으로,
오트 올란 보랄 준마의 재갈을 돌려,
바르게 돌아서 갔네.
주군 통치자 성주 장가르와
퀑캔 알탄 체지 노인과,
동무 열두 보동과,
샤라의 육천 용사들은
"오트 올란 보랄 준마의
앞 머리털에 해가 솟아,
마음먹은 과업을 완수하고
잘 건강하게 오라!"고 함성을 질렀네.
오트 올란 보랄 준마의 빠름에
대답의 인사말을 줄 수 없게 되어,
오트 올란 보랄 준마의
뒤쪽 궁둥이 위로
열 개의 흰 손가락을 드러내며 갔네.
남쪽을 보고 갔네.
켈캔 하라 발칙[11]이라는 수령의

출입구를 보고,
그리로 나가서 갔네.
한 해 내내 달리게 해서 갔네,
일 년 열두 달을 달리게 해서 갔네.
어느 한 산의 꼭대기 위로 올라왔네.
속민들이 사는 한 가장자리 속을 계속 가고 있었던 것이네.
"내 말이 더디게 가서 (여태) 이러고 있는 것인가?
내 고장이 넓어서 (아직도) 이렇게 가고 있는 것인가?" 하고,
안장방석 아래 있던
쾨케 질간 화살을
척 하고 뽑아서 쏘아 버렸네.
(화살은) 오른쪽 발걸이 아래서 위로 넘어가지 않고 (날아)갔네.
"내 말은 빨랐구나,
우리 고장이 넓은 것이었구나." 하고
격렬하게 팔천 번 배를 두드렸네,
소리 없이 칠천 번 뒷다리를 채찍질했네.
티끌에서 날아오르듯 나아갔네.
먼지에서 발을 뻗어 나아갔네.
일곱 이레 마흔아홉 날 밤낮을 달려서 갔네.
한 산의 꼭대기 위로 올라왔네.
뒤에도 보이는 것이 없고,

---

11 켈캔 하라 발칙(Келкән хар бальчг): 직역하면 '연쇄적 검은 수렁'.

앞에도 보이는 것이 없었네.
"아무도 없는 곳이라는 것이 이것이었어,
황막한 광무지라는 것이 이것이었어." 하는데
탄내가 코를 찔렀네.
세 살짜리 독수리의 눈으로
석삼년 걸리는 곳을 쏘아보았네.
아무것도 보이지 않았네.
네 살짜리 독수리의 눈으로
사 년 걸릴 곳을 쏘아보았네.
특별한 준마의 먼지도 보이지 않았네,
흰 뭉게구름도 보이지 않았네.
특징 있는 준마의 먼지도 보이지 않았네,
하늘의 덩어리 흰 구름도 보이지 않았네.
튀고 튀어 위로
티끌이 일어나고 있네.
'외방 임금의 사자가 맞는 모양이네,
나의 열렬한 큰 용사가'라고 하고,
몸을 날려 내려와, 제 말을 살펴보고 잡았네.
말의 줄 뱃대끈과 뱃대끈을
죄어 잡은 것은 이것이었네.
위로 올라타 버렸네.
말 위에 올라 출발할 때,
일곱 군주를 뒤집어엎은
독신 담바의 점박이 얼룩무늬 준마를 가진

독신 샤라 메르겐이라는 용사가 닿아 왔네.
'사실을 말해서 너와 서로 쥐어뜯고 갈까,
거짓을 말해 속이고 빠져 나갈까?' 하고
휘청거림 없는 날카로운 백단향나무 창의
쉰두 개의 낫날을 정렬시키고 갔네.
마흔두 개의 자루 가두리장식을 내밀고 갔네.
백여덟 길 티베트식 사슬을
여덟 번 접어 잡았네.
오트 올란 보랄의 앞 머리털과 귀
가까이 창을 잡은 것이었네.
이 산의 꼭대기 위에서
이 두 사람이 마주쳐 온 것이었네!
"아저씨, 어디 가세요?" 하고 저쪽 사람이 물었네.
"이 해가 나오는 쪽에
홀만 샤라라는 여인이 있다고 듣고,
훔쳐 가지려고 다니는 사람이야, 나는." 하고 말했네.
"흉하고 어려운 곳을 향해 가시네요?"
"바로 그 여자를
삼 년 동안 취할 수 없어서
나온 것이야." 하고 말했네.
"코도 입도 없는
세 살짜리 검은 수낙타 같은 젊은 귀공자는
어디서 어디로 가는 사람인가?"라고 했네.
"내가 다니는 일은

6. 다섯 나라에 이름이 난 태키 비름스 임금의 자막타 호수 기슭에서 자연으로 자란 칠백만 마리 알록달록한 점박이 준마를 사날이 흥분시켜 몰아 데리고 오는 마당

해가 지는 북쪽에 있는
봄바의 나라라고 하는 나라를 가진
성주 장가르라는 임금 쪽으로 가고 있습니다.
장엄한 부처님의 붉은 홍고르를
샤라의 육천 용사 가운데서,
정예 열두 보동 가운데서,
주군 성주 장가르가 보는 데서
산 채로 사로잡으러 가는 겁베예요." 하고 말했네.
"자네도 힘든 곳을 향해 가는 사람일세!
통치하는 주군 성주 장가르의
모든 것은 부처님의 특징이
몸을 돌아[12] 완정된[13] 사람이라 하네.
자신과 차이가 없는 똑같은
천이백 임금의 아들들을
자신을 위한 버팀목으로 받아들인 사람이라고 들었네.
자신보다 뛰어난 홍고르가 있다고 들었네." (하고 말했네.)
"아저씨 통치자여, 마음먹고 나온 일이니
완수하지 못할 일은 없을 것입니다.
아저씨 통치자여, 그대도 건강하게
황금 준마의 고삐를 돌려
강녕하게 돌아오세요." 하고 말했네.

---

12 몸을 돌아(Бийинь эргəд): 몸을 빙 둘러, 온몸에.
13 완정된(тогтгсн): 온전히 갖춘.

사람의 소리가 '징' 하고,
준마의 소리가 '따가닥' 하고 멀어져 갔네.
넘어서 사라져 갔네.
"데드 멩 샤라의 나라에서 와서
장가르네에 의탁한 아까운 내 용기.
이 산의 꼭대기 위에서
나와 차이가 없는 똑같은 사람에게서
어째서 겁을 먹었는가, 이것은?" 하고 사날이
다시 후회하고, 반대로 (고삐를) 당겨서 뒤쫓았네.
모습을 따라
켈캔 하라 발칙까지 뒤쫓아 왔네.
후걸이가 없는 사날은 안장이 앞으로 미끄러져 나가고,
후걸이를 갖고 다닌 흉맹한 샤라 메르겐은
급격하게 들어갔다가, 나가서 갔네.
후걸이 없이 다닌 볼링가르의 통치자 유일한 사날이
들어가 죽을 수는 없어서
도로 돌려, 나와서 갔네.
한 해 내내 달리게 해서 갔네,
일 년 열두 달을 달리게 했네.
부분 부분으로 달리게 하고,
한량없이 달리게 해서 갔네.
달란 할가[14]의 초장에서

14 달란 할가(Далн хаалh): 직역하면 '일흔 개의 큰길'.

노인 같은 그런 사람이 양을 돌보며 다니는데,
낙타의 육봉에 금강경을 걸어 놓은 것이 보였네.
"어르신, 안녕하십니까?" 하고 말하고 가네.
"어떤 말에서 나온 말이 이렇게 아름다울까?
어떤 사람에게서 나온 사람이 이렇게 멋있을까?
다니는 용무를, 여보게,
불법의 법도대로 이루게.
황금 길이 열리기를!"이라고 했네.
노인이 축원을 하고 금강경으로 축복을 주었네.
손을 뻗어 금강경의 표지를 잡고,
두 살짜리 낙타의 발바닥만 한
한 냥짜리 황금을 노인의 금강경에 바쳤네.
"할아버지, 여기는 흉하고 많은 여러 길이 있네요." 하고 말했네.
"이 은으로 된 흰 길은
백 곳의 흰 절로 가는 길일세.
이 황금 길은
다섯 나라에 이름이 난
태키 비름스 임금이 있는 곳으로 들어가는 길이고,
이 무쇠 길은
자막타 호수의 기슭에서
자연으로 자란 칠백만 준마들에게로
가는 길이지." 하고 말했네.
'요즘 부처님께 참배하지 않았지, 내가?' 하고
은으로 된 흰 길을 달리게 해

백 곳의 흰 절을
바르게 돌아서
절 앞에 있는
길 가까이서 내렸네.
격렬하게 팔천 번을 돌았네,
소리 없이 칠천 번을 돌았네.
큰 절에서는 큰 황금을 놓고 절했네,
작은 절에서는 작은 황금을 놓고 절했네.
오트 올란 보랄 위로 올라가 출발했네.
절을 둘러보러 다니는 승려(들)[15]부터
스물다섯 감독승[16]의 우두머리인
청정한 흰 감독승에 이르기까지
“어떤 말에게서 나온 말이 이렇게 아름다운가?
어떤 사람에게서 나온 사람이 이렇게 멋있을까?
다니는 일을, 부디, 불법의
법도대로 이루고, 황금 길이 열리기를!” 하고 말했네.
바른쪽으로 돌아서 나왔네.
여러 대사원의 사람들은
법회에 모이는 것도 잊어버리고
거듭거듭 축원을 하고 있었네.
‘이 무쇠 큰길로 달리게 해서

15 승려(들)(гелң(гүд)): 〈 티. dge-slong.
16 감독승(гевгү): 〈 티. dge-bskos.

아무도 없는 곳에서부터 말 떼를 모는 대신에
이 황금 길로 달리게 해서
주인에게 말을 해버리고 쫓겠다!' 하고 출발해 달리게 했네.
백 곳의 흰 절을
바르게 돌아서 왔네.
육백 곳의 대사원은
오백 곳의 대궐 하인 마을 앞으로 (돌아서)
오트 올란 보랄 준마로
소란스럽게 왔네.
함 속에 있을 때는
따뜻한 노란 해의 빛을 가진,
함에서 나왔을 때는
일곱 개의 노란 해의 빛을 누를 만한
찬란한 노란 황금 둑(纛)의 뿌리에
아침의 노란 해의 둑이 떠오를 때
와서 말에서 내리는 것이었네.
다른 사람이 열쇠를 찾아서 풀 수 없는
견고한 노란 지달을
세 다리에 연결해 씌웠네.
가장자리의 황금 기둥에 매었네.
휘청거림 없는 날카로운 백단향나무 창을
거대한 흰 돌에
가운데 회초리까지 닿게 해서
웬만한 보통 세 사람이

힘으로 뽑을 수 없게 박았네.
들어가기로 마음먹은 볼링가르의 아들 통치자 유일한 사날이
바담이라는 이름의 투구를
오른쪽 관자놀이 쪽을 흔들어 누르고,
뒤뚱뒤뚱 걸어,
깔깔거리며 웃고,
기도깃발 같은 흰 문을
어깨 위로 미끄러뜨리고 들어가니,
문지기 두목 통치자가
"이 시간에
우리의 이 임금은
사람과 대면해서 만나지 않소.
하려고 마음먹은 말을 나에게라도
해 보시오.
그렇게 해도 전해 말하겠소."라고 했네.
"저쪽에 앉은 네 임금에게 할 말을
네게 해 버리고, 그러고 나서
저쪽에 있는 네 임금에게는 나중에
무슨 말을 하겠는가?"라고 말했네.
"악랄한 혀를 가진 개로구나!" 하고,
뺨을 갈겨 버렸네.
바늘 같은 노란 손톱을 /사날이/
등허리 살에 박아
꽉 잡고, 던져 버렸네.

6. 다섯 나라에 이름이 난 태키 비름스 임금의 자막타 호수 기슭에서 자연으로 자란 칠백만 마리 알록달록한 점박이 준마를 사날이 흥분시켜 몰아 데리고 오는 마당

그 던져 버린 서슬에
백 곳 흰 절의 문이
집 위로 던져져 넘어갔네.
육백 곳 대사원의 아래 벽 덮개가
걷혀 올라갔네.
우주의 아래 있는 오록 욘돈 산의
가운데 허리에 이르러 놓아 버렸네.
'꼭대기 오백 곳 대궐 하인 마을의 아이들과 아낙들이
보지 못하게 하소서!
가운데 산의 허리로 마른 소똥을 주우러 다니는
아낙들과 아이들이 보지 못하게 하소서!' 하고,
'악독한 악마 악령이 온 거냐, 너는?' 하고
델 자락을 허리춤에 끼우고 도로 달렸네.
위편을 보니
백여덟 개의 다리를 가진
부처님의 노란 황금 보좌 위에
태키 비릅스 임금이 앉았네.
큰 천막 모양의 노랑 얼룩무늬 궁장에서
백여덟 개의 동아리를 이루고
아르자 술자리를 벌이고 있네.
장가르네보다 두 배 더 많았네.
'문 쪽에 앉으면
겁먹은 표시가 될 테고,
위편에 앉으면

모욕하는 표시가 되겠군' 하고
한가운데 있는 일곱 동아리의
가운데로 들어가 앉았네.
아르자 술자리를 벌이는 흰 궁장에서
아르자 술자리를 벌이고 있네.
임금을 보아하니
자신의 임금 장가르보다 무슨 면에서든 특징이 부족하지 않았네.
동무 서른세 보동은
하나하나
자신의 보동들보다 어떤 면에서든 부족하지 않았네.
뒤로 온 술 항아리를
뒤에 있는 사람들에게 닿게 하지 않고 빼앗아 마시고,
앞으로 온 술 항아리를
앞에 있는 사람들에게 닿게 하지 않고 빼앗아 마시고,
양쪽으로 온 술 항아리를
양쪽에 있는 사람들에게 닿게 하지 않고 빼앗아 마시고 앉았네.
잔을 받으려고 한 손을
움켜쥐자 목숨을 끊어 버리고 있었네.
한낮의 해가 흔들릴 때에
"외방 임금의 사자인 듯한,
열렬한 큰 용사가 와서 앉았습니다.
우리 용사들에게 주려고 한 우리 술 항아리를
빼앗아 마셔 버리고, 빼앗아 마셔 버리고,
잔을 받으려고 한 손을 움켜쥐자,

6. 다섯 나라에 이름이 난 태키 비름스 임금의 자막타 호수 기슭에서 자연으로 자란 칠백만 마리 알록달록한 점박이 준마를 사날이 흥분시켜 몰아 데리고 오는 마당

목숨을 끊어 버리고 있습니다." 하고
노래꾼 소년 둘이 임금에게 아뢰자,
"내 동무 서른세 보동이여,
즉시 이 아르자 술을 조금 따르라!" 하니,
메아리처럼 그렇게 되어,
방울보다 조용하게 되어,
노래와 같이 멈춰 갔네.
"농땡이에 고도리살을 말린[17]
손바닥에다 횃불을 태운,
빗나간 고도리살[18] 같은
미친 씨수소 같은
재수 없는[19] 개새끼냐?
어디서 어디로 가는 것이냐?
용무를 말하라!" 했네.
"농땡이에 고도리살을 말린 사람이라는 것은 취소하라,
손바닥에 횃불을 태운다는 것도 취소하라,
빗나간 고도리살이라는 것도 취소하라,
미친 씨수소라는 것도 취소하라.
그대들과 똑같은, 차이 없는,

17 농땡이에 고도리살을 말린(Аляд hодль хатасн): 정확한 의미를 파악하기 위해서는 좀 더 연구가 필요해 보인다.

18 고도리살(тодль{hодль}).

19 문자상으로는 '검은 말을 가진(Хар мөртә)'. 할하몽골어의 '검은 말을 가진(хар морьтой)'도 '해로운, 유해한'이라는 부정적인 함의를 갖는다.

내게도 한 임금이 있는 것을,
당신에게 서른다섯 보동이 있는 것과 마찬가지로
내게도 보동들이 있는 것을.
집에 온 사람은
주린 배를 채우게 하는 법이다.
피막이 생긴 입술을 축이게 하는 법이다.
물어 마땅한 말은 그렇게 한 뒤에 묻는 법이다!"라고 했네.
"집에 온 재수 없는 개새끼에게
아갈잡이를 시켜 버려라.
아르자와 호르자를
입과 코로 나오도록 주어라!" 했네.
일흔 명이 빈 잔을
겨우 져 나를 수 있는
뚜껑 없는 흰 잔으로
아르자 열다섯 잔을 주었네,
호르자 스물다섯 잔을 주었네.
일고여덟 마리 사슴 고기를 주니,
서너 번 물어뜯어 먹어 치웠네.
강철 아리쇠의 받침다리에
몸을 숙여, 무릎을 꿇고 왔네.
위대한 힘은
살갗 속에서 요동치고 있었네.
열 개의 흰 손가락은
소매 안에 모여 쑤석대고 있었네.

6. 다섯 나라에 이름이 난 태키 비름스 임금의 자막타 호수 기슭에서 자연으로 자란 칠백만 마리 알록달록한 점박이 준마를 사날이 흥분시켜 몰아 데리고 오는 마당

"쉽게 멈추지 않고, 소음이 큰,
제멋대로 구는 사람들이네.
내가 여기 앉아서 하는 말을 들을 수 없을 것이오.
임금이여, 그대가 허락하면,
그대의 보좌 앞으로 가서
다니는 과업에 대해 고하겠소." 하고 말했네.
"일어나 와서 말하라!" 했네.
임금의 보좌 앞으로 벌떡 일어나 갔네.
태키 비름스 임금과,
동무 서른세 보동과,
췽캔 알탄 체지 노인[20]
모두 자세히 살피고 있었네.
'고약한 사람이 우리 속에
들어온 모양이다!'라고들 하고,
턱 밑으로 신호를 하고,
말하고들 있었네.
앞에서 보니
위로 날아가려고 하는
잿빛 푸른 해동청의 자세로 있었네.
옆에서 보니
산비탈에서 놓은

20 장가르네의 췽캔 알탄 체지 노인과 이름과 역할이 같은 인물이다.

화려한 노랑 얼룩무늬 이틀렉 매가 되어 섰네.
뒤에서 보니
짐을 잔뜩 실은 불친 낙타 모양으로 섰네.
두 발을 벌리고 섰네.
뒤 어깨의 빛에는
일흔 자루 창으로 찌르고
일흔 명의 자신과 같은 용사와 역사가
눌러도 몸부림칠[21] 약한 곳이 몸에는 한 곳도 없네.
등과 궁둥이에는
예순아홉 자루 창으로 찌르고,
예순아홉 명의 자신과 차이가 없이 대등한 용사들,
예순아홉 명의 아르슬랑 망가스 임금의 아들들이
눌러도 몸에는 굽혀지고 휘어질 곳이
없다는 것을 알게 되었네.
"나에 대해 물을 것 같으면,
데드 멩 샤라의 나라에 영지가 있는
볼링가르의 아들 유일한 사날이라는 사람이오!
내가 탄 말에 대해 물을 것 같으면,
알리마드라는 아저씨에게서
빼앗아 가질 때 스물네 살이었소.
이제 몇 살인지는 나도 모르오.

21 몸부림칠(hовчидг{hувчидг}).

의탁한 내 임금을 물을 것 같으면,
낮은 목소리로 열두 나라를 누르는,
들썩대는 빠른 제르데를 가진
명성이 자자한 장가르라는 임금,
자신과 차이가 없는 똑같은
열두 망가스 임금의 아들들을
자신에게 의탁케 해 받은,
자신보다 더한 홍고르를 가졌소.
다니는 내 용무를 묻는다면,
자막타 호수의 기슭에서 자연으로 자란
칠백만 점박이 얼룩무늬 준마들을
한 살짜리, 두 살짜리 할 것 없이
흥분시키기 위해 온 사람이오, 나는."이라고 했네.
임금이 눈짓을 했네.
문 쪽을 향해 턱으로 지시를 했네.
하나가 빨리 일어나
견고한 황금 문을
요란한 소리를 내며 닫아 버렸네.
검은 강철 사슬을
북새통 속에 놓아 버렸네.
"임금이라는 사람이 눈짓이나 하는,
흉하고 못된 속임수를 쓰는 사람이오?" 하고,
두 움큼 보드라운 뜨거운 재를
두 눈에 눌러 집어넣었네.

임금이 제 두 눈을 쥐어뜯으며 갔네.
속력을 내어 가서 견고한 황금 문을
밟아 버린 것이었네.
견고한 황금 문에
작은 틈이 생겼네.
동무 서른세 보동을
맨손으로 때리고
위로 밧줄을 풀어 던졌다 당겨 돌진했네.
다시 속력을 내어 가서
견고한 황금 문을
두 번째로 밟아 버린 것이었네.
편하게 사람이 몸을 구부리고 나갈 만큼
쐐기가 하나 떨어져 틈이 생겼네.
다시 서른세 보동들을
맨손으로 때리고,
왼편에 몰아붙이고 가네.
임금을 보아하니
두 눈이 나왔고,
세 길 떨어진 곳에서부터
독(毒)과 초(硝)[22]가 끓어 닿는
유독한 노란 꼬챙이 칼을
동무 한 사람 소매에 넣게 하고 있었던 것이네.

---

22 초(шү): ‹ 중. 硝[xiāo].

그 용사가 껴입은
일흔 겹 로브차를
이중으로 쥐어 잡고
지붕창으로 꺼내 던졌네.
하루에 겨우 갈 수 있는 곳에 놓아 버렸네.
편안하게 사람이 나갈 만한,
문지방의 부서진 곳으로,
솜씨 있는 사날이 구부리고 나가서 갔네.
밖에서 오트 올란 보랄 위에 올랐네.
휘청거림 없는 긴 백단향나무 창을
쉰두 개의 낫날을 정렬시키고 갔네.
마흔두 개의 자루 가두리장식을 내밀고 갔네.
백여덟 길 티베트식 사슬을
여덟 번 접어 잡았네.
오트 올란 보랄의 앞 머리털과 귀에
창을 고정하고 섰네.
스물네 살 먹은
화살통 같은 옅은 붉은색 몸통에 흰 털 덮인 머리를 가진
오트 올란 보랄 준마로
문설주에 기대고 섰네.
"자막타 호수의 기슭에서 자연으로 자란
칠백만 점박이 얼룩무늬 준마를
한 살짜리, 두 살짜리 할 것 없이 흥분시키는 것이다, 이제 이 것은!

모두 다 완벽하게 데려오려면
열두 달이 다할 것이다.
일렬로 모두 가려면
내 오트 올란 보랄이
뒤를 살피며 갈 것이다!" 했네.
나가서 달리게 했네.
무쇠 큰길로 달리게 했네.
달려서 당도해 오자
모든 뿔, 송곳,
낫의 날 같은,
모든 가시 달린[23] 것들이
빙 둘러 자라고 있네.
눈에 겨우 보이는 곳에서부터
당겨 뽑고, 떼어내 던지고 있었네.
"올리고 나온 나의 맹세는 어떻게 할 것인가?
하고 나온 말을 어떻게 할 것인가?" 하고 사날 통치자가
오트 올란 보랄 준마에게
사람에게 알려지지 않는 야차(夜叉)의 말(言語)로
말하며 가네.
오트 올란 보랄이 말하며 가네.
"꺼내지 않은 여의보주를

23 가시 달린(үрдстә{үргстә}).

꺼내 주겠소.
달리지 않은 달음질로
달려 주겠소.
이리 같은 성품을 그대가 드러내 주시오.
돌 같은 심장을 견고하게 하시오.
일흔다섯 군진의 정면에서 내는
'에민 올란 만세'를
부르고 돌진합시다!"라고 했네.
"낫의 날 같은 것에는
걸리면, 걸리고서 가자!" 했네.
"말 떼를 데리고 나가는 수가 있으면
데리고 나가자!"고도 했네.
이리 같은 성품을 드러내고,
돌 같은 심장을 견고하게 하고,
일흔다섯 군진의 정면에서 내는
'에민 올란 만세'를
부르고는 돌진했다고 하네.
하늘빛이 붉어져 갔네.
땅의 빛은 노래져 갔네.
모든 뿔, 송곳,
낫의 날 같은
모든 것은
검은 납처럼
녹아 흘러 떨어졌네.

칠백만 점박이 얼룩무늬 준마를
한 살짜리, 두 살짜리 할 것 없이 흥분시켜 데리고 나오는 것이었네.
적이라고 하는 것은 뒤에서
흙보다 촘촘하게, 개미보다 많이
차단막을 이루고[24] 왔다고 하네.
살찐 흰 말을 타고,
판금으로 만든 흰 칼집에 든
큰 강철 군도를 가진 용사가
사날의 뒤 어깨(주걱뼈 부위)의 빛에
베러 닿아 왔네.
오트 올란 보랄의
발꿈치 끝까지 다가왔네.
일흔두 번 피했네.
서른세 번 때리고
뒤로 나와 맞추었네.
휘청거림 없는 긴 백단향나무 창을
쉰두 개의 낫날을
정렬시키고 갔네.
마흔두 개의 자루 가두리장식을
내밀고 갔네.

24 차단막을 이루고(Көшгрәд{Көшглəд}).

백여덟 길 티베트식 사슬을
여덟 번 접어 잡았다가,
한 베래 거리에서[25] 놓았네.
“이랴!” 하자,
솟구치듯이 갔네.
백여덟 길 티베트식 사슬을
옭매듭을 놓고, 자루를 잡고,
가서, 들어 올려 버렸네.
줄 뱃대끈과 뱃대끈을 끊고
뗏목 같은 검은 안장을
샅에다 끼워 잡았네.[26]
‘이만한 사람에게
이 재물이면 되기를!’ 하고 생각했네.
이 사람을 창끝으로 한두 번 찔러 던졌네.
뒤를 보니
아홉 줄기 강의 원천을 막으며 떨어졌네.
다시 가고 또 가는데
서른세 자루 꼬챙이 칼을 가진,
세 개의 검은 칼등이 있는

---

25 한 베래 거리에서(бэрэ hаэрас): ‘한 베래 거리’란 1.5킬로미터에서 2킬로미터 거리를 말한다.

26 줄 뱃대끈과 뱃대끈은 안장을 말과 연결시켜 주는 끈이다. 831-833행은 끈을 끊어 버렸으므로 안장이 움직이지 않도록 두 다리로 꽉 끼워 잡고 말을 타고 가는 모습을 묘사한 것이다.

차가운 검은 꼬챙이 칼로
새카만 가라말을 탄 용사가
찌르려고 뒤에서 닿아 왔네.
오트 올란 보랄의
발꿈치 끝까지 다가왔네.
서른세 번 때리고,
일흔두 번 피하고,
(그의) 뒤로 나와서 맞추었네.
휘청거림 없는 긴 백단향나무 창을
쉰두 개 낫날을
정렬시키고 갔네.
마흔두 개 자루 가두리장식을
내밀고 갔네.
백여덟 길 티베트식 사슬을
여덟 번 접어 잡았다가,
한 베래 떨어진 곳에서 놓았네.
"이랴!" 하고 신호를 주었네.
단 한 번의 편달(鞭撻)이면 도달시켜 주던 것이
도달시키지 못하고 있었네.
"이랴!" 하고 두 번째로 때리자
이번에는 도달시켜 주었네.
튼튼한 백단향나무 자루를 잡고 들어 올렸네.
한 번 들어 올렸을 때는 들어 올릴 수 없었네.
이리 같은 성품을 드러내고

6. 다섯 나라에 이름이 난 태키 비름스 임금의 자막타 호수 기슭에서 자연으로 자란 칠백만 마리 알록달록한 점박이 준마를 사날이 흥분시켜 몰아 데리고 오는 마당

돌 같은 심장을 견고하게 하고,
일흔다섯 군진의 정면에서 내는
'에민 올란 만세'를 부르자,
줄 뱃대끈과 뱃대끈을 끊어 버렸다고 하네.
뗏목 같은 안장을
살에다 끼워 잡았네.
'이 정도 사람에게
이 재물이면 된다'고 생각했네.
창끝으로 두 번 제대로 찔러 던지니
아홉 줄기 강의 원천을 막으며 떨어졌다고 하네.
자신의 엉덩이와 말의 엉덩이 위에
화살통의 화살이라는 것이 정렬하여,
시들어 가는 갈대처럼 열을 지어 갔다고 하네.[27]
"이제 나빠져 가는구나, 우리가." 하고 말하네.
"예전에 우리가 국권을 가진 네 임금과
전투를 벌일 때
튼튼하게 만들어진
울창한 숲 담장이 있었다고 들었다.
그 담장에 모래 한낮에 대 주렴." 하고 말하네.
(말은) "낸 적이 없는 힘을
내 주겠다." 했네.

27 적의 무수한 화살이 자신과 말의 엉덩이에 박힌 상황을 묘사하는 것으로 보인다.

"달린 적이 없는 달음질로
달려 주겠다."고도 했네.
"모레 한낮에 대어 주겠다." 하네.
울창한 숲의 담장에서
검은 백단향나무 담장을
법석을 떨며 문의 빗장 사슬을 풀고,
(말 떼를) 몰아넣으려 하자,
말 떼의 우두머리인
점박이 얼룩무늬 씨수말이
문 사이에 가로로 멈춰 서서,
다리에 닿는 것을 차고
목이 닿는 것을 물어,
쫓아서 들이지 않았네.
말 떼의 틈으로 말의 갈기를 끌어안고 들어갔네.
양쪽 허리 살이
무너져라 (손을) 펴서 때려, 몰아 들여보냈네.
검은 백단향나무 문을
법석을 떨며 닫았네.
검은 강철 사슬을
법석을 떨며 놓았네.
태키 비릅스 임금의
서른세 진영 군대가
함께
(담장 문의 빗장 사슬을) 풀어 던지고 돌진했네.

6. 다섯 나라에 이름이 난 태키 비릅스 임금의 자막타 호수 기슭에서 자연으로 자란 칠백만 마리 알록달록한 점박이 준마를 사냥이 흥분시켜 몰아 데리고 오는 마당

일곱 이레 마흔아홉 날 동안
전투를 벌였네.
곧고 멋진 등허리는
활처럼 구부러지고,
미끈하고 멋진 몸은
의식을 잃었네.
담갈색 다라니 눈은 시력을 잃었네.
오트 올란 보랄 준마 위에서
사지로 버티면서 녹초가 되었네.
이레가 지나 정신이 똑바로 들었네.
“장가르네 사람들이
무슨 계교를 내고 있는 것일까?
이제 이것이 우리 중 누구를 붙잡는 것일까?” 하고
태키 비름스 임금네 사람들이
문을 열고 서 있었다고 하네.
볼링가르의 통치자 유일한 사날이
담갈색 다라니 검은 눈을
닦고 살아나 일어났네.
‘이상한 일이네, 우리 편은 지금까지
어떻게 된 것인가? 나를 위해
아무도 지금까지
어째서 오지 않는가?’ 하고
집 쪽을 바라보니,
표가 나는 준마의 먼지도 보이지 않았네.

흰 뭉게구름도 보이지 않았네.
(그러더니) 특징 있는 준마의 먼지가 피어오르고 있었네.
덩어리 흰 구름도 보이지 않았네.
(그러더니) 뛰어오르듯 뛰어오르듯 먼지가 올라가고 있었네.
'이제 하나가 접근하고 있다!' 하고,
껌벅거리던 담갈색 다라니 눈을
문지르고 보니,
두 넓적다리 살에
두 개의 질왕 화살을 서로 교차하도록 놓고,
하와트의 아들 욍게가[28] 달음질치고 있었네.
열여덟 개의 깍지가 달린
푸른 질왕 화살이
대동맥 콩팥을 회전하며 맞추었네.
꼿꼿하고 멋진 등이
활처럼 굽어졌네.
미끈한 멋진 몸은
독신 담바의 점박이 얼룩무늬 말 위에서
사지가 하나가 되어 갔네.
(사날이) 나와서 접근하네.
뒤에서는 사와르가
여덟 면 황금빛 노란 큰 도끼를

28 욍게가(өңгнь{Өңгнь}).

휘둘렀네.
꾸물거리는 법 없이 사나운 퀴렝 갈잔이
버티며 따라잡아 오네.
"형님, 잘 다녀오셨습니까?" 하고 고함을 지르며 가네.
"이와 같은 노력을
들여 자네가 올 것을 알았다!"라고 했네.
"이와 같은 것을
우리 형님이 보여 줄 것이라고 알았소!"라고 하며
머리를 숙이고, 넘어서, 계속 나아갔네.
다시 군대의 이쪽 끝에 이르러,
따라잡아 때렸다고 하네.
굳건한 백단향나무 머리를
확 뽑아 버렸네.
목의 세 등뼈가
이쪽으로 빠져 나가고,
중심의 세 등뼈가
저쪽으로 빠져 나갔네.
꽁무니뼈를
'탁!' 하고 때려
말의 왼쪽으로
떨어뜨려 버렸네.
도로 돌아와서,
이 두 사람이
말의 사이로

몸을 날려 내려,
지나간 이야기를 하면서,
꽉 껴안고,
엉겨서 쓰러졌다고 하네.
이레를 자고, 둘이 같이
깨어 일어나 왔다고 하네.
일어나서 온다고 하자,
찬란한 노란 황금 둑은
위로 솟아오르고 있었다고 하네.
영예로운 통치자 성주 장가르가
아란잘 빠른 제르데를
타고[29] 있었다고 하네.
똑같은 세 제르데를 가진,
똑같은 삼천 창잡이는
창을 준비하고 같이 서 있었네.
하늘빛 둑을 휘날려 버렸네.
삼천 마리 기민한 붉은 절따 준마를
엉덩이에 짐을 지우고[30] 서 있었네.
폭이 문짝만 한[31] 푸른 활들을 벌렸네.
왼편 군진의 군대에

29 타고(Күлгләд{Көлгләд}).

30 짐을 지우고(деңнәд{теңнәд}).

31 폭이 문짝만 한(Үүдн өңгтә{эңтә}).

쥐덴 검베 꼬챙이 칼 노인이
불꽃 같은 검은 둑을 휘날리며,
자니 타와 해슨 하라를 타고,
서른세 개의 꼬챙이 칼을 가지고,
세 마리 가라말을 데리고
차가운 검은 꼬챙이 칼을 왼편 군진에
세 번 흔들고, 세 번 만세를 불러
일흔다섯 군진의 정면에서 내는
'에민 올란 만세'를 부르고 서자,
우주의 나라 섬부주의 세계가
일곱 대 동안 흔들리네.
귀축(鬼畜)의 나라의 것들은
소리 없이 그 자리에서 멈추었네.
이 꼬챙이 칼의 끝에서
세 갈래 무쇠 불이
하늘에 닿게 솟아오르며 타고 있네.
하늘빛이 붉어지고,
땅의 빛이 노래져 갔다고 하네.
자신의 목숨과 같은
삼천 전사는
그들처럼 꼬챙이 칼을 가진,
정예 열두 보동이 직접 지휘하여
열두 군진이 되어 섰네.
주군 성주 장가르와

열세 개의 둑을 가진 군진의 군대가 되어 섰네.
적들은 서른세 군진의 군대를 이루었네.
길한 날에 전투가 벌어져 갔네.
종종 전투가 벌어진 것을 잊고,
옛이야기가 이어져 갔네.
상대편에서 '음식을 먹고 마시고 쉬자' 하고
문서를 보냈네.
'위젱 말라의 후손,
죽은 것을 살려내는 이, 독존 장가르네가
휴식을 취하지 않는다는 말을 듣지 못했느냐?' 하고
회답을 보냈네.
수시로 전쟁을 하고,
끝없는 전투를 벌이며 갔네.
상대편 사람들 중에서는 보아하니
교전 원칙상 보동들 가운데서
세 명만이 남았네.
그들 가운데서 다섯 나라에 이름난
태키 비릅스 임금이 남았네.
(그들의) 알탄 체지가 남았네.
둑치 소년이 남았네.
일곱 군주를 뒤집어엎은
독신 담바의 점박이 얼룩무늬 준마를 가진
독신 샤라 메르겐이 남았네.
선봉이 되어 따라잡는,

6. 다섯 나라에 이름이 난 태키 비릅스 임금의 자막타 호수 기슭에서 자연으로 자란 칠백만 마리 알록달록한 점박이 준마를 사날이 흥분시켜 몰아 데리고 오는 마당

살찐 흰 말을 가진,
판금으로 만든 흰 칼집에 든
큰 강철 군도를 가진 용사가 남았네.
서른세 자루 꼬챙이 칼,
세 마리 가라말,
차가운 검은 꼬챙이 칼을 가진
새카만 가라말을 탄 용사
이렇게 여섯 사람이 남았네.
장가르네에서는
주군 성주 장가르가 남았네,
큉캔 알탄 체지가 남았네,
둑치 숑코르 소년이 남았네,
장엄한 부처님의 붉은 홍고르가 남았네,
갈 태제의 아들
미치광이 붉은 사와르가 남았네,
오트 올란 보랄 말을 가진
볼링가르의 아들 통치자 유일한 사날
이렇게 여섯 사람이 남았네.
"이제 교전 원칙상으로는
우리에게 (각각) 세 사람(씩)만 남았다.[32]

32 양쪽에 남은 사람은 6명씩이다. 교전 원칙상 양쪽에 3명씩만 남았다고 하는 것으로 미루어, 임금과 둑치 소년, 그리고 다른 한 사람은 전투원으로 치지 않았을 가능성이 있다.

이 여섯 사람을 어떤 모양으로 싸울게 할 것인가?" 하고
두 임금이 협상했네.
"각각 한 사람씩
맞서 싸우게 하자." 했네.
새카만 가라말을 가진
그들의 말치기 용사와
시르케의 (손자) 홍고르가
도보로 맞붙게 되었네.
가느다란 흰 정강이에 홍고르가
여덟 번을 감아 걸어 들어 올려
기진맥진케 하고 다녔네.
"튼튼한 비단 허리띠를 잡고,
오른편 옆구리 위로 흔들어,
홍고르, 잡고 때려!" 하자,
가느다란 흰 정강이를
여덟 조각을 만들어 분지르고,
아홉 척 땅 밑으로 들어가도록 때렸네.
아홉 줄기 강의 원천을 막고 때렸네.[33]
큰창자의 검은 똥이
하루 거리[34] 높이로 말려 올라갔네.

---

33 아홉 줄기 강의 원천을 막고 때렸네(Йисн hолын экиг бооhад цоквл): 오역일 가능성도 있지만 다른 번역도 마땅치 않다. 이 밖에 '아홉 대동맥의 머리를 조르고 때렸네' 정도가 그나마 가능한 해석이다.

34 하루 거리(Өдрə hазр): 말로 가는 데 하루가 걸리는 거리를 말한다.

대동맥의 검은 피가
하루 거리 높이로 말려 올라갔네.
오트 올란 보랄 말을 가진
볼링가르의 아들 유일한 사날이
말을 타고 전투를 벌였네.
그들 가운데 살찐 흰 말을 가진
용사와[35] 전투를 벌이고 있었네.
두 개의 둑을 꽂아 표적[36]을 삼고,
두 둑 사이에서 전투가 벌어졌네.
살찐 흰 말을 가진 용사가
뒤 어깨의 빛에
판금으로 만든 흰 칼집에 든
큰 강철 군도로 베려고,
뒤에서 따라잡아 왔네.
오트 올란 보랄 준마의
발꿈치 끝까지 다가왔네.
일흔두 번 피하고,
서른세 번 때리고,[37]
뒤로 나와 맞추었네.

---

35 용사와(Баатрта): '용사(Баатр)-와(та)'. 접사 /-та/가 공동격 표지 형태소로 사용된 것으로 보인다.

36 표적(бә): 〈 중. 靶[bǎ].

37 때리고(hүүвэд{гүвэд}).

쉰두 개 낫의 끝을[38]
정렬시켰네.
마흔두 개 가두리장식을
내밀게 했네.
백여덟 길 티베트식 사슬을
여덟 번 접어 잡았네.
던지고 창으로 찔러 버렸네.
'이랴!' 해 버렸네.
'이랴!' 하자 옭매듭에 대어 주었네.[39]
옭매듭을 당겨 잡고 들어 올렸네.
줄 뱃대끈과 뱃대끈을 끊고
뗏목 같은 검은 안장을
샅에 끼워 들어 올렸네.
데려와, 둑의 뿌리에 던졌네.
그들의 일곱 군주를 뒤집어엎은
독신 담바의 점박이 얼룩무늬 준마를 가진
독신 샤라 메르겐이라는 용사와
갈 태제의 아들
미치광이 붉은 사와르가

---

38 쉰두 개 낫의 끝을(Тэвн хойр хажин үзүриг): 직역이다. 이 사람의 무기는 52개의 낫으로 구성되었을 것으로 짐작된다. 예를 들어 긴 쇠사슬에 52개의 낫이 달린 모양을 생각해 볼 수 있다. 텍스트의 다른 부분에는 낫날을 정렬시키는 것으로 나온다.

39 주인이 옭매듭을 집어들 수 있는 위치로 사날의 말이 정확하게 주인을 데려다 주었다는 의미로 짐작된다.

전투를 벌였다고 하네.
둑을 꽂아 표적을 만들고,
둑 사이에서
전투가 벌어졌네.
두 사람의 말들도
똑같이 빠르고,
두 사람의 힘도
똑같아서
서로 잡을 수가 없어
같이 번쩍거리고 섰네.
정말로 지친 척하고 사와르가
황금빛 노란 큰 도끼를 장대올가미처럼 뒤로 끌고
둑으로 들어갔다 나왔다 하며 도망쳤네.
"정말로 지쳤구나!
네 둑에 도달하기 전에 너를
붙들어 잡겠다!" 하고는 쫓아갔네.
굳건한 백단향나무 같은 머리를
사와르가 멈추며 맞추어 때렸네.
세게 맞추고 갔네.
목의 세 등뼈가
이쪽으로 나와서 갔네.
대동맥의 세 등뼈가
저쪽으로 나가서 갔네.
꽁무니뼈를

세게 때렸네.
묵사발을 만들어
뿌려 던져 버렸다고 하네.
(장가르가) “너와 나는 만난 적이 없었다.
너는 나를 만나러 온 것이 아니었다.
이제 망가스와 역사(力士)를
전쟁이 일어났을 때 보내라!
매년 조공과 데지를 바쳐라!” 하고 말했네.
태키 비름스 임금이 말하기를,
“유일하게 일곱 군주를 뒤집어엎은
독신 담바의 점박이 얼룩무늬 준마를 가진
독신 샤라 메르겐 용사를 주시오.
자막타 호수의 기슭에서 자연으로 자란
칠백만 점박이 얼룩무늬 준마를
한 살짜리, 두 살짜리 망아지 할 것 없이 모두 주시오!” 하고 말했네.
“(우리가) 낮에 붙든 말 떼를
밤에 잃어버리게 해 받겠는다는 네 말은 무슨 말인가?”[40] (하고)
일곱 군주를 뒤집어엎은
독신 담바의 점박이 얼룩무늬 준마를 가진
독신 샤라 메르겐을

40 ‘우리가 떳떳하게 차지한 말 떼를 도로 훔쳐 가겠다는 심보가 아니냐’라는 의미다.

"자, 얘야, 이리 앉아라!" 하고
불러, 앉혀 잡았네.
"어깨(주걱뼈 부위)의 두 힘줄 혈맥을
어깨에서 뽑아내라!" 하고 말했네.
"명성이 자자한 담바의 나라의
장가르라는 사람이 (얼마나)
흉하고 크나큰 은혜를 받은 사람인가?" 하고,
앉은 채로 펄쩍펄쩍 뛰어오르며, 두 다리로 땅을 차며,
악을 쓰며 울었다고 하네.
"내 두 어깨의 힘줄 혈맥을
뽑지 않았으면,
자막타 호수의 기슭에서
자연으로 자란 점박이 얼룩무늬 준마들을
우리 손에 주었으면,
장가르네라는 이름을 끊을 것이었는데, 내가." 하고 말했네.
그들의 사람들을 모두
고아 소년과 굶주린 개까지
살려 주고,
장가르네 사람들이 자신의 나라를
고아 소년과 굶주린 개까지
살려 가지고,
칠백만 점박이 얼룩무늬 준마들을
몰아 데리고 왔네.
봄바의 흰 궁장에서

쉰네 동아리를 이루고,
서로 부대낄 것 없이 앉았네.
아르자 술자리를 벌이는
봄바의 흰 궁장에서
주군 성주 장가르와,
동무 열두 보동과,
퀑캔 알탄 체지 노인과,
기민한 오트 올란 보랄을 가진
사나이의 아홉 덕목을
엄지손가락 위에 완정시킨
볼링가르의 아들 통치자 유일한 사날이
장가르 정도의 창잡이,
알탄 체지만 한 점성술가,
홍고르만 한 검사(劍士),
귐베만 한 꼬챙이 칼잡이,
알락 올란의 아들
아르완 타브트만 한 채찍꾼,
갈 태제의 아들
미치광이 붉은 사와르만 한 큰 도끼잡이,
사나이의 아홉 덕목을
엄지손가락 위에 완정시킨
에르게드 담바의 (아들) 사날이라고도 불리는
오트 올란 보랄 준마를 가진
휘청거림 없는 백단향나무 창을 가진

6. 다섯 나라에 이름이 난 태키 비름스 임금의 자막타 호수 기슭에서 자연으로 자란 칠백만 마리 알록달록한 점박이 준마를 사날이 흥분시켜 몰아 데리고 오는 마당

볼링가르의 통치자 유일한 사날이라고 말해지는 (용사가)
다섯 나라에 이름난
태키 비름스 임금의
자막타 호수의 기슭에서
자연으로 자란
칠백만 점박이 얼룩무늬 준마들을
흥분시켜 몰아 데리고 와서,
쉬며, 즐기며, 안정하고 있었네.

7. 아요 만진 보랄을 가진 애흐 망나 임금의 불꽃 같은 올란을 가진 나란의 게렐이라는 용사가 장가르네의 특별한 다섯 가지 것을 요구하러 온 마당

해가 나오는 북쪽에 있는
아요 만진 보랄을 가진
애흐 망나 임금의
불꽃 같은 올란[1]을 가진
나란의 (아들) 게렐[2]이라는 용사가
아르자 술자리를 벌이는 흰 궁장의
아르자 술자리에서 아요 만진 보랄을 가진
애흐 망나 임금에게 말하는 것이네.
"해가 뜨는 남쪽에 있는,
봄바라는 바다가 있고
봄바의 높은 망칸 차간 산이 있는
성주 장가르라는 임금에게
총신(寵臣)인

1 불꽃 같은 올란(Очн болгсн Улан): 말의 이름으로, 직역하면 '불꽃이 된 붉은 (말)'.
2 나란의 (아들) 게렐(Нарни Гэрл): 사람의 이름으로, 직역하면 '햇빛'.

장엄한 부처님의 붉은 홍고르가
장사라는 말을 듣고,
'총신을 만들겠다'고
우리 임금이 말하라고 시켰노라고 가서 말하겠습니다.
당신네 아란잘 봄바의 빠른 제르데가
빠르다는 말을 우리 임금이 듣고,
'달라, 타겠다고 하라'고 했다.
공주 샤브달 하탄이
아름답다는 말을 듣고,
'하탄을 삼아 취하겠다, 달라!'고 했다.
애트 숑코르 소년이
소리꾼이라는 말을 듣고,
우리 임금이 '술 항아리 담당을 만들겠다, 달라!'고 했다.
빛나는 붉은 황금 둑이
멋지다는 말을 듣고,
우리 임금이 '전장에서 들겠다,
달라!' 한다고,
가서 말하겠습니다!
이 다섯 가지를
주지 않으면
해와 달 아래,
해가 있는 세상 위에서
살게 둘 수 없다 한다고,
가서 말하겠습니다!"라고 했네.

"푸하하! 외방의 임금들을 꾸짖고,
뜨거운 큰 말[3]을 하는 보동
내 가까운 보동들이
있구나!" 하고,
임금이 제 무릎을 치며,
고함을 지르고, 웃고 있었네.
"자, 그 과업을 가서 완수하고 오면,
먼저보다도 큰 공로자로 있을 것이다!" 하고
임금이 말하고 있었네.
나란의 (아들) 게렐 보동이,
"쾨케 삼바의 비탈에서 돌아다니는
불꽃 같은 올란을 데려와 말갖춤을 지워라!" 하고 고함을 질렀네.
한 번 고함을 쳤을 때는
아무도 나가서 가지 않자
두 번째로
"데려와 말갖춤을 지워라!" 하고
고함을 쳤다고 하네.
두 번째도 아무도 가지 않고 있었네.
"불꽃 같은 올란을
데려다 말갖춤을 지워라!" 하고
세 번째로 고함치기를,
골짜기에 있던 세 살짜리 멧돼지의 쓸개가

3 뜨거운 큰 말(Халун ик үг): '열정적이고 담대한 말', '다정하고 통이 큰 말'.

터지도록 고함을 쳤네.
나란의 (아들) 게렐의 말치기 소년이
쾨케 삼바의 비탈에서 돌아다니는
불꽃 같은 올란 준마 쪽으로
단단한 은제 굴레를 가지고
종종걸음으로 달려나갔네.
불꽃 같은 올란 준마의
전쟁꾼 살이라고 하네,
칠십 일 전부터 떨고 있었다네.
고통꾼 살이라고 하네,
백 일 전부터 떨고 있었다네.
풀도 없이,
물도 없이 몸을 편안하게 하고,
네 개의 검은 발굽은
'바윗돌과 부딪혀,
무너져 갈 것이 아닌가' 하고,
깨끗하고 부숭부숭한 그런 곳에서
깔끔하게 서서,
빨라지는 몸을
네 개의 검은 발굽 쪽에 지니고 있었네.[4]
위대한 능력마다

4 굳이 다른 말로 풀이하자면, 여러 가지 가능성 가운데 하나는 '네 발굽만 봐도 빠른 말이 틀림없었네'.

뒤 궁둥이에 지니고 있었네.[5]
날카로운 두 눈은
저 너머 산등성이를 보고 있었네.
이현금 같은 두 귀로
호르마스타 하늘을 가위질하고 서 있었네.[6]
말치기 소년이 이르러 와서,
단단한 은제 굴레를
물려 씌워 놓았다고 하네.
집게 입 같은 앞니로
꽉 물어 잡은 것은 이것이었네.
스물다섯 개의 뒷덜미 가리개를 씌웠네.
스물다섯 개의 단추를 채웠네.
보르한 차간 하탄이
일어섰다 앉았다 하면서 짠
붉은 비단 고삐를
갈기 위에 놓았네.
열 길 부드러운 비단 후릿고삐를
한 길 반 잡고 끌었네.
산호 같은 멋진 꼬리를 들어 올리고
덩어리 큰 똥을 쏟았네.

---

5 역시 굳이 풀이하자면, '궁둥이만 보아도 능력이 대단한 말이 틀림없었네'.

6 84-85행은 커다란 두 귀를 번갈아 움직이는 모습을 하늘에 대고 가위질하는 것에 비유한 것이다.

백 년을 달리기로 마음먹었네,
육 년을 고통받기로 마음먹었네.
양쪽을 뛰어넘어 차고 갔네.
샤라 하브하의 문에
데리고 온 것은 이것이었네.
"보동 나란의 (아들) 게렐의
불꽃 같은 올란을
샤라 하브하의 문에서
말갖춤을 지울 차례가 되었다!" 하고
고함을 치고 말갖춤을 지웠다고 하네.
갈기털 같은 은제 땀받이를 놓자,
고르게 아흔아홉 번 빙빙 돌고 섰네.
번쩍이는 은제 다래를 놓자,
다래 끝을 떨다가, 그렇게 섰네.
할와르 은제 안장대와
광택 없는 은제 안장가리개가 딸린
모루 같은 황금 안장을
불꽃 같은 올란에게
네 뼘 네 손가락 두께로 씌워 지웠네.
일흔다섯 개 쥠쇠 뱃대끈은
뱃대끈이 여덟 대 갈비를
졸라매도록 놓아 버렸네.
튼튼한 흰 뱃구레의
복판에서 졸라매 당겼네.

반대로 네 대의 갈비를
반대편의 것이 끊어져라 당겼네.
아름다운 노랑 올른촉을 그 위에 채웠네.
끈에 달린 여든여덟 개 방울을
사방에서 쩔렁거리게 했네.
보르한 차간 하탄이
일어섰다 앉았다 하면서 짠
붉은 비단 고삐를
안장 앞가리개에 감고 말을 진정시켰네.
열 길 부드러운 비단 후릿고삐를
한 길 반 잡고,
샤라 하브하의 문에서 끌고 섰네.
불꽃 같은 붉은 준마는
날아갈 듯 서 있었다고 하네.
나란의 (아들) 게렐 용사가
옷을 입을 때가 되었네.
솜씨 있는 어머니가 엮으시고
오리얀 바담이 마른
에르웽이라는 이름의 킬렉을 입었네.
에르데니의 홀(이라는 이름의) 열두 겹 뷔시뮈드를 입었네.
일흔 마리 말 값이 나가는 올와를
왼편 옆구리 위에 걸쳤네.
목숨의 수호자인 날카로운 백단향나무 군도를
그 위에 끈고리로 채웠다고 하네.

일흔 명이 빈 잔을
겨우 져 나를 수 있는
뚜껑 없는 커다란 흰 잔으로
아르자 술 열다섯 잔을 마셨네,
호르자 술 스물다섯 잔을 마셨네.
일고여덟 마리 사슴 고기를
서너 번 물어뜯어 먹어 치웠네.
출정을 마음먹은 나란의 (아들) 게렐 용사는
"지배하시는 애흐 망나 임금과
동무 열두 보동이여,
모두 안녕히 계십시오!" 하고 출정했네.
사람의 소리가 '징' 하고,
준마의 소리가 '따가닥' 하고,
불꽃같이 아름다운 붉은 준마가
원래의 목소리로 소리를 지르며,
오른쪽 옆으로 머리를 흔들고,
난폭하게 날뛰며 나가서 갔네.
동무 열한 보동과
지배하는 애흐 망나 임금은
"불꽃 같은 올란의
앞 머리털에는 해가 솟고,
마음먹은 과업을 완수하고,
잘 건강하게 돌아오게!" 하고들 남았네.
한 해 내내 달리게 하고

일 년 열두 달을 달리게 했네.
한 산의 꼭대기 위로 올라왔네.
산꼭대기 위로 올라와 보니
속민들 사는 곳의 변두리라고 하네.
겨우 나와서 가는 것이네.
"우리 고장이 넓어진 것인가,
내 말이 더디게 다녀서 이렇게 하고 있었던 것인가?" 하고,
안장방석 밑에 있던
쾨케 질왕 화살을 척 뽑아 쏘아 버렸네.
오른쪽 발걸이 밑에서 넘어 올라가는 법 없이 갔네.
"우리나라가 번창했었지." 하고
다시 저쪽으로 더 나아갔네.
한 해 내내 달리게 하고
일 년 열두 달을 달리게 해서
다시 한 산의 꼭대기 위로 올라왔네.
길고 검은 연기가,
길게 늘어선 가축과 게르가 장가르네라고
보이고 있었네.
순식간에
열두 백성을 바르게 돌아서 들어갔네.
백 곳의 흰 절을
바르게 돌아서 갔네.
육백 곳의 큰 사원을 뒤편으로,
오백 곳의 대궐 하인 마을을 앞쪽으로,

꼬리 뭉툭한 붉은 준마로 신속하게 왔네.
영예로운 통치자 성주 장가르의
위편 앞쪽에는
칠천 마리의 푸른 몸통에 얼굴에는 흰 털이 난 준마들이
안장을 얹은 채로 노닐고 있네.
뛰어난 상태의, 푸른 몸통에 얼굴에는 흰 털이 난 준마가
안장을 얹은 채 한가운데서 뛰놀고 있네.
칠천 용사들의 아들들이
푸른 로브차를 입고 출정하고들 있네.
위편 뒤쪽에는
칠천 마리 (몸통이) 긴 붉은 부루말의 준마들이
안장을 얹은 채 뛰놀고 있네.
한가운데 뛰어난 상태의
(몸통이) 긴 붉은 부루말 준마가
힘을 주지 않고 가로서 있네.
칠천 용사들의 아들들이
로브차를 입고 출정하고들 있네.
아래편 뒤쪽에는
칠천 마리 새카만 가라말들이
안장을 얹은 채 뛰놀고 있네.
코끼리 같은 발바닥에 솥 검댕 같은 가라말이
가운데서 가로서 있네.
칠천 용사들의 아들들이
로브차를 입고 출정하고들 있네.

아래편 앞쪽에는
칠천 마리의 갈색 몸통에 얼굴에는 흰 털이 난 말들이
안장을 얹은 채 뛰놀고 있네.
상태가 뛰어나고 사나운, 갈색 몸통에 얼굴에는 흰 털이 난 준마가
한가운데서 뛰놀고, 가만있지를 못하네.
칠천 용사들의 아들들이
로브차를 입고 출정하고들 있네.
뒤편에 있는 대궐 하인 마을들에는
아르자 술에 입이 뜨거워진,
호르자 술에 배가 뜨거워진,
강인한 자와 힘센 자 모두가
꽉 차게 모여들 있는 것이네.
불꽃 같은 붉은 말을 가진 나란의 (아들) 게렐 용사가
아침 해가 나와 솟아오를 때 들어와 말에서 내렸네.
손가락을 튕길 사이에
우주 대주를 세 번 도는
꼬리가 뭉툭한 붉은 준마를
질 좋은 강철 보그찬으로 다리를 씌우고
질 좋은 쇠 끈고리로 채웠네.
들어가기로 마음먹은 나란의 (아들) 게렐 용사가
뒤뚱뒤뚱 걸으며
깔깔거리며 웃고,
안짱다리로 걸으며
입을 가리고 웃고,

기도깃발 같은 흰 문을
어깨 위로 미끄러트리고 들어갔네.
위편으로 말하자면
백여덟 개의 다리를 가진
부처님의 노란 황금 보좌 위에
그림 같은 주군 성주 장가르가
납시어 있다고 하네.
덤벼드는 해동청의 눈으로
일곱 나라의 중생을
흥분시키고 앉은 것은
명성이 자자한 장가르 임금이네.
오른편에 있는 사람들을 이끌고 앉는 것은
하마 다마 임금의 아들
당얀 달라 체지 노인이라고,
백여덟 개의 다리를 가진
부처님의 노란 황금 보좌의
오른쪽 밑돌을 누르고 앉은 것이네.
왼편을 이끌고 앉은 것이 누구인가 하면,
삼발 톡의 바람의
반대편에 자리 잡은
백만 망가스 임금의 용사를
단기필마로 지배하고 앉은
논쟁자로 이름난,
쥐덴 귐베 꼬챙이 칼 노인이 이끌고 앉은 것이네.

오른편의 일곱 동아리를
이끌고 앉은 것이 누구인가 하면,
퇴멜렉트 임금의 손자,
테맬렉트 임금의 증손자,
뵉테르게트의 혈통
장사 뮝겐 식셰르게의 아들,
로브사르가의 퀴시 게렐 하탄이
스물다섯 살 적에 낳은,
태어나기를
참을 수 없는 이단의 네 신과
싸워 빼앗으려고 태어난,
지체할 수 없는 일만 악마의 나라를
없애 버리려고 태어난
용력 넘치는 홍고르라고,
오른편의 일곱 동아리를
말없이 이끌며
주군 성주 장가르께
최고의 사랑을 받으며 앉았네.
아르자 술에 입이 뜨거워지고,
호르자 술에 배가 뜨거워진,
불친 수소만 한 입을 벌리고,
삽처럼 큰 송곳니로 요란한 소리를 내며,
발에 닿는 것마다 때리려 들고,
목이 닿는 것마다 물어 버리려 드는

두 살짜리 낙타의 발바닥만 한
한 냥짜리 노란 황금 귀걸이는
목정맥을 때리며 흔들리고,
둥그스름한 귓불을 때리고,
그 가락으로 흔들거리며 앉는 것이네.
왼편의 일곱 동아리를
꿈같이 이끄는 것이 누구인가 하면,
엄지손가락만 할 적에
어머니와 아버지를
염라대왕이 데려가 곡을 하게 만든,
그의 일곱 언어의 속민은[7]
적대하는 악마가 되어 (그를) 괴롭힌,
두 살짜리 망아지 퀴렝 갈잔을 끌고
나무 방망이 둑(纛) 같은 큰 도끼[8]를 끌고,
노란 비단 허리띠로 두 살짜리 망아지를 묶어 잡고,
아르쇼르라는 이름의 산을 내려와,
아르숀 샤르토[9]라는 이름의 바다를
내리 열여덟 달 걸려
돌아, 울면서 달린,
위로는 해가 날카롭게 되어

---

7 일곱 언어의 속민은(Долан келн алвтнь): '일곱 개의 언어가 통용될 정도로 크고 다양했던 그의 속민은'. 3-3-1437에는 '일흔 언어의 속민은(Далн келн алвтнь)'.

8 3-3-1441의 주 참조.

9 아르숀 샤르토(Аршун Шарту): 3-3-1445에는 아르샨 샤르토(Аршан Шарту).

어깨로 감당하다 붙들린,
아래로는 땅이 멀어지게 되어
발바닥은 감각을 잃고 물이 차서 붙들린,
갈 태제 임금의 아들
미치광이 붉은 사와르라고 하네.
큰 천막 모양의 사각 노랑 얼룩무늬 궁장에서
샤라의 육천 용사 하나하나가,
정예 열두 보동들과
서로 부대낄 것 없이 아르자 술자리를 벌이고
쉰네 동아리를 이루고
앉은 것이었네.
가운데 일곱 동아리의
가운데로 들어가, 나란의 (아들) 게렐이 앉았네.
꿀의 맛으로 삼키게 하고
큰 도끼의 맛으로 괴롭히는
발링 떡 같은 붉은 아르자 술자리를
벌이고 앉았네.
다섯 살짜리 탕삭 게렐 소녀가 돔보르를 연주하니,
탈완 체첸 소년이 약동하며 발을 구르고 몸을 움직여 춤을 추었네.
여섯 살짜리 조니 게렐 소녀가 돔보르를 연주하니,
졸완 체첸 소년이 약동하며 발을 구르고 몸을 움직여 춤을 추었네.
우주의 미남 밍얀이

앵두 같은 아름다운 입술을
오른쪽 어깨 위로 던지고,
임금들과 통치자들이 부르는
열 가지 곡조의 노래를
열 개의 흰 손가락을 계속 움직여
생각 내키는 대로 집어넣어 연주하자,
새벽에 알을 낳고
알 위에서 지저귀기 시작한
노랑머리 암컷 고니의 소리가 나오고 있었네.
이 피리의 소리,
이 돔보르의 음조,
이 노래의 선율이
지시하는 여러 임금들의 영토에
큰 소리로 들리고 있었네.
아르자 술에 입이 뜨거워지고
호르자 술에 배가 뜨거워진 보동들이
어느 임금과의 전투에서
잘하고 왔는지를 같이 이야기들 하고,
어느 임금과의 전투에서
못하고 왔는지를 같이 이야기들 하고,
한 사람 한 사람이
한 나라 한 나라를
임금 장가르에게 어떤 모양으로
들여 준 것을 서로 이야기들 하고,

외방에서 사람이 온 것을 보지 못하고
한낮의 해가 흔들리도록
쓸데없이 소란을 떨며 같이 앉았다고 하네.
한낮의 해가 흔들릴 때에
장가르부터 잔을 받으려고 하니
소리꾼 소년 둘이 말했네.
"외방 임금의 사자,
열렬한 큰 용사가
우리 가운데 함께 앉았습니다."
주군 통치자 성주가
"나로 말할 것 같으면,
나의 동무 열두 보동이여,
나의 샤라의 육천 용사여,
이 아르자 술을 같이 따르라!" 했네.
"이 온 소년으로 하여금
주린 배를 채우게 할 것이다.
물어 마땅한 말을
그러고 나서 묻자." 했네.
일흔 명이 져 나르는
뚜껑 없는 커다란 흰 잔으로
아르자 술 열다섯 잔을 주었네,
호르자 술 스물다섯 잔을 주었네.
일고여덟 마리 사슴 고기를 주니
서너 번 물어뜯어 먹어 치웠네.

강철 아리쇠의 받침다리에
몸을 굽혀 무릎 꿇고 왔네.
"해가 나오는 북쪽에 있는
아요 만진 보랄을 가지신
애흐 망나 임금의
불꽃 같은 올란을 가진
나란의 (아들) 게렐이라는 사람이오, 나는.
명성이 자자한 장가르네가 있다고 들으시고,
우리의 지배자 임금께서
장엄한 부처님의 붉은 홍고르가
장사라는 말을 들으시고
총신을 삼겠다 하셨소.
공주 샤브달 하탄이
아름답다는 말씀을 들으시고
우리 임금께서 자신의 하탄으로 삼겠다 하셨소.
아란잘 봄바의 제르데가
빠르다고 들으시고
우리 임금께서 타시겠다 하셨소.
빛나는 붉은 황금 둑이
근사하다는 말씀을 들으시고
우리 임금께서 전장에서 들겠다 하셨소.
이 다섯 가지[10]를

10 이 다섯 가지(Эн тавн юм): 본문에는 네 가지만 열거되어 있다.

주지 않으면
해와 달 아래,
해 있는 우주에
그대를 (살려) 두지 않겠다고
우리 임금께서 말씀하셨소."라고 하네.
주군 통치자 장가르가 말하네.
"알탄 쾽캐, 그대는 꿈을 받들어 보시오."
꿈을 받들어 보고 말하기를,
"제르데 말을 태워,
애트 숑코르 소년으로 하여금 둑을 지게 해서,
목숨을 보전하기 위해 보내라." 했네.
"주군 성주 장가르시여, 제게
아란잘 봄바의 제르데를 내려 주시면,
그대의 열두 보동을[11]
남쪽에 있는 얼음 차간 산의 꼭대기에
질 좋은 강철로 사지를
엉덩이 위에 동여매 결박하고,
아요 만진 보랄을 가진
애흐 망나 임금을
산 채로 노란 가죽 부대에 담아,

11 그대의 열두 보동을(Арвн хойр бодң бийитн): 구조상으로는 장가르의 보동들을 가리키는 것으로 보인다. 외방 사자의 터무니없는 요구에도 두려워 비분강개하지 않는 동무들을 먼저 처벌해야 한다는 뜻으로 짐작된다.

데리고 오겠습니다!" 하고
위용(偉容)에 빛나는 붉은 홍고르가 말했네.
영예로운 통치자 성주 장가르가
"아르자 술자리에서 취해서 말하는
장엄한 부처님의 붉은 홍고르에게
내가 말을 주지 않겠다!
장엄한 부처님의 붉은 홍고르가
자취를 감추고 아니 가게 되더라도,
애트 숑코르 소년을
제르데 말에 태워서
빛나는 붉은 황금 둑을 지워,
네 뒤에서 보내마."라고 말했네.
아요 만진 보랄을 가진
애흐 망나 임금의 사자가,
불꽃 같은 붉은 말을 가진
나란의 (아들) 게렐이라는 용사가
바르게 되었다는 전갈을 받고,
소란을 떨며 나가서 떠났네.
주군 성주 장가르의
아란잘 봄바의 빠른 제르데를
홍고르가 사흘 낮 사흘 밤을 졸라도 얻을 수가 없었네.
큉캔 알탄 체지 노인을 홍고르가 갈겨 버렸네.
다섯 장 그물 벽의 구멍에,
한쪽의 다섯 부분이[12] 흩어져 박혀 버렸네.

같은 쪽의 다섯 용사[13]가 잡아당긴 몸은
'탁' 하고 나와 주지 않았네.
장엄한 부처님의 붉은 홍고르가
"발의 (아들) 올란 말치기냐, 네가?
주군 성주 장가르가
아란잘 봄바의 빠른 제르데를
내려 주더라도
내 느림보 쾨케 갈잔을
데려와 말갖춤을 지워라!" 하고 고함을 질렀네.
아르자 술 열다섯 잔을 마셨네,
호르자 술 스물다섯 잔을 마셨네.
"아요 만진 보랄을 가진
애흐 망나 임금의 처결보다
뒤에 그대에 대한 나의 처결이
강경하게 될 것이오, 그러고!
모든 임금의 영토의 형세를
두려워하지 않고 들여 준 내 공보다
한 마리 말의 땀을 아까워한 것이 아니오!" 하고 말했네.
아름다움을 위해 만들게 한
여러 벌 로브차를 입고,

---

12 한쪽의 다섯 부분이(Талын тавн мөчнь): 정확한 번역인지는 의문이나 조정의 원로를 폭행하여 그 원로의 몸이 게르의 벽체에 절반 정도 박혀 버린 상황으로 짐작된다.

13 같은 쪽의 다섯 용사(Талын тавн баатр): 피해자 주변에 있던 사람들로 짐작되나 정확한 번역인지는 의문이다.

전쟁을 위해 만들게 한
일흔두 벌 로브차를 입고,
솜씨 있는 어머니가 마르시고
오르얀 바담이 엮은
에르웽이라는 이름의 킬렉을 입고,
에르데니의 홀(이라는 이름의) 열두 겹 뷔시뮈드를 입었네.
일흔 마리 말 값이 나가는 올와를
왼편 옆구리 위에 걸치고,
목숨의 수호자인 길고 흰 군도를
그 위에 채웠다고 하네.
"엄청나게 멋진 쾨케 갈잔 준마에
말갖춤을 지울 차례가 되었다!" 하고
발의 (아들) 올란 아르슬랑이
고함을 지르고 말갖춤을 지웠다고 하네.
갈기 같은 은제 땀받이를 놓자,
고르게 아흔아홉 번을 겅중거리고 멈춰 섰네.
번쩍이는 은제 다래를 놓자,
다래의 끝을 떨고 섰네.
광택 없는 은제 안장가리개,
할와르 은제 안장대가 딸린
모루 같은 황금 안장을
원기 왕성한 멋진 쾨케 갈잔에게
네 뼘 네 손가락 두께로 씌워 지웠네.
일흔다섯 개 쥠쇠 뱃대끈은

뱃대끈이 여덟 대 갈비를
졸라매도록 놓아 버렸네.
튼튼한 흰 뱃구레의
복판에서 졸라매 당겼네.
반대로 네 대의 갈비를
반대편의 것이 끊어지도록 당겼네.
아름다운 노란 올른촉을 그 위에 채웠네.
끈에 달린 여든여덟 개 방울은
사방에서 쩔렁거렸네.
보르한 차간 하탄이
일어섰다 앉았다 하면서 짠
붉은 비단 고삐를
안장 앞가리개에 매었네.
열 길 부드러운 비단 후릿고삐를
한 길 반 잡고, 끌고 섰네.
"외방의 되르벤 외르드[14]에서
느림보라는 이름을 갖게 되었지만,
맞부딪치는 망가스와의 전장에서
남의 말보다 뒤처지는 일이 없고
무거운 칼의 부상을 입게 하는 일이 없는,

---

14 되르벤 외르드(Дөрвн Өөрд): 14세기 말부터 17세기 중엽까지 실존했던 4개의 오이라드 부족 연맹의 나라와 사람들을 가리키는 말이다. 칼미크는 17세기 초부터 오이라드 부족 연맹에서 갈라져 나와 볼가강 유역으로 이주하기 시작한 사람들이라고 할 수 있다.

사랑스런 나의 쾨케 갈잔이여.
산을 뒤집을 만한 힘이 있고,
세상을 돌 만한 탈 것이 있는,
(다른 말과 교대 없이) 오직 한 마리만 탔다고 해서
지치는 법이 없는,
(다른 말과 교대 없이) 혼자서 세상을 돌았지만
지치는 법이 없는
어마어마하게 멋진 쾨케 갈잔으로
간다, 나는!
외방 임금의 한 소년이 와서 한
두 마디 말을 무서워하는 그대들에게
뒤에 내 처결이 강경할 것이야!" 하고 말하고는
장엄한 부처님의 붉은 홍고르가
말에 올라, 출발해서 갔네.
일흔 마리 불친 수소 가죽으로 안을 감은,
여든 마리 불친 수소 가죽으로 겉을 싸맨,
초지의 가장자리에서 자란
홀로 있는 섬개야광나무로 자루를 만든,
불린 강철로 고들개를 만든,
뼈 강철로 단추를 만든,
열다섯 마리 불친 수소의 가죽으로
가까스로 손잡이를 만들 수 있었던,
가죽을 단단하게 감은 화려한 심이 있는 엘뎅 채찍을 제 말에
겨우겨우 열다섯 번을 대어 버리자,

상처의 피를 한 그릇 정도
쏟으며 가는 것이었네.
두 앞다리를
하루 걸리는 곳에 놓고 가네.
두 뒷다리를
하루 밤낮에 도달하는 곳에 놓고 가네.
밟아 버린 자국은
어둠의 검은 지옥이 되고,
뿜어 버린 콧김은
붉은 큰 길을 줄이고 가네.
말발굽에서 나온
열두 갈래로 된
옅은 붉은 먼지는
하늘에 닿아, 돌아서 떨어져 가네.
한 해 내내 달리게 해서,
일 년 열두 달을 달리게 해서,
어느 한 산의 꼭대기 위로 올라왔네.
뒤에도 아무것도 없고
앞에도 아무것도 없는
사람 없는 광막한 황무지였네.
장엄한 부처님의 붉은 홍고르가 내려서,
'자'라고 하는 땔나무를 때고,
백단향나무 붉은 차를 끓이고,
도코르[15]라는 이름의 국자로

칠만 번을 젓고,
둥근 갈색 잔으로
칠백만 번을 마셨네.
딱 이렇게 하고 앉은 순간,
아래를 향해 가고 있을 때
위편에서 해가 나오고 있었네.
'이상한 일이다. 아이쿠, 내가
아래로 가게 했나,
위편에서 해가 나오는 것인가?' 하고
놀라고 있었네.
'우리의 빛나는 붉은 둑이
해와 같은 빛을 갖고 있지 않았나?' 하고 생각했네.
'우리 애트 숑코르 소년도
해와 같이 빛나는 것이 아니었던가?
이제 다가오는 모양이군' 하고,
마시고 있던 음식의 반을 놓아두었네.
빛나는 붉은 황금 둑을 지고
제르데 말을 탄
소년이 닿아 왔네.
"아저씨였소, 황금 고삐를 돌려
평안히 가시오!"라고 했네.

---

15 도코르(Докур): '북채'.

“주군 성주 장가르가
아니 내리신 말과 둑을
가지고 온 아이 아닌가!” 하고, 달래며
음식의 반을 내어 놓았네.
“이리 앉아서 들어라!” 하고 홍고르가 말했네.
“내 앞에는
애흐 망나 임금의 처결이 강경하오!
뒤에서는
주군 성주 장가르의 다스림이 강경하오.
이 말을 그대에게 드릴 수가 없소.
황금 고삐를 돌려
평안히 가시오!” 하고 소년이
빙 돌아 나와서 나아갔네.
홍고르가 뒤에서 쫓아갔네.
“음식의 절반을 내어 놓았다.
얘야, 말을 주렴!” 하고 조르며 갔네.
세 번을 거듭해서 졸랐지만,
“아저씨 나리, 내 앞에는
애흐 망나 임금의 처결이 강경하오.
내 뒤에서는 주군 성주 장가르의 다스림이 강경하오.
이 말을 그대에게 드려서는 아니 되오.” 하고,
주지 않고 계속 가네.
“이 말을 (내게) 줄 수 없으면,
이 말을 애흐 망나 임금이

받아서 탔을 때에는,
(네가) 이 말에서 벗어난 때에는
애흐 망나 임금의
수만 군대 안에서 추격해 따라잡아,
너의 이 둑을 꽂아 버리고,
이 둑의 뿌리에서
네 갈비를 하나하나 뜯어내어,
(둑의) 꼭대기 위로 꺼내서
태우지 않겠느냐!" 하고,
소브치로[16] 앉으며 튀어 올라,
담갈색 다라니 눈은
바닥을 서른세 번 뒤집고,
귀는 먹어 갔네.
열 개의 흰 손가락이
소매 안에 모여 쑤석대고 있네.
고동치는 심장은
흉복통을 때리고 갔네.
두 발을 구르며 울부짖었네.
애트 솽코르 소년이
두 산을 넘어서

16 소브치로(Суувчарн): 이 명사구는 사람이 깔고 앉는 어떤 물건(суувч)의 도구격(-ар)과 3인칭귀속접사(-н)로 이루어진 것으로 짐작되나, 사전이나 연구서에서는 어떤 물건인지 확인되지 않는다. 특정 앉음새(суувч)의 도구격(-ар)과 3인칭귀속접사(-н)로 이루어진 것일 가능성도 있지만 이 역시 확인되지 않는다.

세 번째 산에 이르러서는,
"이 두 임금을 위해
이 둑과 말을 아끼며 다니다가는,
위용에 빛나는 붉은 홍고르가
다짐을 지키고야 말 것이다.
이 둑의 꼭대기 위에
내 갈비를 뜯어내 굽게 하느니
이 둑과 말을 주어 버리자!" 하고,
도로 돌아왔다고 하네.
"아저씨 나리, 그대가 지금 한 그 말씀을
거두어 자비를 베푸시오.
둑과 제르데 말을
그대에게 가져왔소." 하고 애트 숑코르가
저만치에 섰네.
보지도 않고 듣지도 않고 앉았네.
애트 숑코르 소년이
두 번째로 말을 했네.
"아니, 뭐라는 거냐, 네가?" 하고
(홍고르의) 담갈색 다라니 눈이
절반은 (튀어) 나왔다고 하네.
"아저씨, 지금 그 말씀을
거두어 자비를 베푸시오.
둑과 말을
그대에게 가져왔소." 하고 말했네.

애트 숑코르 소년이 세 번 말했네.
"아이고, 가련한 놈,
(원래) 이렇게 했어야 하는 것 아니냐!" 하고,
멀었던 눈을 보게 하고,
먹었던 귀를 밝게 하고,
껴안고 입을 맞추고 (말에서) 받아 내려,
남은 음식을 주었네.
"저 앞에 보이는 검은 것은
내 처가붙이들이다.
애흐 망나 임금의 속민들이다.
세 이레 스무하루 밤낮을
곧장 저리로 가라.
홍고르가 이리로 갔다고 하지 말거라.
대단히 검측한 생각을 가진 사람들이다.
홍고르의 속민의 아들이라 하고 가라.
느림보 담바의 쾨케 갈잔 준마는 여기서
볼품없고 빈약한 주사위로 만들어 버리고,
찬란한 붉은 황금 둑은
형편없는 나무 부스러기로 만들어 던지자.
세 이레 스무하루를 지내고 오면
둑은 둑 모양으로 나오고
말은 말 모양으로 나올 것이다.
애흐 망나 임금의
열두 보동을

앞에 있는 얼음 흰 산 위에서
제물로 올려 결박하고,
애흐 망나 임금의 몸은
이리로 쫓아 잡아 오겠다.
그때에는
쉬고 있던 쾨케 갈잔 준마로
삼백 길 찬란한 붉은 황금 둑을
넘고 건너서 내게 가져와 보아라!" 하고 말하고는
아란잘 봄바의 빠른 제르데를 타고 나아갔네.
뒤에서 부는 바람은
아란잘 제르데의 빠름에
앞에서 부는 것처럼 되어 갔네.
뚜거덕 뚜거덕 하고 빠른 걸음으로
일곱 이레 마흔아홉 밤낮을
쉬지 않고 갔다고 하네.
칠천 마리 새카만 가라말을 가진
칠천 명의 군사가 앞에서 나아왔네.
앞에서 말을 옴 붙은 빈약한 두 살짜리 망아지로 만들고,
홍고르 통치자 자신은
옴에 걸린 부스럼투성이 사내아이가 되어,
또각또각 하고
빠른 걸음으로 닿아 왔네.
칠천 군사의 지휘자인 듯한 사람이
"얘야, 안녕!

어디서 왔느냐?
무슨 아이인가?" 하고 말했네.
"아요 만진 보랄을 가진
애흐 망나 임금의
속민의 아들이었소, 나는.
독실함의 바다[17] 장가르네의 삯꾼이었소.
독실함의 바다 장가르네를
우리네가 들여 차지하려 한다 해서,
남의 아들은 내 아들이 되지 않고,
길들이지 않은 매는 내 매가 되지 않는 법이라,
고향으로 출발해 가고 있소." 하고 말했네.
"오냐, 그렇다. 그들을
이제 들여 차지하려고 우리가 가는 것이다, 이것은." 하고,
지휘자인 듯한 사람이
주머니에서 손을 뻗어 움켜쥐고,
두 살짜리 낙타의 발바닥만 한
한 냥짜리 노란 황금을 주고,
"오길 잘했다, 애야.
거기 있었으면
누구의 창끝과 마주쳐 죽을지
누가 알겠느냐!" 하고 말했네.

17 독실함의 바다(Айда{Айта} дала): '화목한 바다(같은)'로 번역하는 것도 가능하다.

우리네에게[18] 와서 전갈을 전하던
불꽃 같은 올란을 가진
나란의 (아들) 게렐을 위시하여
열두 보동은
이 칠천 군대에
없다는 것을 알게 되었네.
넘어서 저쪽으로 더 나아갔네.
다시 칠천 마리 몸통이 긴 부루말을 탄
칠천 군사가 나타났네.
한가운데에
아요 만진 보랄을 가진
애흐 망나 임금이 가고 있었다고 하네.
아요 만진 보랄을 가진
애흐 망나 임금이
"얘야, 어디서 어디로 가느냐, 너는?" 하고 물었네.
"아요 만진 보랄을 가진
애흐 망나 임금의
속민의 아들이었습니다, 저는.
독실함의 바다 장가르네의 삯꾼이었습니다.
그들을 우리네가 들여간다고 하기에,
남의 아들은 내 아들이 되지 않는 법,

18 우리네에게(Манахнд): 창자(唱者)가 장가르네 일원임을 직접 드러내 말한 유일한 예로 보인다.

길들이지 않은 매는 내 매가 되지 않는 법이라 생각하고,
고향 쪽으로 출발해 가고 있습니다."라고 했네.
"아, 그들을 지금 들여 가지려고 우리가 가는 것이다, 이것은."
하고 말하고, 임금이 주머니에서 꺼내,
두 살짜리 낙타의 발바닥만 한
한 냥짜리 노란 황금을 주고,
"가여워라, 거기 있었으면
누구의 창끝에 마주쳐 죽었을지
누가 알겠느냐. 오길 잘했다."라고 했네.
'두 칠천 병력에
열두 보동이 없는 모양이네?
빠른 말과 큰 무기를 가진
열두 보동은
뒤에서 로브차를 입고 나타나는 모양이다' 하고 생각했네.
'그 열두 보동이
앞에 있는, 사람이 오를 수 없는
얼음 흰 산 위로 오르게 해서
질 좋은 강철로 동여매 던져 버리자.
아요 만진 보랄을 가진
애흐 망나 임금의 궁둥이를 채찍질해
잡고 나아가면
이 두 칠천 군대가 나에게
벌레 귀신처럼 덤벼들 것이다' 하고 생각하고,
저편으로 더 나아갔네.

이편으로 나와 가노라니,
그들의 킹캔 알탄 체지 노인이
뒤에서 보고 말하는 것이네.
“아래 있는 옴 붙은 빈약한 두 살짜리 망아지는
단 하나의 도마뱀들의 구멍도 밟지 않고,
고르게 길에 맞추어[19] 밟고 갑니다.
이것은 불같이 붉은 빠른 제르데가 아닐까요?”라고 했네.
“위에 있는 옴쟁이 소년은
목덜미와 목이 잡을 수 없게 되어 있습니다.
시르케의 (손자) 홍고르인 것 같습니다.
어깨와 목이 잡을 수 없이 되어 있습니다.
전사 홍고르가 이자인 것 같습니다.
뒤에 있는 우리의 게르와 가축에게 가서,
전쟁을 벌여 버리지 않을까요?” 하고 물었다고 하네.
“집에서 이렇게도 나오지 않고 있다가,
옴에 걸린 부스럼투성이 사내아이를 보고는
시르케의 (손자) 홍고르라 하고,
옴 붙은 빈약한 두 살짜리 망아지를 보고는
봄바의 나라의 불같이 붉은 빠른 제르데라고 하고도,
예언자가 되는 데가
어디에 있더냐?” 하고 진노했다고 하네.

19 길에 맞추어(чамшж{замшж}).

“아란잘 봄바의 빠른 제르데는
순식간에 열두 번 변신할 수 있다고 들었습니다.
장엄한 부처님의 붉은 홍고르는
순식간에 열두 번 변신할 수 있다고 들었습니다.
이자가 속으로 생각하고 다니는 것은
우리의 뒤에 있던
열두 보동을
앞에 있는, 사람이 오를 수 없는
얼음 흰 산 위로 올려,
제물로 바쳐 결박하고,
아요 만진 보랄을 가진
그대 애흐 망나 임금을
궁둥이를 채찍질해 가며 데리고 나가면,
이 두 칠천 군대가 내게
벌레 귀신처럼 덤벼들 것이라 생각하고 있는 것입니다.”라고 했네.
저쪽으로 더 나아가, 작은 산 아래로 들어가,
제 말을 원래의 모습으로 만들었네.
제 몸을 원래의 모양으로 만들었네.
장엄한 부처님의 붉은 홍고르가
어깨로 일흔다섯 길이 되고,
오줌보로 여든다섯 길이 되고,
한가운데로는
다섯 아름, 한 겨드랑이 굵기가 되어,
목덜미와 목은 한 아름이 되어,

시르케의 아들 홍고르[20]가 집으로 달리게 해서 왔네.
로브차를 입고 말에 올라 나가 버렸네.
열두 보동들 가운데
와서 전갈을 전하던
불꽃 같은 붉은 말을 가진
나란의 (아들) 게렐 용사를
모두의 가운데서 몰아 나왔네.
홍고르의 성품을 보아 버리고,
채 홍고르의 숨결이 닿아 오지 않았는데도,
큰창자의 검은 똥이
하루 밤낮 거리까지 높이 말려 올라가고,
대동맥의 붉은 피가
하루 거리까지 높이 말려 올라갔네.
말의 뒤 궁둥이 위로
잡아당기고, 던지고, 놀래키며 탔네.
허우적거리는 네 활개를
궁둥이 위로 질 좋은 강철로 동여매 결박하고,
봄바의 빠른 제르데의 달음질로 달리게 하고,
사람이 닿을 수 없는
앞에 있는 얼음 흰 산 위로 데려다 던졌네.
이쪽에 있는 열한 보동들을 역시 그와 같이

---

20 텍스트의 다른 부분에서는 '시르케의 손자 홍고르' 또는 '시르케의 홍고르'라고 나온다.

허우적거리는 네 활개를
궁둥이 위로 동여매 결박하고,
하나씩 날라다,
역시 그 산 위로 올려 던졌네.
사람이 오를 수 없는,
오른 사람은 풀 수 없도록
서로서로를 함께 묶어 던졌네.
산을 내려왔네.
가운데 산의 허리에서
턱의 솜털은 앞가슴에 닿고,
앞가슴의 솜털은 무릎에 닿고,
무릎의 솜털은 땅에 닿은
다섯 명의 노인들과 마주쳤네.
"이 무슨 노인들이시오?" 하고 물었네.
"이 산의 꼭대기 위로 올라가려고 다니는
노인들이라네, 우리는!" 하고들 말했네.
"이제는 올라갈 수 없이 늙어 가는 모양일세."
하고들 있네.
'사람이 올라갈 수 없는
산이었구나!' 하고 기뻐서,
두 칠천 군대의 뒤에서 출발해 달리게 했네.
두 칠천 군대를 따라잡아 와서,
아요 만진 보랄을 가진
애흐 망나 임금을

궁둥이를 채찍질해, 잡아 나왔네.
“어어, 이게 아니지!” 하고 컹캔이
“내 말대로 될 수 없는 것이었네.
될 대로 되어라!” 하고 달음질쳐 가네.
세 이레 밤낮을 쫓아,
둑과 말이 있던 곳에 닿아 왔네.
말이 말 모양으로 나타나 버렸네,
둑은 둑 모양으로 나타나 버렸네.
애트 숑코르 소년은
쾨케 갈잔을 타 버렸네.
찬란한 붉은 황금 둑을 져 버렸네.
소년이 지탱하고 가게 되었네.
아란잘 빠른 제르데는 눈구멍에
새가 알을 낳고,
골반의 앞 끝이 날카로운 뼈에
화살통을 걸 만큼 몸이 야위었는데,
삼백 길
찬란한 붉은 황금 둑을
편히 쉬고 있던 쾨케 갈잔을 타고
통과하면서 가까스로 훙고르에게
애트 숑코르 소년이
가져다주었다고 하네.
장엄한 부처님의 붉은 훙고르가 받아,
이 찬란한 붉은 황금 둑으로

아요 만진 보랄을 가진
애흐 망나 임금을
검은 다람쥐 (가죽으로 만든) 검댕 (같은 전복)을 걸어 올려 꿰고,
뒤 궁둥이로 지나서
말의 반대편으로 태워 잡았네.
아요 만진 보랄을 붙들어 잡자,
후릿고삐를 세 번 접어 잡아, 입에 물려,
고향에 들어와, 추격을 받지 않고 갔네.
뒤에는 위용에 빛나는 부처님의 붉은 홍고르가
애흐 망나 임금을
노란 가죽 부대에 넣어 잡았네.
애트 숑코르 소년에게
"원하고 있었음에도 내게
제르데 말을 주지 않았으니
그들을 이제 두렵게 만들어야겠다." 하고 말했네.
"장엄한 부처님의 붉은 홍고르가
전쟁을 하고 다니다 그들에게 붙들렸다.
전쟁을 하다가 겨우 목숨만 붙어 누워 있다." 하고
소년에게 쓰게 했다고 하네. (이어)
"아란잘 봄바의 빠른 제르데 말이
기민하고 빨라져,
전장에서 돌아다니느라고
눈구멍에
새가 알을 낳고,

골반의 앞 끝이 날카로운 뼈에는
화살통을 걸게 되었다."라고 쓰게 했네.
"애트 숑코르 소년은 노래꾼이라고 해서,
노래와 쾌락이 지나쳐서, 노래하고 있다가,
목소리가 탁 끊어져, 다른 사람과 이야기하는 것조차 끊어졌다.
장엄한 부처님의 붉은 홍고르를 버리고,
이곳을 견딜 수 없어,
제르데 말을 타고 도망쳤다.
내 제르데 말이 몸 상태가 나빠져서,
절반 거리에서 놓아 보내 버렸다, 나는.
내 몸을 서둘러 맞이하라."
라는 편지를 쓰게 해서,
아란잘 제르데의 앞 머리털에 묶어 놓았네.
(한편) 장엄한 부처님의 붉은 홍고르,
아란잘 봄바의 빠른 제르데,
애트 숑코르 소년,
찬란한 붉은 황금 둑
이 신통력 있는 네 가지가
없어진 동안 장가르네 (나라)에서는
크림빛 해가 나오기를 그치고,
샤랄진 풀[21]이 잎 나기를 그치고,

21 샤랄진 풀(Шарлҗн өвсн): 중앙아시아의 건조한 초원에서 자생하는 쑥속의 다년초.

봄바 바다가 마르고,
봄바의 높은 망칸 차간 산이 메말라 갔네.
아침 여명과 함께 일어나
공주 샤브달 하탄이 말했다고 하네.
"아, 이상한 일이다, 내 꿈에
크림빛 해가 나오고 있었고,
샤랄진 풀에 잎이 나고 있었고,
봄바 바다가 가득 차 있었고,
봄바의 높은 망칸 차간 산이
초목이 자라 푸르러져 있었다.
우리의 문 사이에서
붉디붉은 우리의 둑이 올라가고 있었고,
우리의 밖에는 흉한 모습의
제르데 말이 서 있는 것처럼,
내 꿈에 들었으니
우리 중에서 누가 나가서 보아라!" 했네.
밖에 나가서 모습을 보니,
아란잘 봄바의 빠른 제르데가
눈구멍에는 새가 알을 낳게 되고,
골반의 앞 끝이 날카로운 뼈에는
화살통을 걸 만큼 지쳐서,
가느다란 풀에 좌우로 흔들리고,
굵은 풀에 앞뒤로 흔들리며,
사람이 슬퍼할 정도로 되어,

청동 은제 축사에 기대
괴로워하고 있는 것이었네.
앞 머리털에는 편지가 묶여 있었네.
앞 머리털에 있는 편지를 떼어서 보니,
"장엄한 부처님의 붉은 홍고르가
강력하고 힘이 세다 해서
전장에서 돌아다니다가,
겨우 목숨만 붙어 있어 던져 버리고,
아란잘 봄바의 빠른 제르데 준마를
전장에서 요령 있고 기민하고 빠르다고
타고 간다 하더니
눈구멍에는
새가 알을 낳게 되었고,
골반의 앞 끝이 날카로운 뼈에는
화살통을 걸 만큼 야위었습니다.
제가 노래꾼이라고 해서
잔치에서 노래를 부르고 있다가
다른 사람과 이야기할 수도 없게 되었습니다![22]
이곳에서는 견딜 수 없어,
제르데 말과 둘이서 도망쳤습니다.
절반 거리에 와서,

22 잔치에서 노래를 부르느라 목이 망가져 목소리가 나오지 않게 된 상황을 말한다.

제르데 말이 상태가 나빠져서 놓아 버렸습니다.
내 몸을 서둘러 맞이해 받으소서!" 하고 있네.
"애트 숑코르 소년을 맞이해 데려오지 않고,
어디로 가겠는가, 그러고는?
어디로 가서 남의 눈을 피하겠는가?" 하고
(장가르네 사람들이) 저절로 동요하게 되었네.
홍고르와 애트 숑코르가
느림보 쾨케 갈잔 준마에
두 개의 안장을 얹었네.
임금을 노란 가죽 부대에 넣어 간지개에 매달았네.
"주군 성주 장가르가
하사하지 않은 제르데 말을
나의 애트 숑코르 소년 네가
나의 다짐을 두려워하여, 도로
돌보아 준 너에게 무엇을 아끼겠는가, 내가?
애흐 망나 임금보다
내 처결이 우리 사람들에게[23]
가혹하게 될 것이다!" 하고
홍고르 통치자가 말했네.
낮이라 해서 멈추지 않고
밤이라 해서 머물지 않고

23 우리 사람들에게(манахнд): '홍고르가 속한 장가르네 사람들에게'.

일곱 이레 마흔아홉 밤낮을
이 둘이 갔네.
정확하게 한낮에
느림보 담바의 쾨케 갈잔 준마에 한 사람 한 사람 가서,
두 개의 안장을 얹어 둘이서 타고,
임금을 노란 가죽 부대에 담아 간지개에 매달고,
부슬부슬 비가 내리게 하고,
후두둑후두둑 우박을 내리게 하고,
이 둘이 와서 내렸다고 하네.
수많은 중생이
모두 나와 인사를 하고,
홍고르와 애트 숑코르를
내리게 해서 받았다고 하네.
홍고르 통치자가 오는 편으로,
"무슨 사람이 되어,[24]
이 부처님의 황금 보좌의
오른쪽 밑돌을 누르고
이끌고 앉는 것인가, 네가?" 하고
손을 뻗어 움켜잡고,
오른쪽 오금에 용력 넘치는 홍고르가
알탄 킹캐를 끼워 놓고 꾸짖고 앉았네.

24 무슨 사람이 되어(Юн гидг күн болж): '네까짓 게 뭐라고'.

쿵캔 알탄 체지의
한 목소리가 하늘에 닿고,
한 목소리는 땅에서 새된 소리를 내고 있었네.
주군 성주 장가르가
"하나의 잘못은 나에게 있다, 얘야,
놓아주어라." 하고 부탁했네.
동무 열두 보동은
샤라의 육천 용사들과
"쿵캔 알탄 체지의
한 번의 잘못을 용서하여 자비를 베푸시오!" 하고 말했네.
쿵캔 알탄 체지의 (아들)
애트 숑코르 소년이
"내 아버지가 저지른 한 번의 실수를
나를 위해 용서하여 자비를 베푸시오!" 하고 말했네.
"주군 성주 장가르가
하사하지 않은 제르데 말을
보살펴 내게 준,
애트 숑코르 너에게
무엇을 아끼겠느냐, 내가!" 하고,
연결된 여덟 개의 뼈를
소리 나게 꺼내 주었네.[25]

---

25 연결된 여덟 개의 뼈를(Келкәтә нәәмн ясинь) 소리 나게 꺼내 주었네(Шаргулад haрhад өгвл): 이 부분의 정확한 의미를 파악하기 위해서는 연구가 좀 더 필요하다.

그리 오래되지 않아
마디뼈의 흰 약[26]을 바르고,
열 개의 흰 부적으로 축복을 받게 하고,
아르샨 빌렉의 비를 내리게 하여,
퀑캔 알탄 체지를 소생시켰네.
"밖에 간지개에 있던 임금을
지금까지 잡아들이지 않았는가?" 하고,
위용에 빛나는 붉은 홍고르가 화를 냈네.
화를 내는 동안, 간지개에 매단 것을
열두 보동이 풀고,
잡을 수가 없어 하고들 있었네.
"이제 뭐하는 사람들인가!" 하고
화를 내며 말하고 가서,
내가 풀겠다고 하고는 당겨 버렸네.
일흔다섯 개의 뱃대끈과
일흔다섯 개의 죔쇠 후걸이를
연달아 탁 끊고,
안장과 함께 데리고 들어왔네.
임금을 꺼내 잡고,
"아요 만진 보랄을 가진
애흐 망나 임금이라는 임금이었다, 너는.

26 마디뼈의 흰 약(Үйн цаhан эм): 3-3-1860 등 다른 곳에서는 '구름같이 흰 약(Үүлн цаhан эм)'으로도 나온다.

스스로 지배하며 (권리를) 행사하는,
독립된 나라였다.
우리는 너희들을 공격한 적이 없다.
네가 우리를 공격한 것이다.
이제 너에게 불만이 있느냐?" 하고
장가르가 물었다고 하네.
"이제 나에게 불만은 없다!" 하고
애흐 망나 임금이 말했네.
주군 성주 장가르가 말했네.
"전쟁이 일어났을 때
망가스와 강건한 자 모두를 (파병해) 달라!
매년 조공과 데지를 달라!" 하고
갈 태제의 아들
미치광이 붉은 사와르로 하여금 채찍질을 하게 했네.
다섯 대에 걸쳐 없어지지 않을 도장을
다섯 손가락 너비의 전면
오른쪽 뺨에 누르고,
아요 만진 보랄을 가진
애흐 망나 임금을 돌려보냈네.
아르자 술자리를 벌이는
봄바의 흰 궁장에서
쉰네 동아리를 이루고
아르자 술자리를 벌이고,
크림빛 해가 나오고

샤랄진 풀에 잎이 나고
봄바 바다는 가득하게 넓어지고
봄바의 높은 망칸 차간 산은 푸르러지고
문 사이로 붉디
붉은 두은 올라가 펼쳐지고,
아르 봄바의 나라는 줄곧 그 모양으로
편안하고 아름답고 평안하고 즐거움으로 가득 차고,
두려움 없이 안정되어
쉬고, 즐기고 있는 것이었다고 하네.

8. 홍고르가 아홉 야차녀(夜叉女)의 고장에 가서 피를 빨린 마당

큰 천막 모양의
노랑 얼룩무늬 궁장에서
쉰네 동아리를 이루고,
서로 부대낄 일 없이 아르자 술자리를 벌이고 앉았네.
아르자 술에 입이 뜨거워지고
호르자 술에 뱃속이 뜨거워지자
홍고르 통치자가 정확히 한낮에,
"느림보 담바의 오촐 쾨케 갈잔을
데려다 말갖춤을 지워라!" 하고 외쳤네.
퀴켄 차간 말치기가
단단한 은제 굴레를 가지고
냉큼 달려나갔네.
느림보 담바의 오촐 쾨케 갈잔에게
단단한 은제 굴레를
물려 씌워 놓았네.
스물다섯 개 뒷덜미 가리개를 씌웠네.

스물다섯 개 단추 끈의 단추를 [채웠네.]
보르한 차간 하탄의 붙이들이
일어났다 앉았다 하면서 짠
붉은 비단 고삐를
갈기 위에 놓고,
열 길 부드러운 후릿고삐를
한 길 반 잡고 이끌었네.
어마어마하게 멋진 쾨케 갈잔 준마는
[달릴수록] 빨라지는 몸을
네 개의 검은 발굽에 지니고 갔네.
어마어마하게 큰 능력을
뒤 궁둥이에 지니고 갔네.
앞 머리털로는 달과 해와 놀며 왔네.
복슬복슬 털이 난 네 발굽으로는
남섬부주(南贍部洲)와 놀며 다녔네.
퀴켄 차간 말치기가
"말갖춤을 지울 때가 되었다!" 하고 고함치며 지웠네.
우리의 홍고르가
먼 곳에 간다며,
홍고르의 속민 오백 명 젊은이들이
바른쪽 고삐를 붙들고 말갖춤을 함께 지웠네.
쾨케 갈잔 준마가
움직이며, 빙 돌아갔네.
홍고르의 속민

오백 명 젊은이들은
타브착[1]을 박고, 넘어져 갔네.
가장 못된 말치기
발의 (아들) 올란 아르슬랑은
발바닥을 땅에서 떼지 않고
말갖춤을 지우고 있었네.
갈기털 모양[2] 은(으로 치장한)
땀받이를 놓으니,
고르게 아흔아홉 번을 빙빙 돌다 섰네.
번쩍이는 은제 다래를
놓으니,
다래 끝을 떨고 섰네.
광택 없는 은제 안장가리개,
할와르 은제 안장대가 딸린
모루 같은 황금 안장을
네 뼘 네 손가락 길이로 씌워 지웠네.
일흔다섯 개 쥠쇠 뱃대끈은
여덟 대 갈비를
조각 내리만치 조였네.
튼튼한 흰 뱃구레의
복판에서 졸라매 당겼네.

1 타브착(Тавцг): 몽골어계 사전이나 『장가르』 연구 논저에서 확인되지 않는 형태다.

2 갈기털 모양(Делр{Дел}).

아름다운 노랑 얼룩무늬 올른촉을
그 위로 채웠네.
끈 달린 여덟 개 방울을
사방에서 쩔렁거리게 했네.
아름다움을 위해 만들게 한
일흔다섯 개 쥠쇠 후걸이는
궁둥이 위에서 쩔렁거리게 매달았네.
튼튼하고 단단한 은제 가슴가리개를
원기 왕성한 쾨케 갈잔에게
가슴을 따라 채웠네.
보르한 차간 하탄이
일어났다 앉았다 하면서 짠
붉은 비단 고삐를
안장 앞가리개에 걸었네.
열 길 후릿고삐를
한 길 반 붙들고, 끌며 섰네.
어마어마하게 멋진 쾨케 갈잔 준마는
임금 장가르의 아르자 술자리를 받드는
봄바의 흰 궁장의 문에서
제 왼쪽 발걸이를 주고
날아갈 듯 서 있네.
이현금 같은 두 귀로는
호르마스타의 하늘을 가위질하고 있네.
날카로운 두 눈으로는

저 너머 하늘을 바라보고 있네.
출정을 마음먹은
장엄한 부처님의 붉은 홍고르는
전쟁을 위해 만들게 한
일흔두 겹 로브차를 입고,
아름다움을 위해 만들게 한
여러 겹 로브차를 입고,
어느 쪽으로도 고집 센,
술을 마시면 난폭한
장엄한 부처님의 붉은 홍고르가
산 사람 누구에게도 말을 하지 않고,
인사에도 대꾸 한 마디 없이
갑자기 말에 올라, 나가서 떠났네.
어마어마하게 멋진 쾨케 갈잔 준마는
제 바른쪽 입에서 화를 내며 날뛰다가
산에서 한 번 차고,
물에서 한 번 차고 갔네.
한 해 내내 달리게 해서,
일 년 열두 달을 달리게 해서
어느 산의 꼭대기 위로 올라왔네.
보아하니, 아무도 없는 광막한 황무지에
줄도 끝도 없는
외딴 하얀 궁장이 있는 곳에 닿아 갔네.
어지간한 그런

아낙이 나왔네.
"통치자이고 훌륭한 분 같습니다, 그대는.
음식의 데지를 드시옵소서!" 하고 말했네.
홍고르 통치자가 몸을 날려 내려와,
말에 질 좋은 강철로 만든 보그찬을 씌우고,
질 좋은 쇠로 만든 끈고리를 채우고 들어갔네.
들어가 보니
여덟아홉 아낙이 있었네.
여덟아홉 아낙이
"홍고르 통치자여,
음식의 데지입니다." 하고
석 잔 아르자 술을 따라 주었네.
"아, 신기한 물건이네,
내가 아르자 술 여섯 잔을 마셔도
이 정도로 취하지는 않는데.
다시 석 잔을 주시오!" 하고 청했네.
다시 석 잔을 마시고,
여섯 잔을 마셨네.
여섯 잔을 마시고는 홍고르가 말하네.
"나는 아르자 술을 석 잔씩 세 번
아홉 잔을 마셔도
절대로 이렇게 취하는 사람이 아니라오.
이제 석 잔을 더 주구려!" 하고 말하니
다시 석 잔을 주었네.

석 잔씩 세 번 아홉 잔을 마셔 버린 홍고르가
추잡한 아홉 야차녀의
독과 초(硝)
아홉 잔 아르자에
이를 악물고 쓰러져 갔네.
아홉 야차녀가
아홉 개의 강철 주둥이를 넣어 [피를] 빨았네.
죽은 듯이 이를 악물고 넘어진 홍고르가
의식 없이 빨리며 누워 잤네.
봄이 되자 장가르네 사람들은
"가엾어라, 우리 홍고르의 자취가 이것인 모양이네." 하고,
앞으로 넘어져, 이마 살갗을 벗기고,
뒤로 넘어져, 뒷덜미 살갗을 벗기며,
벌레와 개구리의 자취를 밟아 조사하고들 있었네.
미리 알 수 있는
캥캔 알탄 체지 노인에게
꿈을 받들어 알리게 했네.
큰 은둔자 라마에게 별자리 운세를 보도록 했네.
이 두 사람 모두에게서
낭떠러지의 골짝에,
아무도 없는 광막한 황무지에,
아홉 야차녀의 고장에
붙들려 간 것을 알게 되었네.
"자, 우리 홍고르가

아홉 야차녀의 고장에 붙들려 있으니,
우리 가운데 누가 가서 홍고르를
찾아오는 것이 옳겠는가?" 하고
주군 성주 장가르가
물었네.
갈 태제의 아들
미치광이 붉은 사와르가
말했네.
"형제가 된,
축복의 맹세를 받은
제가 가는 것이 옳습니다!" 했네.
"아홉 야차녀의 고장은
어느 쪽에 있던가요?" 하고 물었네.
킁캔 알탄 체지 노인이
말하기를,
"해가 저무는 북쪽에,
낭떠러지의 골짝에
줄도 끈도 없는
외딴 흰 궁장에
아홉 야차녀가
[피를] 빨고 있네."라고 했네.
사와르 통치자가
자신의 사나운 쿼렝 갈잔을 타고,
무거운 노란 큰 도끼를 휘두르며

나와 출정했다네.
해가 나오는 북쪽을 보고
소리를 울리며 갔다네.
한 해 내내 달리게 해서,
일 년 열두 달을
달리게 해서 갔다네.
아무도 없는 광막한 황무지에서
낭떠러지의 골짝에 한 채의
줄도 끈도 없는
외딴 흰 궁장이 보였네.
달리게 해서 닿아 갔네.
느림보 담바의 쾨케 갈잔 준마는
질 좋은 강철로 만든 보그찬을 씌우고,
질 좋은 쇠로 만든 끈고리를 채우고,
재갈을 꽉 물려 매어,
이 넓은 바깥에
흉한 모습으로 서 있게 해 버렸네.
사나운 쿼렝 갈잔을 보아 버렸네.
그 자리에서 투레질하며 힘껏 울어 버렸네.
쾨케 갈잔 준마를 사와르가
질 좋은 강철로 만든 보그찬을 씌우고,
질 좋은 쇠로 만든 끈고리를 채운
모든 것을 함께 풀어 잡았네.
문 사이로 끌고 가서,

"저리 보고 서 있어라." 하고,
사람은 알지 못하는
야차의 말로
쾨케 갈잔에게 말했네.
사나운 갈잔을 끌고,
여덟 면이 있는
황금빛 노란 큰 도끼를 휘두르며,
상인방(上引枋) 쪽을 살펴보았네.
위편에서는 홍고르를 쓰러뜨려 잡고
아홉 야차녀가
아홉 개의 강철 주둥이를 꺼내
[피를] 빨고 있는 것이었네.
왼편의 심장에서 떨어뜨린 적이 없는
심장의 흰 부적을
사와르 통치자가 (주문을) 외우고 불어 버리자
그와 함께 한 (방울) 작은 눈물이
홍고르의 가슴 위로 떨어졌네.
홍고르가 곧바로[3] 정신이 들었네.
"나에게 해가 있는 고장을 보이지 않고
흉하게 뉘어 놓고 [피를] 빨고 있었는가, 그대들은?" 하고 말했네.

3 곧바로(серд гиһэд): 몽골어계 사전이나 『장가르』 연구 논저에서 확인되지 않는 형태다. 우선 짐작으로 위와 같이 옮겨 보았다.

“문 쪽으로 내보내
해 있는 고장을 내게 보여 달라!”고 말했네.
“자, 그러자!” 하고
여덟 (모두)의 큰 야차녀가 말했네.
“밖에서 쾨케 갈잔 준마가
투레질을 하고, 힘껏 울었소!” 하고,
가장 작은
야차녀가 말하는 것이었네.
“무거운 다리를 가진 사람이
‘쿵’ 하고 내리는 것이,
힘센 용사가 온 모양입니다.
땅 속까지 진동시키며 갔습니다.
문 쪽으로 데리고 나가는 게 아닙니다!” 하고 말했네.
“우리 아홉의 집 밖에
무슨 사람이 오겠는가?” 하고
여덟 야차녀가 (모두)
(작은 야차녀를) 한 번씩 때렸네.
하나하나로부터 예의 오백
악마의 마력을
제 몸에 완벽하게 갖춘
더럽고 추잡한 악마가
홍고르를 문 쪽으로
해가 있는 고장을 보게 하려고 데리고 왔다네.
사와르 통치자가 왼손으로

팔을 홱 하고 뻗어 어깨를 움켜잡고,
쾨케 갈잔의 검은 은제
안장방석 위에 놓아 버렸네.
사와르 통치자가 큰 도끼로
나온 것을 때리고, 쓰러뜨리고 있었네.
여덟 큰 것을 연달아 때려
문을 베고 [자빠지도록] 만들었네.
가장 작은 야차녀는
잡으려 해도 잡히지 않고,
때리려 해도 맞지 않고,
가려고 해도 가게 두지 않아,
겨우겨우 흉하게 닿아,
사와르 통치자가 때려 죽였네.
홍고르를 이리로 데리고 나왔네.
홍고르를 데리고 가면서,
사이에 말을 하게 되었네.
"나는 백 나라에서 이름이 난 꾀보야 하고 말하지요, 그대는.
나는 여섯 나라에서 이름이 난 도둑이야 하고 말하지요, 그대는.
나는 다섯 나라에서 이름이 난 태키 들말이야 하고 말하지요, 그대는.
태키 비름스 임금의 고장을
나 혼자서 쳐서 빼앗았다고 말하지요, 그대는.[4]

4 넷째 마당과 여섯째 마당에 의하면 태키 비름스 임금의 고장을 공파한 것은 사날이고,

집에서 이리로 나와서는
아홉 암캐 년에게
감금이나 당하는 사람이었소." 하고 말했네.
"네가 이런 말을 하다니,
저 아홉 야차녀보다 더한
아홉 야차녀의
고장에 가서 빨리겠다!" 하고,
모든 면으로 고집 센,
술을 마시면 주정하는
장엄한 부처님의 홍고르가 가 버렸네.
"형님 통치자여, 그대에게 농담을 했소.
한 번만 내 잘못을 용서하시오!" 하고,
따라가 겨우
화해하고, 돌려 잡고 보았네.
사라져 버린 홍고르를 찾아 데리고,
노랑 얼룩무늬 궁장의 문에
홍고르와 사와르가 와서 내렸네.
케 질간 통치자가 이끄는
수많은 통치자들의 아들들이
신성한[5] 은제 후릿고삐를
[서로 잡으려] 다투고 있었네.

홍고르가 공파한 것은 샤라 비름스 임금의 고장이다.

5 신성한(Бyhp{Бyh}).

큰 천막 모양의
노랑 얼룩무늬 궁장에서
바른쪽의 일곱 동아리를
용력 넘치는 붉은 홍고르가 이끌고 앉았네.
왼편의 일곱 동아리를
왼편에서
갈 태제의 아들
미치광이 붉은 사와르 통치자가
이끌고 앉았네.
큰 천막 모양의
노랑 얼룩무늬 궁장에서
서로 부대낄 일 없이 쉰네 동아리를 이루고
아르자의 술자리를 받들어,
쉬며, 즐기고 있었네.

9. 아란잘 빠른 제르데를 도둑이 훔쳐 간 데 대한 마당

아란잘 빠른 제르데를
십만에 달하는 속민을
통치자 없이 버려두고,
보르한 차간 어머니와 아버지를
아들 없이 버려두고 온,
보고치의[1] 아들
보르 망나라는 보동이
부드러운 비단 후릿고삐를
붙잡고 풀을 뜯기고 있었네.
아란잘 빠른 제르데 말은
푸른 초장에 풀 씹을 것이 있네,
푸른 백단향나무 숲에 비빌 데가 있네,
늙은[2] 백단향나무 숲에 그늘이 있네.

---

1 보고치의(Богдын{Богчин}).

2 늙은(Көгсн{Көгшн}).

눈에 닿을 만큼 높이 자란 개밀을 씹고,
귀에 닿을 만큼 높이 자란 쇼라 풀을 씹고,
그 쇼라 풀을 뜯을 때는
봄에 양과 새끼 양이 합치는[3]
정도의 소리로 뜯고 있었네.
보고치의[4] 아들
보르 망나 보동이
부드러운 비단 후릿고삐를 잡고서 이쪽으로
감은 적 없는
두 개의 담갈색 다라니의 검은 눈을
감고 가네.
'아란잘 빠른 제르데를
도둑이 훔쳐 갈 조짐이었을까?
북방에 있는 믿음의 고장이
타락할 징조였나?' 하고,
제 주머니에서 돌아다니는
두 개의 큰 황금 바늘로
제 눈에 점괘를 놓아 던지네.
큰 바늘은 산산조각이 나고, (보르 망나는) 잠이 들어 버렸네.

---

3 어미 양의 젖을 아끼기 위해 새끼 양을 어미에게서 떼어 놓았다가 하루에 한두 번 젖을 빨도록 합쳐 놓는다. 수백 마리 어미와 새끼가 서로를 찾아 울며 뛰는 모습은 대단히 인상적이고 발소리 또한 크게 들린다. 어미가 제 새끼에게 젖을 물려 젖이 순조롭게 흐를 때쯤 사람이 나서 새끼를 떼어내고 어미의 젖을 짜 모으기 시작한다.

4 보고치의(Богдын{Богчин}).

이레 밤, 이레 낮을
자고 깨어나자,
아란잘 빠른 제르데 말을
훔쳐 가 버린 것이네.
"영예로운 성주 장가르께
아란잘 빠른 제르데를
도둑에게 주어 버렸다고,
이제 무엇을 말씀드리러 갈 것인가?" 하고,
고동치는 심장은[5]
흉복통 안에서 약해지고,
광천수 같은 검은 눈물을
쏟으며 앉았네.
"자, 이제 나와 같은 사내가
아란잘 빠른 제르데를
도둑에게 주어 버리고, 이렇게 사느니
이렇게 죽자!" 하고,
'격앙됨'이라는 이름의[6]
배릉키 칼[7]의 자루를
차가운 검은 곳에다 박고
그 끝 위로 몸을 날려 죽었네.

---

5 고동치는 심장은(Анжа{Анчн} нертә зүркнь).

6 '격앙됨'이라는 이름의(Анч{Анчн} нертә).

7 배릉키 칼(Бәрңк): 날카로운 노란색 칼. 비트케예프들(1990b: 476) 참조.

영예로운 성주 장가르네가
푸짐한 붉은 아르자 술자리를
벌이고 앉았네.
아란잘 빠른 제르데를
데려와 한 달에 세 번
영예로운 성주 장가르께
보이고 있었네.
그 기일(期日)이 사흘 지체되었네.
공주 샤브달 하탄이
“아란잘 빠른 제르데의 기한이
사흘 지체되었습니다.” 하고
영예로운 성주 장가르께 말씀드렸네.
영예로운 성주 장가르가
열두 보동들과
아란잘 빠른 제르데가
있을 곳에 당도해 오니,
보고치의 아들 보르 망나 보동은
차가운 검은 배르첵 칼[8]의
끝 위로 몸을 날려
죽은 것이었네.
오래 걸리지 않아 낫는

8 배르첵 칼(бəрцг): 사전이나 연구서들에서 확인되지 않으나 50행에 나오는 ‘배룽키 칼’의 동의어 또는 유의어로 짐작된다.

마디뼈의 흰 약을 뿌려
낫게 했네.
보고치의 아들 보르 망나 보동이,
“아란잘 빠른 제르데를
가져가 버렸습니다.
흉맹한 마법을 가진 임금의 보동이
가져갔다고 생각했습니다.
그래서 불같이 붉은 빠른 제르데를
잃어버리고, 나와 같은 사내가
이렇게 사는 대신에
차라리 이렇게 죽자 하고, 죽었습니다.” (하고 아뢰었네.)
그래서 불같이 붉은 빠른 제르데를
어느 나라에 들여 데리고 갔는지를
찾지 못하고 있었다고 하네.
오 년의 일을
짐작해 아는,
십 년의 일을
예언할 수 있는
퀑캔 알탄 체지도
알 수 없었네.
점복술사인 원로 통치자 어르신께서
주걱뼈를 태우고 보았으나
점괘가 알려주지 않았네.
십 년이 된

거미의 자취를 밟아,
이십 년 된
벌레의 자취를 밟아
아란잘 빠른 제르데의
오른쪽 뒷발굽으로
밟아 버린 곳이
해가 나오는 쪽을 바라보고
나아간 것이네.
입을 잃은[9]
아란잘 빠른 제르데는
제 뒤에다 표시를 주려고 밟았고,
자, 그 표시를 알아차리고
영예로운 성주 장가르가,
"샤라 시르민 임금의 보동
아름다운 노랑 얼룩무늬 말을 가진
케렘의 아들 몽홀라일
것이다, 그는.
홍고르, 네가 고집을 피웠기 때문이다.
마디마디로 잘라서,
모든 방향에다 갈라서 버리라고 하지 않았느냐, 내가?[10]
그 흉맹한 마법을 가진

---

9 입을 잃은(Ам алдсн): '말 도둑의 통제에 빠진'.

10 다음 마당(3-10)의 끝 부분 에피소드 참조.

샤라 시르민 임금의 보동
케렘의 아들 몽홀랴가
데려갔다." 하고,
영예로운 성주 장가르가
열두 보동 가운데서
누가 찾으러 갈 것인지 물었네.
위용에 빛나는 붉은 홍고르가
찾으러 가게 되어 나왔네.
위용에 빛나는 붉은 홍고르가
"어머니, 제게 백 길
후릿고삐를 짜 주세요." 하고 말했네.
어머니가 짜 주었네.
"담바의 오촐 쾨케 갈잔 준마를
말갖춤을 지워 다오!" 하고 말했네.
부드러운 은장식 바굴레를
(총) 쏘는 소리가 들리는 거리에서
물려 씌우고,
끼우며 보석 같은
네 개의 송곳니를
엇갈리게 해 바굴레를 씌우고,
지혜로운 앞 머리털 위로
꺼내 바굴레를 씌우고,
비, 우박 같은
두 개의 멋진 귀

뒤편에 모아서
단추를 채웠네.
갈기 같은 은제 땀받이를 놓았네.
거울 같은 은제 다래를
머리 위로 미끄러뜨려 놓고,
모루 같은 검은 안장을
네모난 근사한 궁둥이 위로
미끄러뜨려 놓고 당기기를,
뱃대끈이 네 대 갈비 사이로
들어가도록 당기고,
기도깃발 같은 흰 뱃구레를
졸라매 당겨 버렸네.
쉰 마리 불친 수소의 가죽으로 안을 감은,
여든 마리 불친 수소의 가죽으로 겉을 싸맨,
열 마리 불친 수소의 가죽으로
가까스로 손잡이를 만들 수 있었던,
부어 만든 강철로 단추를 만든,
부드러운 강철[11]로 고들개를 만든,
초지의 기슭에서 자란
홀로 있는 섬개야광나무[12]로 자루를 만든,

11 부드러운 강철(Йө болд): 비트케예프들(1990b: 476) 참조.

12 섬개야광나무(яр харна{ярна}).

가죽을 단단하게 감은 엘뎅[13] 검은 꽂받침 채찍[14]을 쥐고,
전투용 뤼트[15]를 입고
위용에 빛나는 붉은 홍고르가
갈기 같은 은제 발걸이에
발끝을 댔네.
청동 은 안장방석 위로 오르자,
울며 겅중거리기를
하늘의 덩어리 흰 구름과
서로 섞이며 겅중거리기 시작했네.
달리게 해서 갔을 때에는
뒤에서 보고치의 아들
보르 망나 보동이
보르 갈잔 준마를 타고
위용에 빛나는 붉은 홍고르의
뒤에서 들어와 나아가네.
"보고치의 아들 보르 망나, 돌아가라,
내게 동무는 필요 없다!" 하고 홍고르가 고함을 질렀네.
그는
"위용에 빛나는 나의 붉은 홍고르여!

---

13 엘뎅(елдн): 부드러운 가죽을 여러 겹으로 꼬아 만든 굵은 채찍.

14 꽃받침 채찍(тоорцг маля).

15 뤼트(лүт): 혹은 뤼태(лүтә). 『장가르』의 다른 대목에서는 대개 전투용 갑옷인 로브차를 입는 것으로 나온다. 예를 들어 1-3-104에서는 '전투용 세 겹 로브차를 입고(Дәәни һурвн лувцан лувцлад)'.

형과 아우
같지 않았소, 우리가?
목숨이 수난을 겪는 곳에서
결국 내가 동무가 될 것이오." 하고
보고치의 아들 보르 망나 보동이 말했네.
"아란잘 빠른 제르데를
도둑에게 주어 버리고,
영예로운 성주 장가르의 보동들이
모두 나서서 찾으려고 했다는
이름을 부끄러워하고 있다.[16]
담바의 오촐 쾨케 갈잔의
부드러운 비단 고삐를
도로 돌려 당기고,
쥔 주인에게 도움이 되는
차가운 검은 군도를
네 몸을 겨누고 일단 잡은 뒤에는,
용력 넘치는 홍고르가 다시 (칼끝을)
돌릴지는 모르겠다."(고 했네.)
"자, 방법이 없구나." (하고)
보고치의 아들 보르 망나 보동이
돌아 나갔네.

---

16 '말을 도둑질 당한 것도 모자라 그 말을 찾는답시고 장가르의 정예 보동들이 모두 나섰다는 말이라도 들을까 창피하다'라는 뜻으로 보인다.

위용에 빛나는 붉은 홍고르가
한 해 내내 달리게 해서,
일 년 열두 달을
달리게 해서 갔네.
건너서 갈 건널목을 주지 않고,
돌아서 갈 우회로를 주지 않는
갱긴 묑겐 바다[17]와 마주쳤네.
"자, 이제 이것을
내가 어떻게 건널 것인가?" 하고
고동치는 심장은
흉복통 안에서 약해지고,
열 개의 흰 손가락은
소매 안에서 약해지고,
광천수 같은 검은 눈물을
쏟고 있었네.
담바의 오촐 쾨케 갈잔 준마가
말했네.
"준마가 된 나를
함빡 젖게 하면
헤엄을 쳐서도 나올 것이고,
후릿고삐도 백 길이나 되는데,

17 갱긴 묑겐 바다(Ђәңгин Мөңгн дала): '갠지스의 은빛 바다'라는 뜻으로, 244행과 258행 등의 '갱 묑겐 바다(Ђәң Мөңгн дала)'와 같은 곳이다.

그림 같은 홍고르가 아니었느냐, 네가.
백 길 기슭 위에서
뛰어내려도 도달하겠구만!" 하고 말했네.
위용에 빛나는 붉은 홍고르가
광천수 같은 검은 눈물을
닦아 버렸네.
고동치는 심장은
흉복통 안에서 심하게 요동쳐 왔네.
열 개의 흰 손가락은
쥐고 당길 것을 찾아
쑤석거려 왔네.
"아란잘 빠른 말을
도둑에게 주어 버리고,
위용에 빛나는 붉은 홍고르가
양도 헤엄쳐 건널 웅덩이가
두려워서 되돌아왔다고 하는
불명예가 될 것이다.
수가 없다, (바다로) 들어갈 필요가 있다." 하고
담바의 오촐 쾨케 갈잔을 타고,
죽음의 달음질을 하게 해서
갱 뭥겐 바다의 기슭으로
땀을 내게 하고,
격려하고, (땀에) 젖게 하였네.
자, 이제 쾨케 갈잔 준마의

귀 뒤편에서부터
참새만 한 잿빛 푸른 거품이
요동치며 나왔네.
철썩거리며,
아름다운 노랑 얼룩무늬 올른촉의 가장자리로
한 번 눌렀네.
끈 달린 여덟 개 쥠쇠의 밑으로
두 번 눌렀네.
담바의 오촐 쾨케 갈잔 준마가
뛰어올랐다가,
갱 뮝겐 바다의 가운데로
가서 내렸네.
헤엄쳐서 달리기를,
백 길 기슭 아래로 뛰어내렸네.
"어머니께 내가 백 길 후릿고삐를
짜 달라고 했으니,
이 후릿고삐가 백 길이 될 것이고,
기슭이 백 길쯤 될 것이야!" 하고
위용에 빛나는 붉은 홍고르가
담바의 오촐 쾨케 갈잔의
두 귀를 밟고 뛰어올랐네.
백 길짜리 후릿고삐를 짰다고 한 어머니가
아흔아홉 길 후릿고삐를 짜서 준 것이었네.
기슭 위로 올라가려고 한 몸은

한 길 거리가 부족하게 내렸네.
이 수단 있는 위용에 빛나는 붉은 홍고르가
뒤에 담바의 오촐 쾰게 준마를 타고 끌고
기슭 위로 나왔네.
담바의 오촐 쾨케 갈잔 준마를
꺼내 잡았네.
"어머니, 백 길짜리 후릿고삐를 짜달라 했는데
아흔아홉 길 후릿고삐를 짜 주시다니,
돌아가서 처결을
받으시는 것도 재미있겠네요!" 하고 실언을 했네.
자, 이 모양으로 나가서 갔네.
건너갈 수도 없고
돌아갈 수도 없는
울창한 숲을 만났네.
"이것을 무슨 솜씨로
내가 건너서 나아갈 수 있을까?" 하고,
대단히 흉한 생각이 들었네.
"제르데를 찾아 나왔으면서,
야생 버드나무가 두려워서
되돌아가려고 한
이름은 어찌될 것인가?
모든 사대주에 이름이 난
위용에 빛나는 붉은 홍고르라고
스스로 무엇 때문에 말했을까, 내가?" 하고,

고동치는 심장은
흉복통 안에서 요동치고,
열 개의 흰 손가락은
손바닥 안에 모여 쑤석대고,
이 갈래가 진 낙엽송 나무를
뽑아 팽개치자,
준마와 자신에게
(숲이) 길을 내주었네.
그렇게 거기서 나아가서,
샤라 시르민 임금의 영토 가장자리로
들어왔네.
자신은 한 못난 부스럼투성이
소년이 되고,
담바의 오촐 쾨케 갈잔 준마를
아무도 사용할 수 없는
옴에 걸린 못생긴 두 살짜리 망아지로 만들어 버렸네.
샤라 시르민 임금의
고장 속민을 돌아서
음식을 먹고 마시고,
고아 못난이 부스럼투성이가
저녁이 되자,
"아란잘 빠른 제르데에게서
정보를 빼낼 사람이 있으면 어쩌나,
말을 할 사람이 있으면 어쩌나?" 하고,

자지도 눕지도 않고
집집마다 돌며 귀 기울여 듣다가,
대단히 늦어지게 되었네.
자, 아직도 (그들은 홍고르의 정체를) 모르고 있었네.
샤라 시르민 임금의 집에
부스럼투성이가 닿아 왔네.
샤라 시르민 임금에게
아름다운 노랑 얼룩무늬 말을 가진
케렘의 아들 몽홀랴가 말했네.
"이 부스럼투성이가 위용에 빛나는 붉은 홍고르일 것입니다.
위용에 빛나는 붉은 홍고르가
단번에 주걱뼈의 꼬리에서
즉시 일흔 가지 속임수를 부리는
사람이라고 합니다.
둔갑술과 속임수가 매우 커서
와서 돌아다니는 위용에 빛나는 붉은 홍고르가
될 것은 이것입니다!
쏘고, 베어 죽이려고 생각하면
바윗돌이 되어
죽어 주지 않는 것이었습니다.
자, 이제 이것을 어떻게 죽일까요?" 하고,
오백 가지 독성 물질의
독으로 이루어진 말뚝을
오줌보의 머리에 (박아)

땅에 고정시켰네.
부스럼투성이였던 몸은
노래져 갈 뿐
중독되어 죽어 주지 않았네.
부스럼투성이가 말했네.
"샤라 시르민 임금네서
내가 죽어도
대단하지 않았다는 마음을 갖고 죽고 있소.
이 생애에는 위용에 빛나는 붉은 홍고르가
못 되었지만,
그대가 '위용에 빛나는 붉은 홍고르'라고
말한 대로
후생에 되어
태어나겠다고 생각하고 있소." 하고 말했네.
샤라 시르민 임금이
다시 생각했네.
"위용에 빛나는 붉은 홍고르라는 사람은
이자가 아닌 것이었다.
틀림없이 위용에 빛나는 붉은 홍고르라면
우리에게 이렇게
죽임을 당하고 있지 않을 것이다.
이 사람을
살려서 받아 주자." 했네.
의술 무격(巫覡)에게 보냈네.

"이제 이 사람을
어떻게 해독하겠는가?" 하고 말했네.
"유독 물질의 독으로
도로 해독할 필요가 있습니다."라고 했네.
그래서, 유독 물질의 독으로
도로 해독을 해서 받았네.
고아 부스럼투성이가 나왔네.
샤라 시르민 임금은
아들이 없는 임금이라,
이 사람을 아들로 삼아 받았네.
아들이 되어 있었네.
"아들아, 아들아!
내 속민들을 둘러보고,
(마음에 드는) 한 처자(가 있는지) 보고 말하라." 했네.
샤라 시르민 임금이
말 떼의 우두머리 뻴인 점박이 말에
말갖춤을 지워 주었네.
타고 나갔네.
아르슬랑이라는 보동의
딸이 마음에 들어서 왔네.
처자에게 말하여,
샤라 시르민 임금이
얻어 주었네.
아들이 게르와 가축을 갖게 되어

있었네.
얻은 처자를 재운 뒤
아란잘 빠른 제르데를 찾아
자지도 눕지도 않고
돌아다녔지만
아무것도 알 수 없었네.
아르슬랑 보동의 딸에게서
아들이 나왔네.
행복하게 되었네.
아르슬랑 보동의 딸이,
"위용에 빛나는 붉은 홍고르가
당신이 맞는 것 같소." 하고 말했네.
"그것이 어째서인가?" 하고 물었네.
"아란잘 빠른 제르데를
찾고 계시지 않소.
그 망칸 차간 산을
겹겹으로 꼬챙이 칼과 총을 가진 일흔 명의 군대가
어째서 지키고 있는지 아시오?" (하고 말했네.)
그 말을 듣고,
밤이 되자
"그곳에 적이 돌아다닌다고
우리 샤라 시르민 임금이 말했다." 하고,
부스럼투성이, 샤라 시르민 임금의 아들이
군인들에게 와서 말했네.

그 모양대로
겹겹으로 파수 보던 칠십 명 군인들이
나가서, 가 버렸네.
뒤에는 산 아래에
아란잘 빠른 제르데가
우레 같은 소리가 나는 검은 지옥 안에서
목에 쇠사슬[18] 밧줄로
묶여 있네.
위용에 빛나는 붉은 홍고르의
준마의 소리를 듣고,
목에 있는 쇠사슬 밧줄을
탁 치고
용을 쓰며 나와서 왔네.
추격하는 소리를 듣고
쾨케 갈잔 준마가
속력을 내어 들어왔네.
아란잘 빠른 제르데를 타고,
담바의 오촐 쾨케 갈잔 준마를 끌고,
새벽 동틀 무렵[19] 집으로
들어왔네.
혼인한 집사람

18 쇠사슬(цев): 〈 러. цепь.

19 동틀 무렵(Шар тан): 비트케에프들(1990b: 476, 주79) 참조.

아르슬랑 보동의 딸에게,
"(과업을) 완수하지 못하고 다니던
아란잘 빠른 제르데를
완수하여 손에 넣었네.
그해, 그달, 그날
샤라 시르민 임금이 와서 전쟁을 해서,
당신과 나를 와서
붙잡을 것이 틀림없네!" 하고 말하고,
위용에 빛나는 붉은 홍고르가
말에 올라 출발했네.
샤라 시르민 임금이 있는 곳
밖에 와서 멈춰 섰네.
"완수하지 못하고 다니던
아란잘 빠른 제르데를
완수하여, 손에 넣어 잡았소.
내 아들과 아내의
배를 곯리면
물 없는 사막
풀 없는 불모지에서 당신을
반드시 애도케 할 것이야!" 하고,
샤라 시르민 임금에게
말하고 나왔네.
그 상태로 나와서 말을 달렸네.
샤라 시르민 임금네 사람들의

군대가 그대로 출발하여 말을 달렸네.
화살통과 뿔피리를 질 만한 자들 모두
요란한 소리를 내며 함께 추격에 나섰네.
중간 거리 되는 곳에서
흉맹한 마법을 가진
샤라 시르민 임금이
마법으로 달리게 해,
준마와 불같이 붉은 말을
따라잡아 닥쳐왔네.
위용에 빛나는 붉은 홍고르가
그대로 지속하면서
서로 전투를 벌이며 가네.
위용에 빛나는 붉은 홍고르의 아버지,
대주(大洲)에서 영예로운
장사 묑겐 식셰르게라는 사람은
너무 커서 준마가 감당할 수 없는,
엄청나게 빨라서
발뒤꿈치, 뒷덜미를 때려서 달리게 하지 않고,
백여 길 쇠밧줄로
소만 한 검은 돌을 묶고
달리는 사람이었네.
거리가 가까워지면
고른 빠르기로
아란잘 빠른 제르데와

보조를 맞추고 있는[20] 사람이었네.
위용에 빛나는 붉은 홍고르를 찾아 나서
샤라 시르민 임금과 맞닥뜨려,
전투를 하고 갔네. (샤라 시르민 임금이)
위용에 빛나는 붉은 홍고르를
산 채로 사로잡아,
준마를 사람에게서 떼어내,
준마의 힘줄과
사람의 힘줄로
짠 결박으로
결박해 잡았네.
위용에 빛나는 붉은 홍고르의
뒤에 남은 소년이
'우리 아버지를 죽이러 갔다'고 하면서,
뒤에서 말 떼의 가장자리에서
두 살짜리 잿빛 푸른 수망아지를 타고,
에르멜진 안장[21]을 얹고,
이 모양으로
이 샤라 시르민 임금과
장사 묑겐 식셰르게 둘이

---

20 보조를 맞추고 있는(Ууд холвад бээдг): 직역하면 '재갈을 연결하고 있는'.

21 에르멜진 안장(Эрмлжн эмәл): 어떤 안장인지 사전이나 연구서를 통해 확인하지 못했으나 두 살짜리 망아지에 어울리는 작은 안장일 것으로 짐작된다.

전쟁을 하고 가네.
영예로운 성주 장가르가
열한 명의 보동들과
위용에 빛나는 붉은 홍고르의
잔단 졸라 하탄에게서 나온 아들과
열둘을 거느리고,
위용에 빛나는 붉은 홍고르를 찾으며
들어왔네.
들어와서,
영예로운 성주 장가르가
열두 명과 함께
장사 묑겐 식셰르게와
위용에 빛나는 붉은 홍고르의
뒤에 남은 아들과 함께 전투를 벌였네.
"위용에 빛나는 나의 붉은 홍고르여!
태키 졸라 임금의 손자가 아닌가, 너는.
탕삭 졸라 임금의 증손자 아닌가, 너는.
퇼레륵 대주에 영예로운 시르케의
점잖은 식셰르게에게서 나온,
백 나라에 용감하기로 빼어난,
여섯 살 때부터
장사로 빼어난,
나의 용감한 붉은 홍고르여!
무엇에

사로잡혀서 간 것인가 이것은?" 하고
만세를 부르고 고함을 지른
만세 소리를 듣고,
준마의 힘줄과
사람의 힘줄로
꼰 결박을 탁 쳐서
들려지며 일어나니,
두 허리 살의 사이에
길마 얹은 낙타가 서 있어도
가려질 만한 정도가 되어,[22] 일어나서 왔네.
영예로운 성주 장가르가 전투를 해서
샤라 시르민 임금을 창으로 찔러
버렸을 때
위용에 빛나는 붉은 홍고르가
일어나 와서 싸웠네.
샤라 시르민 임금을 토벌하고,
"강보에 싸인 아이,
어미 잃은 새끼 강아지도 버리지 말고,
그해, 그달, 그날
부중, 속민을 몰고 와라!" 하고,
오른뺨에다

22 짐을 실은 다 자란 큰 낙타도 가릴 만큼 큰 사람이라는 의미다.

우리 것이 되었다는
종교의 붉은 낙인을 눌러 두었네.
적을 누르고,
아르자의 흰 궁장에 와서
아란잘 빠른 제르데를
손에 넣어 잡은,
아르자 술자리를 준비해,
서른세 동아리가 되어
견고한 붉은
아르자 술자리를 벌이고 앉았네.

10. 아름다운 노랑 얼룩무늬 말을 가진 케렘의 아들 몽홀랴와 싸운 마당

영예로운 성주 장가르네가
서른세 동아리를 이루고
푸짐한 붉은 아르자 술자리를 벌이고
앉았을 때
구만에 이르는
아홉 봄바의 붉은 준마 무리는
아크스흘의 (아들) 하르와다[1]라고 하는
말치기와 있었던 것이네.
아크스흘의 (아들) 하르와다 말치기가
감은 적 없는 두 개의 담갈색 다라니의 검은 눈을
감고 가네.
"구만 마리에 이르는
아홉 봄바의 붉은 준마 무리에

1 아크스흘의 (아들) 하르와다(Аксхлан Харвада): '흰 수염의 (아들) 하르와다'. '아크스흘(흰 수염, 長老)'은 하르와다의 아버지의 이름으로 튀르크계 어휘다. 즉, 아크(튀르크 Ак '흰')-스흘(튀르크-몽골 공통 схл '수염'). '하르와다(Харвада)'의 뜻은 미상이다.

무슨 조짐이 있을까?" 하고
제 주머니에 돌아다니는
두 개의 큰 황금 바늘로
점괘를 놓아 던지네.
큰 바늘이 산산조각이 나서
떨어져 가네.
이레 밤
이레 낮을 자고
일어나니,
구만 마리에 이르는
아홉 봄바의 붉은 준마 무리를
무엇인가 몰아내, 데리고 간 것이네.
"말 떼를 몰아가게 해 버렸으니
영예로운 성주 장가르께
뒤에 무슨 말을 하러 갈 것인가?" 하고,
울화를 삭이고 있었네.
"나와 같은 사내가
이제 이러고 있느니,
뒤에서 어느 방향인지 형세를
파악하는 게 어떨까?" 하고
산더미만 한
꼬리 뭉툭한 노랑 얼룩무늬 준마를 타고,
출발해 나갔네.
윌재태 윌 망칸 산[2]의

꼭대기에 올라 둘러보니,
해가 뜨는 이쪽에
가느다란 붉은 먼지가
하늘을 찌르고 가네.
담갈색 다라니의 검은 눈을
씻고 보니,
구만 마리에 이르는
아홉 봄바의 붉은 준마 무리의
먼지인 것으로 판명되었네.
솟아오른 나무를
뽑아 가로로 지고
출발해 말을 달렸네.
따라가고 또 따라가다 보니,
구만 마리에 이르는
아홉 봄바의 붉은 준마 무리를
아름다운 노랑 얼룩무늬 말을 탄
케렘의 아들 몽홀랴가
몰고, 쫓으며 가네.
화가 나서 솟아오른 나무로
돌격하여 한 번 두드리고 나왔네.
아름다운 노랑 얼룩무늬 말을 가진

2 월재태 월 망칸 산(Өлзэтэ өл Манхн уул): 산의 이름으로, 직역하면 '상서로운, 잿빛의, 정상이 눈으로 덮인 산'.

케렘의 아들 몽홀랴가
“내게 원한이 있는 놈이냐, 네 녀석은?” 하고는,
‘격앙됨’이라는 이름의 차갑고 검은 배릉키 칼을
겨누고 들어왔네.
“진정하시오, 홧김에 내가 그렇게 했소.
영예로운 성주 장가르에게
이제 내가 무슨 말을 하러 가겠소.
그대의 말 떼에 동무가 되어 가겠소!” 하고 말했네.
아름다운 노랑 얼룩무늬 말을 가진
케렘의 아들 몽홀랴가
아크스홀의 아들 하르와다로
말 떼에 동무 말치기를 삼아 데리고,
점점 더 멀리 몰고 가네.
아크스홀의 아들 하르와다가
말 떼를 몰고 가다가,
아란잘 빠른 제르데의 아비인
꼬리는 뭉툭하고 적갈색 몸통에 얼굴에는 흰 털이 난 씨수말을
“네 배내 갈기의 뒤편에
내가 뛰어서 올라타지 못하기만 했단 봐라!” 하고
다짐을 하고 갔네.
말 떼를 몰고 가서,
꼬리는 뭉툭하고 적갈색 몸통에 얼굴에는 흰 털이 난 씨수말의
배내 갈기의 뒤편에
멀리서 뛰어올라 타고는

자신이 태어난 봄바를 향해
그 자리에서 사라져 갔네.
꼬리가 뭉툭하고 적갈색 몸통에 얼굴에는 흰 털이 난 씨수말이
영예로운 장가르를 향해 갔네.
엄청난 속력에
갈기와 꼬리에서
소리가 나도록 빠르게 달렸네.
아름다운 노랑 얼룩무늬 말로 뒤에서
케렘의 아들 몽홀랴가
아무리 쫓아가도
따라잡지 못하고 멀어져만 갔네.
아란잘 빠른 제르데의 아비인
꼬리가 뭉툭하고 적갈색 몸통에 얼굴에는 흰 털이 난 씨수말이
봄바의 흰 궁장의
오른편 문지방에 멈춰 서자
먼 곳으로 간
하르와다 소년 말치기가
배가 피범벅이 되어[3]
허물어지며 내려서 갔네.
영예로운 성주 장가르네가
넉넉하고 평안하게 앞서처럼

3 하르와다의 배가 피범벅이 된 경위는 분명치 않다. 몽홀랴에게 배를 공격당했다는 언급도 이야기에는 나오지 않는다.

서른세 동아리를 이루고
푸짐한 붉은 아르자 술자리를
받드는 늘 같은 모습으로
즐기고 있었네.
공주 샤브달 하탄이
나왔다가 소년을 보았네.
도로 들어가
영예로운 성주 장가르에게 말했네.
"아란잘 빠른 제르데의 아비인
꼬리가 뭉툭하고 적갈색 몸통에 얼굴에 흰 털이 난 씨수말이
왜 이러고 서 있을까요?
아크스흘의 (아들) 하르와다 말치기는
왜 이렇게 누워 있을까요?" 하고 말했네.
영예로운 성주 장가르가
열두 보동과
서둘러 나와 보았네.
아란잘 빠른 제르데의 아비인
꼬리가 뭉툭하고 적갈색 몸통에 얼굴에 흰 털이 난 씨수말이
사흘 밤낮 동안 배가 푹 꺼져,
게르의 어깨[4]에 기대,

---

4 게르의 어깨(Герин ээм): 몽골어계 언어들의 사전이나 연구서를 통해서는 게르의 어깨(빗장뼈 부위)가 정확하게 어느 부분인지 확인할 수 없으나 인체의 어깨와 비견할 수 있는 부분, 즉 게르의 둥근 지붕과 벽체가 접합하는 지점일 것으로 짐작된다.

오금에는 잿빛 거품이 말라붙은 채
서 버렸고,
아크스흘의 (아들) 하르와다 말치기는
배가 피범벅이 되어
누워 있는 것이었네.
마디뼈의 흰 약을 뿌리고,
오래 걸리지 않아,
회복시켜 데리고 갔네.
"얘야 어떻게 된 것이냐, 네가?" 하고 물으니,
소년은
"구만 마리에 이르는,
아홉 봄바의 붉은 준마 무리를
아름다운 노랑 얼룩무늬 말을 가진
케렘의 아들 몽홀랴가
몰아서 갔습니다.
아란잘 빠른 제르데의 아비인
꼬리가 뭉툭하고 적갈색 몸통에 얼굴에 흰 털이 난 씨수말을
타고 도망쳐 나왔습니다." 하고 말했네.
영예로운 성주 장가르가
"아란잘 빠른 제르데를
열두 보동의 준마와 함께
데려와 말갖춤을 지워라!"고 한 대로
"말갖춤을 지워라!" 하고 소리쳤네.
말치기 보동들이

폭신한 비단 후릿고삐 끝을 잡고,
장난치게 하며, 놀게 하며 들어왔네.
판금 은제 굴레를
(총) 쏘는 소리(가 들리는) 거리에서
물려 씌우고,
압박해 보석의 네 송곳니를
연결시켜 굴레를 씌우고,
갈기털 (모양)[5] 은(으로 치장한) 땀받이를
갈기 위로
미끄러뜨려 놓았네.
팽팽한[6] 은제 다래는
머리 위로
미끄러뜨려 놓았네.
모루 같은 검은 안장을
네 해 동안
움직일 수 없게 얹었네.
당겨서, 뱃대끈을 네 대의 갈비 사이로
들어가도록 당겼네.

---

5 갈기털 (모양)(дел): 비트케예프들(1990b: 476, 주 80)은 '팽팽한, 단단한(дөл -дөлр)'으로 설명하고 바로 뒤에 따라나오는 은(мөңгн)까지 포함하여 '빛나는/번쩍이는 장식이 있는 은(гилвксн кеермжтә мөңгн)'으로 옮겼다.

6 팽팽한(төл): 칼미크어를 비롯한 여러 몽골어에서 төл은 '네 발 달린 짐승의 갓 태어난 어린 새끼'를 가리키는 말로, 은(銀) 또는 은제(銀製)를 꾸미는 말로는 어울리지 않는다. 『장가르』에서 '은, 은제'를 꾸미는 말들 가운데 төл과 발음이 비슷한 어휘들에는 дөл(팽팽한), толь(거울(같은)), төрд(둥근) 정도가 있다.

기도깃발 같은 흰 뱃구레를
졸라매 당겼네.
에뤼헨[7]이라는 이름의 안장가리개에
엥겔그치[8] 두 뺨을
묶어 고정시켰네.
질 좋은 쇠로 만든 보그찬을 씌웠네.
영예로운 성주 장가르는
쉰 마리 불친 수소 가죽으로 안을 덮고,
여든 마리 불친 수소 가죽으로 겉을 싼,
열두 마리 불친 수소 가죽으로
겨우 고리를 만든,
목초지의 기슭에서 자란
홀로 있는 섬개야광나무로 자루를 만든,
부어 만든 강철 끈고리를 달고,
부드러운 강철로 고들개를 만든,
가죽을 단단하게 감은 엘뎅 검은 꽃받침 채찍[9]을
바른손에 쥐기를,

---

7 에뤼헨(эрүхн): 칼미크어, 오이라드어를 비롯한 몽골어계 사전이나 연구서에서 확인되지 않는다. 가능한 추측일지 알 수 없으나 эрү를 '턱'으로 보면 эрүхн은 그 지소형일 수도 있겠다.

8 엥겔그치(эңглгч): 칼미크어, 오이라드어를 비롯한 몽골어계 사전이나 연구서에서 확인되지 않는다. Эңг-л-гч로 나누면 эңг는 '낭떠러지, 절벽, 좁은 골짜기', -л-은 동사파생접사, -гч는 상습행위자를 뜻하는 명사파생접사라 할 수는 있겠으나, 전체적으로는 어떤 의미의 어휘를 파생시켰는지는 알 수 없다. Эңгл-гч로 보아도 /эңгл-/이라는 동사가 확인되지 않아 도움이 되지 않는다.

9 3-9-163의 각주 13, 14 참조.

시뻘건 즙이 나오도록 쥐고,
전투용 퀴트를 입고
온갖 무구, 화살통, 뿔피리를 갖추고
함께 나왔네.
갈기 같은 은제 발걸이에
발끝이 닿고,
다리가 은제 안장방석 위로
올라들 왔네.
준마들이 하늘의
흰 뭉게구름과
서로 섞이며 올라갔네.
달리고 달려서
윌재태 윌 망칸 산의
꼭대기에 올라 둘러보았네.
해가 뜨는 이쪽에서
가느다란 붉은 먼지가
하늘을 찌르고 가네.
담갈색 다라니의 검은 눈을
때 없는 옥양목[10] 흰 수건으로
닦고 보니,
구만 마리에 이르는[11]

---

10 옥양목(кивтн): 칼미크어 사전들에서 확인되지 않는 형태로, 비트케예프들(1990b: 476, 주 81)의 '얇은 옥양목 같은, 흰 비단 수건(직. 실크)(нимгн, килңкр мет, цаһан торһн альчуур (чикәр: кивң))'을 참고하여 이와 같이 옮겨 둔다.

아홉 봄바의 붉은 준마 무리의
먼지로 판명되었네.
따라가고 또 따라가다 보니,
아름다운 노랑 얼룩무늬 말을 가진
케렘의 아들 몽홀랴가
몰고, 쫓으며 가네.
영예로운 성주 장가르가,
"아무도 없는 데서 한 아이를
열두 몸으로
들어가 공격하느니,
한 사람씩 들어가
전투를 벌이자!" 했네.
기품 있는 오출 쾨케 갈잔 준마를
뱃대끈, 줄 뱃대끈을 단단히 조이고,
위용에 빛나는 붉은 홍고르가 공격해 들어갔네.
구만 마리에 이르는
아홉 봄바의 붉은 준마 무리를
몇 번이나 어떻게 돌렸는지 모른 채,
돌리면서 서로 몰아 버렸네.
기품 있는 오출 쾨케 갈잔 준마가
막으며 묶여서 멈춰 섰네.
아름다운 노랑 얼룩무늬 말을 가진

---

11 구만 마리에 이르는(Йисн бум{түм} күрсн).

케렘의 아들 몽홀랴가
“홍고르, 홍고르!
방금 어떻게 하고 갔느냐, 네가?” 하고 말하고,
반격하여 ‘격앙됨’이라는 이름의[12]
차갑고 검은 배릉키 칼로
가로막(橫經膜)의 푸른 살을
세 번을 박고 나왔네.
주걱뼈 부위를
세 번을 박고 나왔네.
그 즉시,
“위용에 빛나는 붉은 홍고르,
그만하면 되었다!” 하고,
퀑캔 알탄 체지가
돌격해 들어갔네.
역시 구만에 이르는
아홉 봄바의 붉은 준마 무리를,
몇 번이나 어떻게 돌렸는지 모른 채,
서로 돌리고, 서로 쫓아 버렸네.
다시 예의 그 모양으로 몽홀랴가
공격해 빼앗아 버렸네.
영예로운 성주 장가르가
수단 있는 서너 명의 보동을

12 ‘격앙됨’이라는 이름의(Анч{Анчн} нертә).

하나씩 보냈지만
쉽게 들어가지 못하고 있었네.
영예로운 성주 장가르가
“수단 있는 나의 서너 보동을
잡아 간 모양이군!” 하고는,
화살의 주인 바타르 차간이라는 보동에게
“네가 수를 지금
빨리 하나 내라!” 하고 말했네.
아란잘 흰 준마의[13]
뱃대끈, 줄 뱃대끈을 단단히 조이고 말에 올랐네.
아름다운 노랑 얼룩무늬 말을 가진
케렘의 아들 몽홀라를 쫓아가,
화살이 닿을 정도의 곳에서부터
오춤보의 머리를 눌러 때렸네.
안장의 두 가리개를 함께
연달아 쏘자,
체지가 땅에 떨어진 몸을
엉덩이로 기어 추스르며 나오기를,
해가 뜨는 쪽을 보고
나와서 갔네.

---

13 아란잘 흰 준마의(Арнзл цаhан күлгинь): ‘아란잘(불같이 붉은)’과 ‘흰’은 같은 대상을 꾸미는 표현으로서 논리적으로 문제가 있어 보인다. 채록자가 잘못 기록했을 가능성도 있다.

영예로운 성주 장가르가
“이 사내를 제 집에 닿기 전에
잡지 않으면
타산이 우리에게 좋지 않다.” 하고,
아란잘 빠른 제르데의
뱃대끈, 줄 뱃대끈을 단단히 조여 매고,
해가 뜨는 이쪽에서
제 집에 닿기 전에 따라잡아,
열두 날을 가진
아가르 백단향나무[14] 자루의
창끝에
말을 탄 채로 몸뚱어리를 걸어,
바른쪽 무릎 위에 눌러
잡고 들어왔네.
영예로운 성주 장가르가

---

14 바르다예프들(2004: 26)은 칼미크어의 ahp를 ‘백단향나무(сандал)’ 혹은 ‘붉은빛(алый, прасный)’으로, ahp зандн을 ‘백단향나무(сандаловое дерево)’ 혹은 ‘알로에(алое)’라고 풀이하였다. 한편 초이종잡들(1998: 5-6)의 오이라드어 어휘집에는 /ɑgrʊ: zandan/이 ‘紫檀香(木)’이라고 간단하게 풀이되어 있다. 볼드들(2008: 28)은 할하몽골어의 агар를 ‘둥그스름하고 큼직큼직한 방울이 달리는, 비늘 같은 껍질이 있는 침엽의, 좋은 향내 나는 상록 관목(Бөөрөнхийвтөр том том шогшгойтой, хайрслаг шилмүүстэй анхилам сайхан үнэртэй, мөнх ногоон бутлаг)’이라고 풀이하였다. 몽골인들의 땅에서 자라는 식물인지는 분명치 않으나 노간주나무보다 더 좋은 냄새를 풍기는 나무로 이해되는 것을 인용된 다음 민요에서 알 수 있다. ‘노간주나무의 냄새가 아름답다 한들 아가르 잔단에야 미칠라고나(Арцын үнэр сайхан боловч агар занданд хүрнэ үү дээ)’.

데려와 매달아 버리고,
위용에 빛나는 붉은 홍고르가
쿵캔 알탄 체지 형과
서너 보동을
그리 오래 걸리지 않아 낫는
마디뼈의 흰 약을 발라,
회복시켜 원래대로 만들었네.
이 모양으로
영예로운 성주 장가르가,
"이 사내를 관절 마디마디마다 떼어내
모든 방향으로 버려서,
가장 흉한 죽음으로 죽게 하라!
흉맹한 주문을 아는 샤라 시르민 임금이
총애하고 의지하는 보동이다." 하고 말했네.
위용에 빛나는 붉은 홍고르와
보고치의[15] 아들
보르 망나가
데리고 나갔네.
위용에 빛나는 붉은 홍고르는
"이 보동은 나와 맞먹는
보동이었다.

15 보고치의(Бөгчин{Богчин}).

이렇게 흉하게 어떻게 버리겠는가, 내가?" 하고는
절벽의 분지 안에 버려
퀴캔 산이라는 산으로
눌러 버렸네.
그 모양으로 그렇게 하고,
영예로운 성주 장가르네가
적을 누르고
말 떼를 데리고 와,
예전처럼
서른세 동아리를 이루고,
푸짐한 붉은 아르자의 술자리를 벌이고
앉은 것이네.

11. 영예로운 성주 장가르네 편이 애호 독신 망나 임금과 전투를 벌이는 마당

시케를뤽의 한가운데
실태 잔단 강의 하류 가운데
아름다운 열두 산의 돌출부에
아르 봄바의 칠십 줄기 강의 합류점에
외르겐이라는 이름의 샤르토 바다의 남쪽에
월 보랄의 궁장에
독존 장가르의
봄바의 흰 궁장을
칠천만으로 짓게 한 것이었네.
남쪽에 짓기를,
하늘보다 세 손가락 두께 낮고,
세상보다 네 손가락 두께 정도 높은
노랑 얼룩무늬 대궐이 자리 잡은 것이네.
외르귀라는 이름의 샤르토라고 하는 바다에는[1]

---

1 외르귀라는 이름의 샤르토라고 하는 바다에는(Өргү нертə шарту гидгнь): 5행의 ‘외

외뤄와 쇠뤄[2]가 흐르고 있고,
외뤄와 쇠뤄 두 흐름에는
산호와 진주의 꽃밭이 있고,
산호와 진주의 꽃밭은
우아한 연꽃 빛깔이네.
그것을 절하고 맛본 사람은[3]
죽음 없는 영생을 가진,
위협 없는 평온한 나라를 가진
늘 스물여덟 살의 모습으로 있네.
청정한 흰 부적의 축복으로 있는,
살아 있는 여의보주의 현신으로 있는,
아르 봄바의 나라에 자리 잡았다고 하는,
영예로운 성주 장가르네라고 하는 (이들이)
살윈 푸른 비탈에
멋진 준마를 먹이고,
정예 육천
열둘이 변함없이
서로 부대낄 일 없이
마흔두 자리 술판을 벌이고 있었네.

르겐이라는 이름의 샤르토(Өргн нертә шарту дала)'와 비슷한 모습이다. 혹시 그 실수일 수도 있다.

2 외뤄와 쇠뤄(Өрү-сөрү): 거슬러 올라가는 물과 흘러 내려가는 물.

3 그것을 절하고 맛본 사람은(Түүнәснь мөргәд амссн күмн): '샤르토 바닷물을 절을 하고 나서 맛본 사람은'이라고 짐작된다.

멋있는 노랑 얼룩무늬 대궐에서
활기찬 아르자 술자리에 앉게 되네.
위편에는
내게르 백단향나무[4] 보좌 위에,
세 살 나이에
세 곳의 진지의 관문을 파괴한,
네 살 나이에
네 곳의 관문을 파괴한,
일곱 살 나이에
명성이 자자한 장가르라는 이름을 부르게 한,
잿빛 푸른 해동청의 눈을 가진
독존 성주 장가르가
납시어 앉았네.
장가르가 타는 준마로 말하면,
토끼같이 근사한 등에,
매끄러운 뒷다리에,
집게 입같이 빈틈없는
잿빛 푸른 해동청의 두 눈을 갖고,
월 망칸 산의 꼭대기를 쏘아보고 있네.
튀어나온 황금 귀는
위 세상 봄바의 나라 쪽으로

---

4 내게르 백단향나무(Нэгр зандн): 백단향나무의 일종이겠으나 사전이나 연구서들에서 확인되지 않는다.

번갈아 가위질하고 있는,
보통 사람이 타면
가장 좋은 세 살짜리 양으로 만든 국을 마시는,[5]
주군 성주 장가르가 타면
무릎을 따라 평탄하고 고르게 가는,
아란잘 멋진 제르데라고 말하는 것이었네.
오른편의 보동들을
(어머니) 실태 게렌젤 하탄이
스물다섯 살일 때 태어난,
새로이 열여덟 생애를 잡고 태어난,[6]
시르케의 손자, 식셰르게의 아들,
목숨은 몸에 없는
대단한 붉은 홍고르가
이끌고 앉았네.
백 년의 고통을 겪었다 해도
'아야!' 하고 말하지 않는,
엿새 밤낮을 멈추지 않고
채찍질을 당하던 몸은
입에서 두려워하는 세 마디를
말해 주지 않는,

5 현재로서는 '보통 사람이 다루기에는 너무 힘이 들어서, 한번 탔다 하면 다 큰 양 한 마리는 먹어야 몸이 회복된다'는 정도로밖에는 짐작이 되지 않는다.

6 새로이 열여덟 생애를 잡고 태어난(Шиңкн арвн нәәмн насиһән бәрн һаргсн): 정확한 의미는 주해자도 아직 파악하지 못하였다.

숨을 참고 나오는 동안에도
열두 번을 변신하는
대단한 붉은 홍고르라고 말하네.
다음 사람으로 말하자면
'타'라는 강에
제 오백 속민을
우두머리도 없도록 버린,
'에르게치'라는 강에[7]
어머니와 아버지를
자식도 없도록 버린,
'아르차스'라는 강에[8]
알리만이라는 숙부를
조카도 없도록 버린,
열세 살 된 누이를
오라비도 없도록 버린,
디왕의[9] 오백 마리
빠른 붉은
불친 부루말[10]을
색깔을 맞추어 탄,

7 '에르게치'라는 강에(Эргц гидг hолд): '에르게치강 유역에서 유목하던'.

8 '아르차스'라는 강에(Арчс гидг hолд): '아르차스강 유역에서 유목하던'.

9 디왕의(Диивңгин): 몽골어계 사전들에서 확인되지 않는 형태로, '디왕'은 명마가 나오는 고장의 이름이 아닐까 짐작해 본다.

10 부루말(Буурл): 여기서는 말의 털빛이 은발 비슷하게 희끗희끗한 말을 가리킨다.

오백 명의 검은 (복장의) 군사를
뒤에 거느리고,
스물네 살 나이에,
옅은 붉은색 털로 덮인 몸통에 흰 털 덮인 머리의
호지르 올란 보랄 (말)을 가진
예르글뤼의 아들
볼리모드의 차가운
검은 사날이
이끌고 앉았네.
다음 사람으로 말하자면
노파가 보면
'이 사람이 내 자식이면 얼마나 좋을까!' 하고
간장이 오그라드는,
보통 사내가 보면
일찍이 못 본 것이
불행 중 다행이었다고 생각하는,
여인이 보면
젖가슴의 두 단추가 저절로
벗겨져 나가는,
아낙네가 보면
튼튼한 비단 허리띠가 저절로 풀어지는,
우주의 미남 밍얀이
이끌고 앉았네.
왼편의 보동들은

지나온 아흔아홉 해의 일을
알 수 있는,
오지 않은 아흔아홉 해의 것을
예언해 열거할 수 있는
아르슬랑의 큉캔 알탄 체지가
이끌고 앉았네.
다음으로 말하자면,
일흔 마리 사슴의 주걱뼈를
겹으로 놓고 태우는,[11]
외고집의 빠른 하라[12]를 가진
해슨 귀잰 겸베가 이끌고 앉았네.
세 번째 사람으로 말할 것 같으면,
타와르[13] 검은 강철의 소리가
'뚜거덕' 하는 소리와 함께
여유 있게 퀴렝 갈잔 말이 (단걸음에)
다섯 목영지 거리[14]에
불꽃처럼 튀어 올라갔다 내려오는,
두드려 버린 곳은

11 일흔 마리 사슴의 주걱뼈를(Далн буhин далыг) 겹으로 놓고 태우는(Давхр тәвәд түлдг): 점복의 능력이 있는 사람임을 뜻하는 것으로 보인다.

12 외고집의 빠른 하라(Хажрин хурдн Хар): 말의 특징(고집이 세고, 빠르며, 온몸이 검은 털로 덮인)이자 말의 이름.

13 타와르(Тавр): 뜻은 미상.

14 다섯 목영지 거리(Тавн бүүрә hазр): 어느 한 곳에서 다른 한 곳 사이에 5개의 목영지가 있는 거리로, 실제 얼마나 되는 거리인지 일률적으로 말하는 것은 불가능하다.

다섯 해의 봉인처럼 되어 내려오는,
소리 나는 큰 도끼를 든
퀸데 가르타
나친 사와르[15]가
이끌고 앉았네.
그렇게
멋있는 노랑 얼룩무늬 대궐에서
활기찬 아르자 술자리에 앉았을 때
해가 나오는 북쪽에서
늘씬한 제르데 말을 가진
나란 올란이라는 용사가
멋있는 노랑 얼룩무늬 대궐과
봄바의 흰 궁장을
바르게 돌아서,
서남쪽에
와서 내려,
부어 만든 은제 후릿고삐를
차례로 던져 버리고,
깊게 밟고 가서,
오백 개의 문을 당겨
오천 개의 종을 울리고

15 퀸데 가르타 나친 사와르(Күнд Һарта Начн Савр): 직역하면 '무거운 손을 가진 매 발톱'. 이 사람의 이름을 구성하는 앞의 세 어휘는 별명이고 이름은 '사와르'이다.

한가운데로 가서
그럭저럭 앉았네.
백단향나무 보좌 위에 납신
잿빛 푸른 해동청의 눈을 가진
독존 성주 장가르의
앞에 와서,
이리저리 왔다 갔다 하다가
말하네.
"영예로운 성주의 곁에서
세 마디 말씀[16]을
아뢸 수 있겠습니까?" 하고 묻네.
"괜찮다, 소년이여, 말하라!
살펴보고, 또 보니,
애호 독신 망나 임금[17]의
사자인 게로구나, 너는." 하고
성주 장가르가 말씀했네.
"말하라고 한 우리 임금의
분부도 있었습니다.
말하고 싶은 제 소망도 있었습니다." 하고

16 세 마디 말씀(Амн үгин һурвн неец): 직역하면 '입말의 세 열음'. неец는 사전들에서 확인되지 않으나 비트케예프들(1990b: 476, 주 82)은 '열다, 열기, 열음(сеех)'으로 풀이하였다.

17 애호 독신 망나 임금(Әәх Догшн Маңна хаана): 직역하면 '가공(可恐)할 흉맹한 선봉 임금'.

헝클어진 (머리카락이)[18] 근사한 머리로
두드리며[19] 세 번 절하고,[20]
앞쪽에 무릎을 꿇고 앉아서,
가로막에 두 손을 합장하여 잡고
말하네.
"'해에 그늘을 삼겠다,
전쟁에 울타리를 삼겠다,
대단한 붉은 홍고르를 달라'고 했습니다.
'열두 전쟁의 길에서 타고 있을 때
편안하게 될 것이다' 하고,
아란잘 멋진 제르데를 달라고 했습니다.
'공주 샤브달 하탄을
손에 물을 붓게 하고 있을 때[21]
편안하게 될 것이다' 하고
귀부인 게렌젤을 달라고 했습니다.
'열두 전쟁의 둑을
들게 하고 있으면 어울리겠다' 하고
알랴 숑코르를 달라고 했습니다.
일곱 대를 뒤따르게 한
찬란한 노란 둑을 달라고 했습니다.

---

18 헝클어진 (머리카락이)(саврсавhp}).

19 두드리며(санж{савж}).

20 고두삼배(叩頭三拜)하는 모습을 묘사한 것이다.

21 '내가 손을 씻을 때 내 손에 물에 붓게 하면', 즉 '하녀로 부리면'이라는 뜻이다.

'요구한 모든 것을 주지 않으면
천이백만 군대를 풀어
아르 봄바의 바다를 말려 버리겠다' 하라고 시켰습니다."
라고 말하고는 앉았네.
정예 육천
열둘이 그대로
아무 소리도 없이 장가르네가
서로 보고 앉아만 있었네.
오른편의 보동들을 이끌고 앉은
대단한 붉은 홍고르 쪽을
뒤로 돌아보자,
그릇만 한 담갈색 검은 눈은 바닥이
서른세 번 뒤집히는 것이 보이네.
고동치는 심장은
흉복통을 두드리고 나와 있는 것이 보이네.
열 개의 흰 손가락은
소매 안에 모여 쑥석대며 가는 것이 보이네.
"수가 없이 된 모양이다." 하고
"영예로운 성주 장가르여,
목숨을 구하소서!" 하고
나란 올란[22] 용사가

---

22 나란 올란(Нэрн Улан{Нарн Улан}).

무릎을 끌어안고 쓰러져
있네.
영예로운 성주 장가르가 분부를 내리기를,
“강력한 망가스 임금과
사람이 다툴 수 없고,
이 소년이 하는 말에
전혀 흠이 없으니,
너는 내일 내 심부름으로 가면,
내가 하고자 하는 말을 역시
외방에 말하는 것이 마땅하다!
홍고르는 자제하고 있거라.” 하고 말하고 있었네.
홍고르가 도로 물러나 원래대로 앉았네.
성주 장가르가 분부를 내렸네.
“이 소년은
사리에 맞는 말을 했으니
음료를 주어라.
네 뒤에서 우리 스스로 의논해서
처리할 것이다.” 하고 말했네.
음료를 따라 주었네.
마셔 버리고, 뒤에다 세 번 절하고,
“자비에 감사드립니다.” 하고,
나가서, 가 버렸네.
가 버린 뒤에
으뜸 말치기 보르 망나가

멋있는 노랑 얼룩무늬 대궐과
봄바의 흰 궁장을
바르게 돌아 나와서 보네.
퀴켄 산의 기슭에
닿아 가는 것이
단박에 번쩍하고 보이네.
하늘에 말아 올라간
붉은 티끌이 되어, 가고 또 가네.
도로 돌아 들어와 닿아 왔네.
성주 장가르가 분부하네.
"자, 우리에게 무엇이 보이고 갔느냐?
무엇이 들리고 갔느냐?
알탄 체지는
이 자리의 용사들에게
세 마디 말을
해 주지 않겠는가?" 하고 말하네.
퀑캔 알탄 체지가
이야기하네.
"돌아오는 우르스 달의 초여드렛날에
에르켈뤼의 은빛 흰 산의 꼭대기로 와서,
우리의 대단한 붉은 홍고르와
아르슬랑의 (아들) 장사 차간이 전투를 벌이려고,
불린 강철로 칼등을 낸,
금강 강철로 날을 낸,

북채 같은 칼[23] 제 흉맹한 검은 군도의
날을 일곱 번 거듭 핥고 있습니다.
흉맹한 검은 군도의 날을
일곱 번 거듭 핥고 있습니다.
이 길에서 우리에게
좋은 일은 보이지 않게 되어 있습니다!"
하고 말하네.
그러자, 오른쪽에서
홍고르가 일어나 고함을 지르네.
"쏟고 갈 것은
한 그릇 피,
바래 갈 것은
여덟 개 긴뼈,
어느 산의 기슭에서 바랠
열 개의 흰 뼈를 아끼겠는가?
못 박인 손을 가진 노예가 되어,
외방에 가서 노동을 한다고는 절대로 생각할 수 없다.
비록 굶뜨다 해도
내 쾨케 갈잔에게
말갖춤을 지워라!" 하고 고함치며 일어나네.
살와의 푸르고 아름다운 기슭에서

---

23 북채 같은 칼(Доклур{Докиур}).

멋진 준마 틈에서 돌아다니는
오출 쾨케 갈잔 쪽으로
보통의 쉰 명 대신의 아들들이 달리고, 일어나,
봄바의 흰 궁장의 오른쪽 문지방에
신성한 비단 후릿고삐를
끌어 데리고 와서,
봄바의 흰 궁장의
오른쪽 문지방에서 말갖춤을 지우네.
이 불같이 붉은 쾨케 갈잔 준마가
내리 이레 동안 달릴 것을 생각하자,
신성한 비단 후릿고삐를 잡은
보통의 쉰 명 대신의 아들들을
여기저기
잡아 던지고 있네.
대단한 붉은 홍고르가 자신의 무구를 갖추고,
옷매무새를 가다듬고, 온갖 무기를 옭매듭으로 고정시켜 잡고
신성하고 흰 부적에 머리 대어 절하고,
생명의 여의보주로 치료케 하고,
영예로운 성주 장가르께
말하네.
"돌아오는 우르스 달의
초여드렛날부터
제가 넘고 있을 때는
알탄 체지 스스로 예언할 수 있을 것입니다.

그 안에는 저를
보지 마소서!" 하고는
봄바의 흰 궁장과
멋진 노랑 얼룩무늬 대궐을
바르게 돌아, 나가서 가네.
이 불같이 붉은 쾨케 갈잔 준마가
쏜 총의 총알처럼 미끄러져 갔네.
메마른 곳의 도마뱀[24]처럼
물 없는 웅덩이를 통해 가네.
풀 없는 사막을 향해 가네.
불같이 붉은 쾨케 갈잔 준마가
입에다 힘을 줄 것도 없이 가고 또 가네.
아가르 백단향나무 (같은) 고삐를
손바닥으로 세 번 감아 잡고 당긴 쪽
손바닥에서 나온 혼탁한 붉은 즙을
오른쪽 왼쪽 양쪽으로 흘리고 가는 것이 홍고르에게 보이네.
'이제 왜 이렇게 되는 것인가?' 하고,
발아래서 한
움큼 흙을 움켜잡고,
데지인 성주의 나라
지고의 여러 부처님들을 부르고,

24 도마뱀(гөлүрү): 비트케예프들(1990b: 476, 주 83)의 '도마뱀(гүрвлh, гүрвлдә)' 참조.

세상인 어머니와 아버지를 부르고,
위로 뿌려 버리네.
보석 샘의 비가
돌면서 따라오며 내리네.
보석 비의 바람이
돌면서 따라서 올라가네.
목말라 다니던 차에 목마름이 해소되네.
주리고 다니던 차에 배가 부르네.
이 불같이 붉은 쾨케 갈잔 준마가
놓치지 않고 에르클뤼의 얼음산을
넓적다리를 편안히 하고, 실수하지 않고 올라가 도달하네.
말에서 내려, 부드러운 비단 후릿고삐를 잡고,
줄 뱃대끈과 뱃대끈을 늦추고,
사방을 둘러보네.
아무것도 보이지 않네.
둘러보며 일 년을 앉아만 있었네.
(그래도) 보이지 않았네.
위에서 뜨거운 해의 지독함에
밑에서 바윗돌의 단단함에
크나큰 능력이 줄어들고 있음이
스스로에게 느껴지네.
"이제 와서, 아르 봄바의 변경으로 내가 들어가면,
가장 어린 아이도 말할 것이다.
'이 솔 검댕 같은 곰이 온다!' 할 것이다.

열 개의 흰 뼈를
이 산의 기슭에서 바랠
시간이 되었다!" 하고 말하고 앉네.
돌아오는 우르스 달의 초여드렛날에
오촐 쾨케 갈잔에 말갖춤을 지워,
줄 뱃대끈과 뱃대끈을 조여 잡고,
신성한 비단 후릿고삐를 잡고,
왼쪽 오른쪽 양쪽을
둘러보네.
아무것도 보이지 않네.
해가 나오는 북쪽을 둘러보자,
하늘에 말려 올라가는 붉은 티끌이 보이네.
'이제 이것이다!' 하고 생각하고 있자니,
비, 우박의 먼지인지도 모르게,
빠른 차간[25]의 먼지인지도 모르게,
속력을 내어 닿아 오네.
"백 나라에서 웃음거리가 되고,
여섯 나라에서 말썽꾼이 되어 앉아 있는
너는 무슨 중생인가?" 하고,
기도깃발 같은 근사한 주걱뼈를
누르고 지나가네.

---

25 빠른 차간(Хурдн Цаһан): 적의 이름도 차간이지만 '빠른'이라는 수식어로 미루어 말의 이름일 것이다.

뒤에서 오촐 쾨케 갈잔을
잡아타고 역시 추격해서,
기도깃발 같은 근사한 주걱뼈를
누르고 지나서,
넘어서 가 버리네.
도로 같이 돌아와서,
두 준마 위에서
당겨 잡은 몸은
무거운 검은 안장방석에서
움직여 주지를 않네.
불린 강철로 칼등을 낸,
금강 강철로 날을 낸,
북채 같은 흉맹한 검은 군도로 탁,
일곱 번씩, 여덟 번씩 베고 갔네.
따라가 함께 있네.
내려서, 두 준마를 진정시키고,
내리 이틀 동안
전투를 벌이다가,
홍고르가 몸이 따라 주지 않자
“내게 수가 없어졌다,
네 마음대로 되어라.” 하고
뻗쳐 누워 주네.
허우적거리는 (홍고르의) 네 활개를
멋진 오촐 쾨케 갈잔의

둑 같은 꼬리에 매어 잡고,
낙엽송 나무의 뿌리로,
바윗돌이 단단한 곳으로
도로 데리고, 계속 나아가네.
알탄 체지의 양을 돌보며 다니는
등이 우묵한 두 살짜리 검은 망아지를 가진 소년의
옆으로 지나가다,
오츨 쾨케 갈잔과
붉은 홍고르를 알아보고,
마주 가로질러 뒤쫓기 시작하네.
두 살짜리 검은 망아지가 두 번을 가까스로 따라잡았으나,
세 번째에는 뒤처지기 시작하여,
계속 가게 되네.
양을 도로 몰아서
아르 봄바의 나라로 들어가,
내리 이레를 달리게 해서
아르 봄바의 나라에 서 있는
영예로운 성주 장가르의
봄바의 흰 궁장의
왼쪽 문지방에서
"아르슬랑의 (아들) 장사 차간,
그리고 대단한 붉은 홍고르!" 하고 말하고는
목숨이 끊어지고,
기절해 쓰러져 날려 가네.

내게르 백단향나무[26] 보좌 위에 납신
독존 성주 장가르의 가슴 위에 놓아 주네.
신성한 흰 부적으로 축복케 하고,
생명의 여의보주의 신통력으로 (깨워내),
"자, 무엇을 보았는가, 무엇을 들었는가, 말하라!" 했네.
"우리 대단한 붉은 홍고르를
허우적대는 네 활개를
말 궁둥이 위에 결박하고,
멋진 오촐 쾨케 갈잔 준마의
둑 같은 꼬리에 묶어,
낙엽송 나무의 뿌리로,
바윗돌이 단단한 곳으로
내 옆으로 지나가는 몸을 마주 쫓아가
등이 우묵한 두 살짜리 검은 망아지가
가까스로 두 번 따라잡았습니다.
세 번째에는 처지기 시작했습니다.
닿을 수 있었더라면
목과 머리를
떼어 버릴 것이었습니다!" 하고 말하고,
소년이 울고 있었네.
"당장 나가서 신호를 보내라!" 하네.

---

26 내게르 백단향나무(Нэгр зандн): 백단향나무의 일종이겠으나 사전이나 연구서들에서 확인되지 않는다.

말치기 보르 망나가
큰 신호를 보내니,
큰 군대가 오네.
가운데 신호를 보내니,
가운데 군대가 오네.
작은 신호를 보내니,
작은 군대가 오네.
요란한 소리를 내며, 육천
열둘이 그대로
화려한 노랑 얼룩무늬 대궐과
봄바의 흰 궁장을
둘러싸고, 요란한 소리를 내며 서네.
아란잘 제르데 말에
편안하고 근사하게 말갖춤을 지워,
영예로운 성주 장가르에게 데려오네.
"영예로운 준마가 준비되었습니다." 하고,
영예로운 성주 장가르가
신성한 흰 부적을 받고,
살아 있는 여의보주를 매어 달고,
창과 군도를 잡고,
아란잘 제르데 위에서
귀부인 게렌젤 하탄에게 말하네.
"귀부인 게렌젤 하탄이여,
열다섯 해가 돌아올 동안

평안하고 건강하게 계시기를!
황금 고삐를 돌려
평안하고 건강하고 기쁘게들 오겠소이다.
우리가 올 때까지, 이 알탄 체지의 양치기 소년을
마음대로 하도록 하시오!" (하고)
정예 육천
열둘이 그대로
요란한 소리를 내며 말에 올라, 나가서 출발하여 가네.
타와르 검은 강철의 편자의
'뚜거덕' 하는 소리와 함께
여유 있게 사나운 쿼렝 갈잔 말이
다섯 목영지 거리를 (단숨에)
불꽃처럼 튀어 뛰어올랐다 내려가네.
소리 나는 큰 도끼를 든 퀸데 가르타
나친 사와르가 도로 돌아와서,
"낮의 이야기가 된,
밤의 꿈이 된 나의 성주여,
아르슬랑의 (아들) 장사 차간이
어느 산의 기슭에 와서,
전투를 벌일 것입니까?" 하고 묻고 가네.
"아직도 거리가 멀다." 하고 가네.
내리 이레를 달리게 해서,
해가 저무는 북쪽에 있던
애호 독신 망나의 봄바로

들어가 닿아 오네.
"이렇게 큰 봄바의 나라에
무엇이 있다고 했더냐?" 하고,
삼면을 둘러보았을 때,
바윗돌만 한 검은 말을 타고,
열아홉 길
차가운 검은 군도를 제 뒤에다 끌고,
애호 독신 망나가
나와서 다가오는 것이 보이네.
"이것은 어떤 중생인가?" 하고,
자세히 살펴보았네.
머리 쪽을 살피자,
금강 검은 강철이 되어 보이네.
바깥 몸을 보아하니,
솥 검댕 같은 검은 무쇠가 되어 보이네.
"마주쳐 온 뒤로는
자유롭게 놓아둘 수 없는 중생
이었던 모양이네, 이것이!" 하고 예언하네.
목숨의 틈을 보아하니,
가로막의 아래쪽에,
배꼽의 위쪽에
있을 것으로 보이네.
"일단 활을 쏘고 온 뒤에는
수가 없는 중생일 것이다." 하고,

아란잘 멋진 제르데를 척 하고 멈춰 세우고,
창을 뽑아 잡고,
목숨의 틈을 쏘아 버렸네.
뒤에서 따라 달려서 닿아 가자
저 너머 세 척 깊이 되는 곳에
독신 망나가 누운 것이 보이네.
와서 창을 당겨 뽑자
창의 등에 금이 난 것이었네.
'이제 어떻게 한다?' 하고 서 있는데,
차가운 검은 사날이 모둠발로 달리게 해서 오네.
"낮의 이야깃거리가 되신,
밤의 꿈이 되신 나의 성주여,
우리의 쾨케 대장장이가 이레 거리에 (있습니다.)
아란잘에게 (최단시간에 왕복하겠다는) 다짐을 받으십시오.
그대가 올 때까지, 제가 이들을 이렇게 해서,
몰아붙여 베고 있다가,
여자 사람보다 밑으로 만들어 버리겠습니다, 제가." 하고 말하네.
다음날 정오 무렵에
이레 거리 되는 곳을 줄여 잡고,
창을 실어 눌러 잡고,
영예로운 성주 장가르가 달리게 해서 가네.
이튿날 정오 무렵에
쾨케 대장장이에게 닿게 해서 가네.
물과 기슭 사이에서

아란잘 멋진 제르데를 진정시키고,
창을 안장 앞가리개에 걸어 두고,
옴투성이 소년이 되어,
쾨케 대장장이에게 달려서 닿아 오네.
문을 열고, 들어가 다가가네.
큰 쾨케 대장장이가
큰 망치를 지고
달려서 닿아 오네.
얼굴에 불이 있고
눈에는 불꽃이 있는 것이 보였네.
"내게 묻지도 않고 들어오는 자는 무엇 하는 중생이냐, 네 이놈?" 하고,
큰 망치를 어깨(빗장뼈 부위)에 올린 채 달려서 오네. (와서는)
"굶주린 해동청의 눈이 예리해지듯
독존 성주의 몸도 자라나는 것 아니었습니까?
그대가 세 살 적에 만들게 한 창입니다.
애흐 독신 망나와
전투를 벌일 때
다시 한 목숨을 해쳐
괴롭힐 것이다 하고 생각했습니다.
당장 가져오십시오!" 하고 말했다고 하네.
성주 장가르가 달려 나가서
가지고 왔네.
한 번 누르는 데 스물다섯 사람이

누르는 풀무를 갖고 있었네.
성주 장가르가 혼자서 움켜잡고
눌러 버리자,
그릇만 한 붉은 불꽃이
시방으로 흩어져
산 사람이 집에 있을 수가 없었네.
나와서, 떠나갔네.
쾨케 대장장이가 다리에 절하고 앉아,
풀무를 가져다 눈밭 가운데서 만들어 주네.
이튿날 정오 무렵에
달리게 해서 도달해 오자,
육천열두 용사는
산의 반을 빼앗으며 베고,
물의 반을 밀어붙이며 베고,
궁수 전부를 떼어내 베고,
좋은 자, 나쁜 자를 가려 베고,
산의 반을 빼앗으며 베고,
가파르고 큰
물의 반을 밀어붙이며 베고,
바다 기슭으로 몰아붙여 베고,
끝장을 내고 있다가 만난 것이네.
장가르네가
고아 소년,
주린 개도 남기지 않고

베어 버렸네.
장사 묑겐 식셰르게가
정예 육천
열두 용사들에게
독한 아르자 술을 커다란
쇠 술통에 담아 지고
당도해 왔네.
"아버지, 평안히 잘 다니십니까?" 하고
일제히 일어나 받아 내려
술자리를 벌이고 앉아서,
주린 것은 배를 불리고
목마른 것은 음료로 풀고
쉬고 즐기며 앉았을 때
성주 장가르가 용사들에게 말하네.
"이 봄바의 나라에서 아무것도 아끼지들 말라,
활기찬 큰 잔치를 하고 있으라,
여러분은 이곳에서 잔치를 하고 있으라,
나는 홍고르를 찾겠다." 하고 나갔다고 하네.
아란잘 멋진 제르데를 타고,
창을 비껴 잡고,
북쪽에 있는 도시의 대궐 하인 마을을 따라가다
나와서 계속 나아가다가,
"나의 대단한 붉은 홍고르를
어디로 데려다 버렸는지 아느냐?" 하고 묻자

한 노인이 마주쳐
말하네.
"영예로운 성주 장가르여,
이 뒤에 있는 대궐 하인 마을의 도시에
무녀 흰 무격이 있습니다.
그에게서 물으십시오, 그가 본 것처럼
말해 드릴 것입니다, 그대에게."
하고 말하네.
무녀 흰 무격에게 와서 묻자,
"영예로운 성주 장가르여,
제가 징조를 셋을 잡겠습니다.
그보다 넘어서 잡지 않습니다." 하고 말하네.
"자, 괜찮다. 말해라!" 하자,
"먼저 잡은 징조에는 이렇게 내립니다.
'왼데르 망칸 산의 꼭대기 위에 누운
굶주린 사자의 목에 들어간 모양이다'
하고 내립니다.
두 번째로 말하자면,
'높은 백단향나무의 꼭대기 위에 앉은
굶주린 사다새의 목구멍에 들어 있는 모양이다'
하고 내립니다.
세 번째로 말하자면,
'바깥의 큰 바다의 기슭에 누운
백 길 길이에

여섯 길 굵기의,
옹호자 검은 창꼬치의 입에
확실하게 있다' 하고 내립니다."
아란잘을 늘어뜨려 잡고,
창을 휘둘러 잡고,
왼데르 망칸 산의 꼭대기 위에 누운
굶주린 사자에게 달리게 하여 다가갔네.
"영예로운 성주의 곁에서
목숨을 살려 주소서!
그대의 떠돌이는 제게 없습니다!" 하고,
배 안에 있는 것을 남기지 않고
토해 꺼내 주었네.
거기서 나와서, 높은 백단향나무의
꼭대기 위에 앉은
굶주린 사다새에게로 달리게 하여 다가갔네.
다시 뱃속에 있는 것을
남김없이 토해 꺼내 주네.
"그대의 떠돌이는 우리에게 없습니다!" 하고 (말했네.)
큰 바다의 기슭에
저녁 서늘함에 나와 누운
백 길 길이에
여섯 길 굵기의
옹호자 검은 창꼬치에게
뒤편으로 돌아서,

물과 기슭의 사이에서
아란잘 멋진 제르데를 진정시키고는
창을 휘두르며 다가오자,
옹호자 검은 창꼬치가
제 뒤를 돌아보고,
"영예로운 성주 장가르여,
목숨만 살려주시오!
그대의 떠돌이는 제게 있소!" 하고,
토해 꺼내 주고는
물로 들어가, 가 버리네.
당도해서 보니,
일곱 겹 불친 수소 가죽에
놓고 씌운 것이었네.
일곱 마리 불친 수소의 가죽으로 씌운
홍고르를 받아 보니,
열 개의 흰 뼈가 누워 있네.
'자, 저것을 어찌한다?' 하고,
바다에서 떼어내 잡아
일곱 마리 불친 수소의 가죽 위에
때 묻지 않은 하닥을 놓고
열 개의 흰 뼈를 잘 맞게 놓고,
보석 연꽃의 세 잎사귀를
배 위에 놓고,
'이제 갑자기 일어나게 되면,

나와서 나와
싸우고 떠날라' 하고
목까지 구덩이를 파고,
구덩이에 들어가 세 번 외치네.
"보석 나무의 잎이면
이 홍고르를 낫게 하소서!" 하고
세 번 외치는 소리에,
'그리고 이렇게 오래
사람이 자기도 하는 것일까?' 하고,
대단한 홍고르가
앞 머리카락을 빗질하고, 일어나서 오네.
'이상한 일이다.
독존 성주의 목소리가 나고 있다.
가까운 데 없지 않은가?' 하고,
이리저리 돌아다니면서 보고 있네.
그러다 수가 없이 되어,
(장가르가) 팔꿈치까지 오른손을 보이네.
보아 버리자 속력을 내어 와서,
둘이 함께 울면서,
지나간 이야기를 하며 같이 울면서,
눈물을 쏟아내고 끌어안고,
육천
열두 용사에게 와서
잔치를 하고,

홍고르가 다시 몸을 회복하자
성주 장가르께 청하네.
"아란잘 제르데를 성주 장가르께서 제게 주시면,
아르슬랑의 (아들) 장사 차간을 찾겠습니다." 하네.
"그래, 괜찮다, 가거라!
네가, 찾으려면, 이 뒤 대궐 하인 마을에
호르단 무녀가 있으니,
그에게서 물어라.
그가 너에게 가리켜 줄 것이다."라고 하네.
아란잘을 잡아타고
흰 무녀에게 당도해서,
"아르슬랑의 (아들) 장사 차간이
어디 있는지 내게 말해 주시오."라고 하네.
"북쪽으로 난 유독한 나뭇가지의 머리에,
두 준마를 매어놓은 사이에 앉았소.
'대단한 붉은 홍고르라는 사람이 어디서 와서,
나와 전투를 벌일 것인가?' 하고,
사방을 둘러보고 있소."라고 하네.
아란잘에게 다짐을 놓아 속력을 내게 해서
유독한 나뭇가지의 머리에 당도하네.
빠른 차간과 오촐 쾨케 갈잔의 사이에
아르슬랑의 (아들) 장사 차간이 앉았네.
"백 나라에 웃음거리,
여섯 나라에 말썽꾼이 되어,

두 준마의 사이에
끼어 무엇을 하고 앉았느냐, 너는?
이리로 일어나라!"라고 하네.
나와서 다가오네.
"세상의 차례가 있어서,
여러 부처님의 자비가 있으니,
이제 네 위로 내가 나오지 않겠는가?" 하고
내리며, 몸을 날리며, 전투를 벌여,
허우적대는 네 활개를
엉덩이 위로 묶고,
멋진 오출 쾨케 갈잔의 둑 같은 꼬리에,
멋지고 빠른 차간의 둑 같은 꼬리에,
묶어 잡고 당도해 오네.
가장 흉한 죽음으로 죽게 하고,
마디마디를 모두 베어,
일곱 마리 불친 수소의 가죽으로
겹으로 놓고 싸매서,
바위만 한 돌을 매달아
큰 바다의 기슭에서 던져 버리고,
황금 고삐를 돌려
열다섯 해 만에
아르 봄바의 나라에 와서,
쉬고 즐기며
멋있는 노랑 얼룩무늬 대궐에서

열다섯 해의 지나간 고통을 잊고,
편안하고 아름다운 말을 하며,
활기찬 아르자 술자리에 앉아들 있네.

❁ 참고문헌

서울大學校 奎章閣韓國學研究院(編)(2006), 『蒙語類解 捷解蒙語』, 奎章閣資料叢書 語學篇(八).

유원수(2011), 『장가르 1』, 파주: 한길사.

유원수(2016), 『장가르 2』, 서울: 서울대학교출판문화원.

두게르수렝 Дүгэрсүрэн, Түмэннасангийн (Халимаг хэлнээс хөрвүүлсэн)(2000), Улаанбаатар: "Полиграф" хэвлэлийн газар.

람스테트 Ramstedt, G. J. (1976), *Kalmückisches Wörterbuch*, Helsinki: Suomalais-Ugrilainen Seura.

모닌 Мунин, Бембе (Редактор)(1977), *Хальмг-Орс толь*, Москва: ≪Орс Келн≫ нерэлдһтэ дегтр һарһач.

바르다예프들 Бардаев, Э. Ч., Джамбинова, Р. А., Монраев, М. У., Каляев, А. Л., Кичиков, А. Ш., Корсункиев, Ц. К., Монраев, М. У., Муниев, Б. Д., Павлов, Д. Л., Убушаев, Н. Н. (2004), *Би Хальмг Кел Дасчанав: Хальмг-орос толь*, Элст: Хальмг дкгтр һарһч.

볼드들 Болд, Л.(Ерөнхий редактор) нар (2008), Монгол хэлний дэлгэрэнгүй тайлбар толь, I-V, Шинжлэх Ухааны Академи Хэл Зохиолын Хүрээлэн, Улаанбаатар: "Соёмбо принтинг" хэвлэх газар.

볼로르 사전 *Bolor Dictionary*, http://www.bolor-toli.com/.

비트케예프 Виткеев Н. Ц.(Перевод)(1988), *Калмыцкий Народный Героический Эпос: Эпический репертуар Мукебюна Бамангова*, Калмыцкое книжное издательство: Элтста.

비트케예프 Биткеев, Н. Ц. (2001), *Джангарчи (На русском и калмыцком языках)*, Элиста: АПП Джангар.

비트케예프들 Биткеев, Н. Ц., Овалов, Э. Б. (составление, подготовка текстов, исследование, комментарий и словарь) (1990a), *Җаңһр-Хальмг Баатрлг Эпос (Джангар-Калмыцкий геройческий эпос)*, Серия Эпос народов СССР, Москва: НАУКА, Главная редакция восточной литературы, Институт мировой литературы им. А. М. Горького, Калмыцкий институт общественных наук АН СССР.

비트케예프들 Биткеев, Н. Ц., Овалов, Э. Б. (Ответственные редакторы)(1990b), *Җаңһр: Хальмг Баатрлг Эпос*, СССР-ин Номин Академий, Общественн Номин Хальмг Институт, Элст: Хальмг Дегтр һарһач.

알렉세예바 Алексеева, П. Э. (Составитель) (2001), *Джангар и Джангароведение: Библиография*, Элиста: Калмыцкое книжное издательство.

잠차 賈木查(主編)(2005),『史詩《江格爾》校勘新譯』, 烏魯木齊: 新疆大學出版社.

체레미소프 Черемисов, К., М. (1951), *Бурят-монгольско-русский словарь*, Москва.

초이종잡들 Čoyiǰungǰab, Na. Gereltü (nayiraγulba) (1998), *Oyirad ayalγun-u üges*(衛拉特方言詞彙), Mongγol töröl-ün kele ayalγun-u sudulul-un čubural 020, 呼和浩特: Öbör mongγol-un yeke surγaγuli-yin keblel-ün qoriy-a.

클로슨 Clauson, Sir Gerard (1972), *An Etymological Dictionary of Pre-Thirteenth-Century Turkish*, Clarendon Press: Oxford.

토다예바 Тодаева, Б. Х. (1976), *Опыт лингвистического исследования эпоса《Джангар》*, Элиста: Калмыцкое книжное издательство.

토다예바 Тодаева, Б. Х. (2001), *Шинҗәнә өөрд келнә толь*, Элст: Хальмг дегтр һарһч.

퓌르밴 Пүрбән, Г. Ц. (1996), *Хальмгудын заңшалта бәәцин тәәлвр толь*, Элст: Хальмг дегтр һарһч.

칼미크-오이라드 민중

유목과 수렵을 하며 '숲의 사람들'이라고 불리던 오이라드 사람들은 1207년 칭기즈칸에게 항복한 이래 그의 후손들에게 종속된다. 1635년 오늘의 중국 신장 북부, 내몽고 서부, 몽골 서부에 걸쳐 준가르 제국을 건설하여, 칭기즈칸의 후예인 할하 몽골에 맞서다가 청과 할하 몽골 연합군에게 학살된다. 1755년 준가르를 완전히 정복한 청은 오이라드 사람들을 산지사방으로 흩어지게 한다.

한편 전쟁을 피하기 위해 러시아로 이주하기 시작한 오이라드 사람들 가운데 선발대가 1618년 처음 볼가강 유역에 도착하여 150여 년을 살았으나 러시아 황제를 위한 온갖 전투에 방패막이로 나섰음에도 종교적 신념으로 인해 늘 탄압받았다. 청과의 오랜 협상 끝에 귀환을 허락받은 이들은 1771년 20만 명이 함께 귀환 길에 오르지만 연도의 이민족들의 습격을 받아가며 겨우 3분의 1만이 준가르에 도착한다. 한편 볼가강 유역에 남은 사람들은 칼미크로 불리는데, 이들은 1943년 나치 독일에 부역했다는 누명과 함께 시베리아와 중앙아시아 여러 지역으로 강제이주를 당한다. 14년 뒤 명예회복과 함께 귀환했을 때 전체 인구의 22퍼센트가 줄어 있었다. 『장가르』는 기구한 운명에 몸부림쳐야 했던 칼미크-오이라드 민중이 구원자의 출현을 꿈꾸며 부르는 한 맺힌 절규다.

니콜라이 체데노비치 비트케예프 Николай Цеденович Биткеев

칼미크인이며 1943년에 태어나서 2013년 7월 8일 작고했다. 칼미크사회과학연구소 교수, 문헌학 박사, 『장가르』 연구의 세계적인 권위자다. 『장가르』 연구를 필생의 과제로 삼아 번역과 주석에 힘썼으며, 신화와 문학으로서의 성격을 구명하고, 텍스트 편찬과 전문 연창자인 장가르치들에 대한 연구로 귀중한 업적을 세웠다. 2008년 7월 전북대학교에서 열린 국제알타이학회에 초청되어 논문 「영웅서사시 장가르 속의 신화」를 발표하기도 했다. 대표 저서로 『장가르치』(2001), 『영웅서사시 장가르』(2006) 등이 있다.

에드윈 바드마예비치 오발로프 Эдвин Бадмаевич Овалов

칼미크인이며 1935년에 태어났다. 문헌학 박사, 장가르 연구센터 소장. 『장가르』 연구, 칼미크어 문헌 연구의 세계적인 권위자로서 『장가르』, 자야 판디타와 그가 창제한 토도 문자 문헌 등에 관한 수많은 저술을 냈으며 관련 주요 국제학술대회를 조직하고 논문집을 편집하였다. 대표 논저로 「영웅서사시 장가르의 판본의 유형에 관한 문제」(1987), 『세 샤라이골 임금과 관련된 영웅서사시적 모티브』(1999) 등이 있다.

유원수 柳元秀
미국 인디아나대학교 우랄·알타이학과(현 중앙유라시아학과)를 졸업하고 「몽골어의 부정법에 관한 연구(A Study of Mongolian Negation)」로 박사학위를 받았다. 현재 서울대학교 인문학연구원 교수로 재직하고 있다. 지은 책으로 *A Study of the Mongol Khamnigan Spoken in Northeastern Mongolia*, 『몽골의 언어와 문화』 등이 있고, 주해한 책으로 『몽골비사』, 『게세르 칸』, 『장가르 1』, 『장가르 2』 등이 있다. 옮긴 책으로는 『맑은 타미르 강』, 『유라시아유목제국사』(공역) 등이 있고, 그 밖에 몽골어와 몽골문화에 대한 여러 편의 글을 발표했다.

❁ 문명총서 발간사

서울대학교 인문학연구원은 2007년 11월 한국연구재단의 인문한국(HK) 사업을 수탁하여 HK문명연구사업단을 출범시켰다. 한국과 아시아, 세계를 향한 문명연구의 허브를 구축하기 위해 '한국 인문학'의 정립을 목표로 인문학 제 분야는 물론 인근 분야의 전공자들까지 한 지붕 아래 모였다.

인문학연구원이 한국 인문학의 도약을 위해 핵심 과제로 주목한 것은 문명에 대한 새로운 이해이다. 문명이란 장구한 세월 동안 인류가 일구어낸 정신적·물질적 성과들의 종합이며, 타 문명들과 서로 영향을 주고받으며 진화해온 복합적 실체이다. 이에 대한 심층적인 이해가 선행되지 않는다면, 현재와 미래에 대한 유효적절한 준비와 대응은 불가능하다.

'문명텍스트총서'는 인문학 안팎의 다양한 전공을 가진 우리 연구원의 연구자들이 자신의 영역에서, 과거와 현재 문명의 정수와 그에 대한 인식을 담은 중요한 텍스트를 선정하여 번역하고 주해한 결과물이다. 이는 긴 시간의 노동을 요하면서도 성취가 단기간에 가시화되지 않는 우직한 작업이지만, 인류의 유산을 한국화하는 이 같은 작업이 주체적으로 세계문명을 사유하고 새로운 문명을 개척하는 데 발판이 되리라고 믿는다. 문명텍스트총서가 현재와 과거를 엮는 씨줄 놓기 작업이라면, 문명공동연구총서는 인간과 세계를 총체적으로 이해하려는 날줄 얽기라고 할 수 있다. 오랫동안 자신의 분야에서 전문화를 추구했기에 공동연구가 쉬운 일은 아니지만 문명 이해의 융합적 시각뿐만 아니라 한국 인문학의 새로운 전망을 써 내려가는 방법론을 제시할 수 있기를 희망한 결과물이다. 또한 문명지평총서는 연구원 안팎의 연구자들이 참여한 연구서와 교양서를 아우르고 있다.

아무쪼록 문명총서 시리즈가 동서고금의 문명을 더 깊고 더 넓게 이해하는 창발의 효과를 가져오길 기대하며, 국내외의 학자들이 참여하고 교류하는 열린 연구공간이 되길 바란다.

2014년 4월

서울대학교 인문학연구원 원장